KB187196

네팔 미얀마 자전거 타고 가봤니?

길에서 고찰하는 색다른 자전거 여행기

김동훈 지음

처음북스

네팔, 미얀마 자전거 타고 가봤니?

초판 1쇄 발행 2017년 8월 25일

지은이   김동훈
발행인   안유석
편집장   이상모
편 집   전유진
표지디자인 박무선
펴낸곳   처음북스, 처음북스는 (주)처음네트웍스의 임프린트입니다.

출판등록 2011년 1월 12일 제 2011-000009호
전화 070-7018-8812 팩스 02-6280-3032
이메일 cheombooks@cheom.net

홈페이지 cheombooks.net 페이스북 /cheombooks
트위터 @cheombooks
ISBN 979-11-7022-124-1 03910

네팔 미얀마
자전거 타고 가봤니?

길에서 고찰하는 색다른 자전거 여행기

김동훈 지음

Nepal
Myanmar

처음북스

2부 미얀마

#_0
자전거 여행에
도움이 될 수도 있는 나의 팁

● '우선 비행기 타고 외국으로 가려면 분해, 조립은 해야지.'

당장 여행을 한다는 결심과 함께 처음 든 생각이 이것이었다. 접이식을 가져가거나 배를 타고 가면 상관없지만, 보통 몇 날 며칠을 달려야 하는 자전거여행에선 접이식 자전거보다는 아무래도 일반 자전거가 유용할 수밖에 없다. 또한 배로 갈 수 있는 나라는 한정돼 있어, 분리와 조립은 배워두면 써먹기도 좋고, 구성 원리도 알 수 있어 여러모로 괜찮은 일이다. 막상 배워 보면 어렵지도 않고 오래 걸리지도 않는다. 다만, 어떻게 배워야 할지 난감했다. 아무 자전거 가게나 가서 며칠 무상으로 일도 하며 배우려 했지만 죄다 거절당하고 말았다. 그러다 인터넷에서 '자전거여행자수업'이 존재한다는 사실을 알아내고는 그것을 들었다. 이 수업은 자전거 매장에서 운영하는 작은 시스템으로, 검색하면 쉽게 찾을 수 있다. 그곳에서 난 조립, 분해뿐 아니라, 구멍을 때우는 일이나 간단한 수리 또한 배울 수 있었지만 꼭 이런 수업을 듣지 않더라도 시간이 좀 있다면 인터넷을 보며 스스로 해보는 것도 권장한다.

이제 본격적으로 나와 함께할 친구, 자전거에 관한 것이다.

'어떤 자전거를 골라야 할까? 비싸고 좋은 자전거?'

물론 그렇다면야 좋겠지만 그게 딱히 중요하다는 생각은 들지 않는다. 어떤 사람은 쌀집 자전거로, 어떤 이는 신문 사은품으로 주는 자전거로, 우리나라나 일본을 여행했다는 사람이 있다. 나 또한 자전거 수업을 들으러 갔을 때 느낀 바지만, 내 자전거를 끌고 그곳으로 들어간 순간 전시된 자전거와 비교하니 물론이고 같이 수업 들으러 온 사람들의 자전거에 비교해도 무척 초라해 '이걸로 여행을 할 수 있을까?' 하는 의문에 빠지기도 했다. 하지만 단지 그뿐, 달리는 데는 아무 상관없다. 그보다 중요한 건, 우선 그 자전거가 자신의 몸에 얼마나 맞는지 여부다. 다행히 난 내 자전거와 아주 딱 맞았지만 네팔에서 만난 친구, '마하라'의 자전거를 타고는 단번에 알 수 있었다. 나와 마하라의 자전거는 서로 맞지 않다는 것을. 안장이나 핸들의 높이, 각도를 조절한다고 해결될 게 아니다. 자전거 틀(프레임) 자체가 작거나 커서 혹은 그냥 이상해서, 자신의 몸과는 안 맞을 수도 있다. 그래서 평소에 안타던 사람이 자전거를 구입한다면 바로 이 느낌을 알 수 없기에 구입 전 시승을 허락받고 꼭 오래 타보길 권한다.

'내 몸에 닿는 부분, 자전거가 지면에 닿는 부분이 가장 중요합니다.'

수업 때 들은 말이다. 워낙 유명한 말이기도 한데, 말 그대로다. 손바닥이 움켜질 핸들, 계속 앉아있을 안장, 힘차게 굴릴 페달은 우리 몸에 닿는 부분이자 부품이다. 여기에 더해 자전거와 땅이 닿을 타이어까지가 가장 신경 써야 할 것 중 하나다. 동네 산책이면 모르겠지만 여행을 떠난다면 이 네 가지는 꼭 확인해야 한다. 핸들, 안장, 페달은 앞서 말한 자전거 고를 때처럼 타보면 자신의 몸에 맞는지 쉽게 알 수 있다. 하지만 타이어는 꼭 그렇지 않아 쉽게 감이 오지도 않는다. 단순히 편한 정도의 문제뿐 아니라 자신의 여행지와 기간에 따라 대비해야 하는 전략도 필요하다. 나는 땅이 거친 네팔을 달려야 했으니, 속도는 안 나더라도 마모가 덜한 타이어를 택했다.

그리고 출발 전 브레이크 확인은 필수다. 여행이 길어지다 보면 분명히 브레이크에 무리가 갈 것이다. 나 또한 경사가 심한 곳은 아니었지만 내리막에서 브레이크 양쪽 모두가 안 먹혀 바닥에 내동댕이쳐진, 아찔한 순간이 있었다. 목숨과 직결되는 일이니만큼 습관이 될 정도로 신경 써야 한다.

그밖에 짐과 관련된 것인데 여행 내내 가방을 메는 건 불편하니 짐받이에 짐을 싣거나, 자전거 곳곳에 작은 가방을 설치해 물건을 분산해두면 효과적으로 주행할 수 있다. 짐을 실을 때는 최대한 자전거의 중앙으로 오게 하고 너무 뒤에만 치우지지 않게 앞쪽에도 짐을 실어 균형을 맞춰야 한다. 앞에 짐을 실으면 평소에 속도가 안 나거나 거추장스럽겠지만, 그렇다고 뒤에만 짐을 실으면 오르막길에서 앞바퀴가 들려 속도가 안 나거나 뒤집힐 염려까지 있다.

또한, 수리 공구나 소모품, 공기주입펌프, 거기다 여분으로 앞뒤

바퀴 한 쌍을 교체할 튜브는 꼭 있어야 한다. 나머지는 불안하다면 더 챙겨도 되지만 짐이 늘어나면 피곤할 테고 무엇보다 자전거 정비라는 게 자동차 정비만큼의 대단한 기술을 필요로 하는 게 아니라, 어느 나라의 시골 마을에 가더라도 웬만해선 수리가 가능하니 걱정할 필요 없다.

짐은 20킬로그램(야영, 취사 시) 아래로는 안 내려간다는 말이 있으니 20킬로그램을 목표로 싸면 된다. 나는 두 가지 기능을 하는 물건을 가져가서 그보다도 적게 만들었다. 예를 들어, 우의와 돗자리역할을 하며 비가 오면 텐트를 지켜주는 큰 판초우의 하나를 샀고, 바지는 속옷과 반바지를 한 번에 해결할 수 있는, 내의가 장착된 반바지를 챙겼다. 거기다 짐 무게가 사소한 부분 인 듯하지만 여행 끝까지 함께하는 내 무게이기 때문에 애초부터 욕심을 버리고 준비하는 게 낫다. 아, 그리고 고글은 필수다. 나는 스포츠맨처럼 보이는 게 싫어 처음 국내를 돌 때는 고글을 착용하지 않았다. 그래서 첫날부터 충혈된 내

눈은 여행이 끝날 때까지 까끌거리는 염증을 유발해 여행 내내 나를 괴롭힌 주범이 되었다.

그리고 마지막으로 가장 중요한, 여행의 이유에 관한 것이다.

'내 여행의 이유?'

나는 그 이유를 '도피? 휴양? 방황?' 이렇게 많은 질문으로 따져 물었는데 그전에 더 중요한 것은, 하고자 하는 것을 행하는 그 자체다. 음식 먹을 때 스트레스 풀려고 먹기도 하고, 식탐 때문에 먹기도 하고, 살려고 먹기도 하는데 이걸 따진 뒤에 숟가락을 드는 사람도 있나? '먹을까? 말까' 정도만 있을 뿐이지.

굳이 이 말을 한 이유는 혹여나 외부에서 어떤 압박이 오더라도 자신의 여행을 포기하지 말라는 것이다.

'너 시간 낭비하게 여행 왜 하냐?'

내가 아는 한 여행만큼 자신을 성장하게 만드는 건 없다.

끝.

네팔

#_1
네팔 입국

● 공항을 나오니 후덥지근한 카트만두의 공기가 내 폐로 들어와 나를 맞이했다. 그리고 이어진 택시기사의 호객이 내 진땀을 쪽 뺐다. 공항을 나오면 으레 있는 일이지만 얼른 자전거를 조립할 생각에 방심하고 있다가 당한 것이다. 이미 밤 10시를 넘긴 시간으로 저 멀리 보이는 모든 것들이 어둠에 가득 차 있었다.

"그냥 택시타고 갈까?"

배낭여행 때도 안 타던 택시가 끌렸다. 자전거 포장을 뜯고 조립까지 하려니, 난리법석인 이곳에서 택시든 뭐든 일단 몸을 꾸겨 넣고 싶었다.

'맞다. 네팔 돈 없지?'

달러만 가져온 내게 이건 애당초 고민거리도 아니었다. 거대한 자전거박스를 들고 어디 갈 수도 없어 야단법석인 공항 옆 비좁은 공간에 자리를 폈다. 포장을 뜯어 조립을 하는 내내 택시기사의 열렬한 응원을 받으니 내가 뭐라도 된 것 같다.

'어차피 해야 하는데 지금 하는 게 맞지.'

후다닥 조립을 마치고, 방금 전까지 택시를 탈까 고민하던 나 자신을 나무라며 카트만두 도심으로 무작정 내달렸다. 조립하면서 기사 아저씨들이 알려준 길로 일단 방향을 잡았으나 문제는 한 치 앞도 내다 볼 수 없는 어두컴컴한 길이었다. 정말 빛이라곤 하나도 없었다. 가로등은커녕 신호등도 없고 도로까지 부서져 있어 자전거를 타고 가다가 까딱하면 돌부리에 걸려, 도로 한복판에 나자빠지기 십상이었다. 물론 간혹 지나가는 자동차 불빛이 길을 밝혀주기도 했지만 금세 사라져버리는 바람에 전보다 더한 긴장감에 사로잡혔다. 난생처음 자동차 불빛을 원망해봤다. 혹시 내 자전거에 라이트가 없냐고 물으신다면, 당연히 있다. 단, 켜도 꺼도 다르지 않은 라이트라는 게 문제일 뿐. 오히려 휴대폰 화면이 더 밝을지도 모르겠다. 그래도 어떡하나? 가로등이 널려 있어 한국에서는 장식품 대접을 받던 시절을 잊고 지금 당장 미력한 빛이나마 내뿜길 바랄 수밖에.

얼마나 초조하게 주행했을까? 멀리 보이던 빛 안으로 순식간에 들어섰다. 방금 전, 도로의 어둠과 적막함은 온데간데없고 언제 그랬냐는 듯 시끌벅적하고 복잡한 카트만두 도심이 내 앞에 그 모습을 드디어 드러냈다. 내가 상상하던 네팔과는 전혀 다른 모습으로 말이다. 이곳은 카트만두의 여행자들이 모여 있는 '타멜Thamel'이라는 여행자

거리다. 지금이야 여행자 사이에서 라오스는 워터파크라는 우스갯
소리가 유행하지만, 예전 순수의 나라로 불리던 시절, 그 시절의 라오
스를 떠올리며 '혹시 여기서 또 다른 라오스를 만나지 않을까?' 하던
내 바람은 그저 욕심에 지나지 않았나 보다.

"너 이거, 응? 만나, 응?"

"뭐라고?"

취객인지 약을 좋아하는 환자인지 모르겠는 사람이 도저히 자전
거를 탈 환경이 아닌 길 때문에 자전거를 끌던 내게 다가와 알 수 없
는 말로 나를 당황케 했다. 그동안 여행을 준비하며 막연히 떠올리던
네팔은 어디까지나 내 선입견 속에서 만든 상상의 나라였나 보다. 이
러한 당혹감에 숙소에 다다르자 조급함까지 더해져, 이미 녹초이던
나는 더욱 큰 피곤함에 빠지고 말았다.

'비행기를 네 번이나 타는 무식한 짓을 하다니, 비행기 타려고 여행 하나?'

경비를 줄이려고 비행기를 네 번이나 타는 무모한 짓을 했고 그렇게 도착해 후에는 어두운 밤길을 달려 마침내 타멜에 도착한 것이다. 그래서 이제 '끝났구나' 하며 안도했었는데 다시 시작된 호객행위와 정신 사나운 밤거리를 겪고 있자니 도저히 정신을 차릴 수 없었다. 신경이 예민해지고 짜증이 밀려와 당장 휴식! 휴식! 오직 휴식! 만이 간절했다.

다행히 정신 줄을 놓지 않은 채, 미리 봐둔 한국인 숙소에 간신히 다다랐고 시원하게 활짝 열린 철문을 지났다. 이곳에서 맞닥뜨린 예상치도 못한 고요함에, 정말이지 나는 깜짝 놀랐다. 불과 몇 미터 골목길을 들어온 게 다였는데 마치 다른 세상에 온 것처럼 공기마저 평화로웠기 때문이다. 뭔가에 취한 듯 재빨리 목욕을 마치고 대나무로 가득한 넓은 마당으로 나오자, 비로소 묵은 공기를 토해내듯 속이 뻥 뚫리기 시작했다. 그리곤 동시에 정신이 말짱해지며 네팔에 도착했다는 사실과 홀로 자전거여행에 임해야 한다는 현실 또한 또렷이 실감할 수 있었다.

'네팔을 혼자 달릴 수 있을까?'

가벼운 긴장이 묘한 흥분을 만들어 몸이 쭈뼛쭈뼛해지는 짜릿함마저 올라왔다.

"생각해보니 이렇게 흥분된 여행이 얼마 만이지? 역시 시작하길 잘했어."

주먹까지 불끈 쥐고 혼잣말로 이렇게 읊조렸다.

우거진 대나무 때문에 하늘의 별은 보이지 않았지만 시선을 떨어뜨리다 마주친 자전거가 두려우면서도 한편으론 크나큰 기대를 가슴에 불어넣어 주었다. 이 기분 좋은 떨림 덕에 네팔에 오길 잘했다고, 그것도 자전거와 오길 잘했다고, 스스로에게 되뇌며 연신 맥주를 들이켰다. 빨리 왔으면 하는 내일을 애타게 고대하며 말이다.

#_2
여행과의
첫 만남

● 나에게 '여행'이란 불현듯 찾아온 행운의 편지와 같다. 본격적인 수험생이 되기 전인 겨울방학, 우리 식구는 급하게 해외여행을 가게 됐다. 부모님이 얼마 전부터 나가던 모임에서 추진한 이 여행은 뭔가 후다닥 빠르게 진행돼, 떠난다는 사실조차 실감할 수 없었고 당시만 해도 해외여행이 일반 사람에게는 그리 익숙한 일이 아닌지라 어떤 기분이 들어야 되는지조차 모르기도 했다. 당연히 여행지인 태국이 어떤 나라인지, 어디에 있는지조차 몰랐고 시험에도 안 나오는 정보를 굳이 알아야 할 필요도 전혀 느끼지 못했다. 한마디로 여행의 '여'자에도 관심 없던 내게 그나마 관심사라고 한다면 비행기를 탈 순간이 왔다는 정도의 감흥뿐이었다.

이렇듯 별 생각이 없었기 때문에 그 후로도 기대 같은 건 있을 리 없어서 어느 순간이 되고 그저 비행기에 오르려고 줄을 섰다. 내 순서에 직원이 건네준 여권을 돌려받고는 언젠가 여행사에다 여권 대행을 신청할 것이라 하던 엄마의 모습이 떠올랐다. 바쁜 여행사였는지 잘못된 영문명으로 발급된, 내 여권을 손에 쥔 채 기대보다 별 감흥 없이 비행기에 올랐다. 밀려오는 사람으로부터 간신히 스포츠 신문을 하나 챙긴 후, 얼마 뒤 이륙할 때 뿜어대는 비행기의 굉음과 땅에 내릴 때 한 번 더 뿜어대는 굉음을 끝으로 나는 도착지인 태국에 발을 내디뎠다. 이렇게 무미건조하게 도착한 태국에서는 바쁜 패키지여행이 나를 기다리고 있었다. 나는 그저 심드렁하게 이리저리 왔다 갔다 하며 시간이나 때울 뿐이었다. 일반적인 그룹투어 일정이 그렇듯

유적지나 관광지 그리고 무엇보다 중요한 쇼핑몰 투어가 이어졌다.

'여행이란 외국이든 국내든 다 똑같이 피곤하구나.'

당시는 여행이 뭔지 아무 생각도 없을 때다. 그저 여행이란 귀찮음과 같아서 피하고만 싶은 지루한 것이었다.

이런 생각으로 하루를 보내다 드디어 우리 관광버스가 숙소로 돌아가는 시간이 되었다. 오예! 이런 상황이 오면 굳이 그럴 필요도 없는데 힘이 솟아 눈이 말똥말똥 해지곤 한다. 좌석에 앉은 나는 자연히 창밖으로 시선을 보냈는데 그곳에는 외국 여행자와 현지인이 한데 어울려 조화를 이루는 진기한 광경이 있었다.

'저곳으로 가고 싶다.'

단순히 이국적이어서 그랬던 걸까? 한동안 그 모습만 빤히 쳐다보다 갑자기 굉장한 호기심이 생겨 이 여행지가 새롭게 느껴졌다. 사람들의 자유로운 복장, 웃고 떠드는 모습, 상인과 흥정하는 여행자까지, 이 모든 것에 매료돼, 당장이라도 뛰쳐나가 그들과 함께 하고 싶었다. 하지만 당장은 그럴 수가 없기에, 대신 남은 일정 동안 조금이라도 관심 있으면 한참을 들여다봤고 또 어떤 때는 분주히 돌아다니며 관찰하기도 했는데, 어느 순간 좀 더 일찍 흥미를 느끼지 못했음에 짧은 탄식을 내뱉었다.

결국 이 일로, 내 머릿속에 여행이란 폴더가 새로이 자리 잡았지만 당시 내 상황은 한국으로 돌아가 여독도 풀기 전에 독서실 구석에 처박혀야 하는 고단한 수험생 신세였다. 그렇다고 공부를 잘하지도 못해서 재수까지 한 뒤에야 대학에 간 나는, 당연히 공부를 내팽개치고 대신 여행비를 마련한다는 이유로 주구장창 알바만 했다. 말 그대로 정말 공부는 손도 대지 않아 나중엔 돌이킬 수 없는 수렁에 빠질 정도였다. 그리고 사실 이때까지만 해도 대학교란 초중고와 달리 입학만으로도 모든 걸 끝낼 수 있는, 그저 별난 집단인 줄만 알았다. 한마디로 취직하거나 그 밖에 학력이 필요한 어떤 상황에서도 입학을 졸업과 동등하게 보는 줄 안 것이다. 왜냐 하면 다들 '대학만 가라, 대학만 가면 된다'고 했으니까, 난 정말 대학에 들어가기만 하면 모든 것이 끝나는 줄 알았다.

　아무튼 그렇게 학교는 뒷전으로 두고 여행비를 모으려고 알바를 할 때면 밤새 일하면서도 여행 생각에 콧노래가 절로 나왔다. 푼돈이

지만 매달 받은 월급을 족족 통장에 꽂아 넣었고, 같이 꽂히는 성적표의 'F'는 무시한 채, 통장의 숫자를 보고는 입 찢어져라 미소 지었다. 내 정신은 이미 저 멀리 어딘가의 미지의 세계로 훨훨 날아가는 중이었다. 물론 주위의 잔소리를 엄청 듣기도 했지만, 어찌됐든 여행을 떠나기 전에는 알바를 하면서도, 즐거운 상상에 매 순간이 마냥 행복했다. 밤마다 인터넷으로 여행정보를 뒤지며 동트는 태양을 저녁의 달만큼이나 자주 만나다가, 드디어 그 옛날 숙소로 가는 버스에서 바라본 그 거리, 바로 카오산 로드로 떠나게 되었다. 그 후에는 자연스럽게 유적지이나 여러 관광지를 돌며 많은 사람을 만나기도 하는 등 상대적으로 저렴한 동남아시아 여행을 줄기차게 다녔다.

이렇게 한동안 계속된 여러 번의 배낭여행은 나를 다방면으로 성장시켜 주었지만, 어느새 전과 같은 설렘이 더 이상 오지 않았다. 그 때문에 한동안 여행도 하지 않고 일상에만 매몰된 채 몇 년을 보냈다. 그러다 책장에서 오랜만에 찾은 자전거여행기를 보다가 예전의 그 때처럼 이것저것 여행정보를 찾아보게 되었다.

'뭐야, 다시 보니 재밌네?'

오랜만이라서 그랬을까? 모니터로 보아도 여행이 예전의 그것처럼 달콤하게 느껴졌다. 어느새 흠뻑 빠져 몇 시간이 지났는데도 일어날 기미조차 없이 어느 자전거여행자의 블로그를 보았다.

'오! 대단한데, 자전거도 타고 야영까지 하다니!'

다른 블로그와 달리 포장 없이 자신을 드러낸 사진을 보며 '자전거여행이란 게 참으로 사람을 추레하게 만드는 구나' 하는 재미난 생각을 하던 중, 난데없는 내 기분을 팍 상하게 만드는 글을 보았다. 배낭여행을 무시하고 자신의 자전거여행만 추켜세우는, 편향적인 그의 글을 읽었기 때문이다. 간접적으로나마 오랜만에 빠진 내 여행 기분은 순식간에 사라졌다.

고요한 새벽이었던 이 당시, 나는 환한 모니터를 향해 나지막이 두세 차례 욕을 퍼붓고는, 왜 그랬는지 지금 생각해도 전혀 이해 안 되는 다짐을 했다.

"그러면 나는 도로 잘 깔린 미국 말고 다른 곳에 가볼게."

이게 무슨 정신 나간 망발이었는지, 돌이켜보면 유치하기 짝이 없다. 별것도 아닌 일로, 속이 꽁해서 이상한 다짐까지 하다니. 자기 블로그에다 다른 것 좀 무시하면 안 되나? 저때 난 속이 굉장히 좁았나 보다. 아니 그렇다고 뭐 많이 좁은 것도 아닌데……. 그때는 간만에 여행 느낌이 들어……. 에라이, 나는 속이 좁은 인간이다.

아무튼 이런 말도 안 되는 과정을 거쳐 자전거여행이라는 생각에 불을 지핀 나는, (이 책에 이야기할) 다사다난하던 첫 자전거여행을 마치고, 지금 가끔씩 생각해 본다.

'만약 그때 그 글을 보지 않았다면 나는 과연 떠날 수 있었을까?'

그것은 누구도 알 수 없다. 하지만 블로그를 쓴 그 사람이 내게 굉장히 고마운 사람인 건 틀림없다. 그래서 그 블로그를 찾아 쪽지라도 보내볼까 생각중이다. 이번엔 욕이 아닌 감사함을 담아서 말이다.

#_3
여행지 선택

● 여행을 하다 보면 여러 국기로 장식된 배낭을 메고 거리를 활보하는 여행자를 심심찮게 볼 수 있다. 여행자거리에서 쉽게 살 수 있는 국기패치를 구입해 가방에 박은 것인데 일반적으로 자신이 여행한 나라의 국기만 붙인다. 여행 흔적, 기록이라 할 수도 있고 훈장 같은 자부심의 일환이라고도 할 수도 있다. 그런 패치를 볼 때면 그 나라에 대한 생각에 빠지기도 하고 국기로 꽉 찬 배낭을 보면 그 여행자가 누군지도 모르면서 멋지게 보일 때도 있었다.

그래서 나도 몇 번이나 해보려고 시도했지만 막상 가게 앞에 서면 푼돈이라도 아끼자는 심산에 발걸음을 돌리게 되었다.

"몇 푼 안 하는데 그냥 할걸."

한국으로 돌아오는 길에 이런 말로 뒤늦은 후회를 지껄이는 건 이제 꽤나 자연스러운 일이 되어 버렸다.

그런데 한 번은 좀 다른 패치가 눈에 띄었다. 국기가 아닌 능선이 그려진 패치였는데 방콕에서 만난 어느 여행자의 배낭에 그것이 떡하니 붙어 있었다.

"안녕하세요? 배낭에 있는 그 패치 좀 자세히 볼 수 있을까요?

호기심이 가득한 나는 무작정 대화를 걸어, 그 패치가 무엇인지, 패치에 그려진 봉우리가 무엇인지, 그 모든 것을 알아봤다. 그 패치는 네팔 어느 구멍가게에서나 볼 수 있고, 누구나 살 수 있는 평범함 것이지만 그 속에 그려진 봉우리가 '히말라야 안나푸르나'라는 것을 알았을 때, 그것은 더 이상 평범한 패치가 아닌 무엇보다 특별한 것이었다. 그래서 단순한 이유로 대화를 시작했음에도 우리의 대화는 길게 이어졌다.

참고로 히말라야에 오른다고 하면 여러 장비를 몸에 이고 눈보라까지 뚫고, 생사가 오가는 순간을 경험한 뒤, 정상까지 올라 태극기를 꽂거나 흔들면서 환희를 느끼는 인간의 위대한 도전을 떠올리기 쉽지만 히말라야를 비롯한 많은 산에는 이런 전문 코스 말고도 다채로운 코스가 있다. 가령 앞서 말한 바와 같이 생사를 걸고 오르는 코스는 클라이밍 코스라고 하는데 주로 전문가들이 이용하는 반면 대략 5500미터 이하까지는 일반인도 오를 수 있는 트레킹 코스가 안나푸르나에 존재한다. 이 코스를 바로 방콕에서 만난 그 여행자가 다녀온 것이다.

내게 등산이란 학생 때 소풍으로 몇 번, 그것도 산보 수준으로 다녀온 게 전부다. 자발적으로 오른 적이 단 한 번도 없었다. 주 5일제가 시행되면서 진녹색 지하철 호선이 주말이면 등산객들로 만원이 되더니, 어느새 등산용품이 불티나게 팔리면서 잠바가 패딩이 되었을 때도, 올라갔다 내려오는 이 일을 왜 하는 건지, 정상에 오르는 성취감이 무엇인지, 이해할 수도, 이해하고 싶지도 않았다. 그럼에도 불구하고 그 여행자를 만난 후로는 거창하게 등산이란 단어를 사용하지 않더라도, 그곳이 얼마나 멋있는지 그곳에 올라 내 눈으로 직접 확인하고 싶었다.

지금이야 히말라야 트레킹 정보가 난무하지만 당시만 해도 히말라야란 우리에게 그리 가까운 존재가 아니었다.

"나중에 히말라야 갈 거야."

"누구? 네가?"

"일반인도 갈 수 있는 코스가 있대."

"무슨 소리야!? 그 위험한 곳에 일반인인 네가 어떻게 가?"

친구들과 얘기를 하다 보면 십중팔구는 이런 유의 대화로 빠지기 일쑤였다. 그만큼 히말라야는 우리에게 그저 높고 눈 덮인 미지의 세계일 뿐 절대 다가갈 수 없는 머나먼 곳이었기 때문이다.

그렇게 농담 반 진담 반 우스갯소리처럼 되뇌던 그곳, 나의 오래된

기억 속에 묻혀 있던 히말라야, 그 히말라야를 품은 네팔로, 더 늦기 전에 가야겠다는 생각에 카트만두행 비행기 티켓을 끊었다.

'히말라야를 품은 네팔이니 자전거를 타고 달리면 지루하지는 않겠지.'

그렇게 첫 행선지를 네팔로 정한 나는 급작스럽게 떠날 여행 생각에 밤낮 없이 돈을 모았다. 물론 제일 중요한 것은 자전거를 다루는 능력이어서 밤을 새고도 자전거수업을 들으려고 용산 어느 자전거가게로 향했고 그곳에서 수리, 분해, 조립에 관한 기술을 습득하며 빠르게 자전거와 친해졌다. 하지만 한편으론 곧 떠날 자전거여행의 대한 막연함도 있어, 기대와 두려움이라는 상반된 감정이 내 안에서 나날이 커져 갔다. 그도 그럴 것이 이번이 첫 자전거여행이기도 했고 네팔 비자를 제외하곤 거의 정보를 찾지 않아 더 그런 것인데 정보를 찾지 않았다는 이 사실이 좋게 작용해 재미가 오히려 두 배로 돌아왔다. 물론 가장 큰 이유는 네팔이란 나라가 단지 히말라야 하나로만 설명되는 나라가 아닌, 많은 것을 품고 있는 근사한 나라이기 때문이다.

#_4
이유와 이해

● 든든히 밥도 먹었겠다 본격적으로 네팔을 달린다는 생각에 서둘러 자전거에 올랐다. 내 첫 행선지는 안나푸르나 인근에 있는 '포카라Pokhara'라는 도시로, 많은 여행자가 안나푸르나 트레킹을 하기 전에 머무는, 아담하고 정취 있는 도시다. 하루 이틀 만에 갈 수 있는 거리가 아님에도 이미 몸과 마음은 한껏 달아올라 모든 예열을 마친 스포츠카처럼 힘차게 튀어나갔다. 하지만 그런 내 마음과는 달리 타멜의 교통체증은 너무나 빡빡했다. 조금의 공간도 내주지 않아 자전거 하나도 지나갈 수 없어, 마냥 시원하게 내달릴 줄 예상하던 나는 언젠가부터 불편해지는 배까지 신경 써야 하는 답답한 처지에 이르렀다. 옆 나라 인도는 더 심하다지만 타멜도 내게는 정말이지 카오스

를 연상케 했다. 신호등은 어디다 팔아먹었는지 보이지 않았고 경찰의 수신호로만 교통질서가 이루어졌는데 문제는 그 교통경찰마저도 번화가 몇 군데에만 있고 나머지는 덩그러니 차선만 놓여 있다는 것이다. 아니, 차선이라도 있으면 사실 그나마 다행이었다.

어느새 차들에 둘러싸인 내게 점입가경으로 경적소리가 쉬지 않고 달려들었다. 그 경적소리가 너무나 고통스러워 음악이 나오든 나오지 않든지 간에 귀마개 대용으로 항상 이어폰은 끼고 있었다. 그래도 못 버틸 때면 핸들에서 손을 떼고 귀를 막은 채 길가에서 한동안

머물러야 했다. 그깟 경적소리에 겁먹어 이렇게까지 하는 건 호들갑이라 생각할 수 있겠지만 우리가 아는 경적소리와는 차원이 다르다. 쏜살같이 지나며 요란스레 울리는 오토바이의 경적에 한 번쯤은 놀란 적이 있을 것이다. 그런데 그것과 비교해도 더하면 더했지 절대 덜하진 않는다. 네팔의 경적이란, 말도 안 되게 다양하고 예리한데다 변화무쌍하기까지 해서 자전거를 타는 내게는 불편함을 넘어 공포의 대상이기까지

했다. 그것도 여러 대의 차가 동시다발적으로 울려대는 아비규환의 정점일 때는 정말이지 귀를 막지 않고는 당해낼 재간이 없다. 그러다 주위가 잠잠해지면 나도 모르게 긴장이 풀리곤 했는데 그때마다 다시금 파고드는 경적소리에 놀라, 나는 몸을 미어캣처럼 일자로 곤두세웠다.

다행히, 숨 막힐 듯 조여 오는 타멜에서 벗어나긴 했지만 앞으로도 계속 도로를 달려야 했기에 자동차, 즉 경적에서 벗어나는 건 절대 불가능해 보였다.

"도대체, 어떻게, 저렇게! 계속 눌러 댈 수 있지?"

물론 경적 말고도 나를 괴롭히는 것은 많았다. 네팔의 길은 보통 왕복 2차선이라 시도 때도 없이 추월이 일어났고 맞은편에서 화물차가 추월하려고 내 쪽으로 달려 올 때면 재빠르게 운전대를 돌려야 했다. 그렇게 가까스로 화물차를 피하면 이번에는 바라만 봐도 아찔한 절벽이 눈앞에 펼쳐져 있다. 떨어지지 않으려면 온 힘으로 균형을 다 잡아야 했다. 하지만 누가 뭐래도 최고는 역시 경적이었다. 네팔에 오기 전 시험 삼아 우리나라를 한 바퀴 돌며 돌발 상황에 대처한 나였지만 이 부분만큼은 전혀 예상할 수 없었다. 그래서 네팔 여행 초반에는 경적 때문에 한 없이 올라가는 짜증지수가 올라가 툭하면 욕이 튀어 나오기 일쑤였다. 벌어진 입을 통해 모래가 들어와도 랩같이 터져 나오는 내 욕은 절대 수그러들지 않아, 어쩌다 추월, 오르막길, 절벽이 동시에 나타날 때면 침과 땀, 모래 그리고 마지막으로 터져 나오는 욕이 한 되 뒤엉켜 히드라의 독침처럼 세상 밖으로 퍼져나가곤 했다.

초반엔 대체 왜 그렇게 경적을 울려 대는지 도통 이해를 할 수 없었다. 더군다나 나중에 알고 보니 버스운전사 말고도 뒷문에 서 있는 차장 또한 따로 경적 버튼을 가지고 있어 정말 신나게 눌러대고 있었다. 그래서 끊임없이 울리던 경적의 원인을 하나는 이해는 하게 됐지만 대체 왜 그렇게까지 눌러야 하는지는 여전히 풀리지 않는 의문덩어리였다.

"네팔사람들은 경적을 왜 그렇게 좋아해?"

만나는 네팔사람마다 나의 첫 질문은 언제나 경적이었다. 그래서 그때마다 몸짓, 손짓을 섞어 물어보곤 했는데 엉뚱하게도 그런 내 모습이 재밌는지, 질문에 답은 안하고 함박웃음만 가득 보이곤 했다. 그들 때문에 나 또한 질문한 사실을 잊고는 그들처럼 마냥 웃기만 했다. 물론 경적의 원인은 나중에 자전거를 타다 자연스럽게 깨달았지만 그 진실을 안 후에도 가끔 대화에 환기가 필요한 순간이 오면 가증스럽게 모른다는 듯이 '왜 그렇게 경적을 울려대는 거예요?'라고 순진한 표정으로 물으며, 광대가 되어 그들의 웃음을 유발하기도 했다.

내가 마침내 알아낸 경적의 이유는 우리와는 다른 네팔의 교통 환경에 있었다. 모든 관계를 다 얘기하자면 복잡하지만 간단히 말하면 교통에 관련된 장비, 기구가 거의 전무하다시피 해서 운전자들 스스로가 일종의 교통신호를 만든 것이다. 내가 굳이 교통신호라 말한 이유는 경적의 의미가 하나가 아니기 때문이다. 우리가 일반적으로 생각하는 경적의 의미는 '지나가게 나와'라는 하나의 뜻이지만 그들에게는 '나 지나가니까 조심해'라는 추가 의미가 하나 더 있다. 어찌 보면 비슷한 이 두 가지의 의미는 사실 전혀 다른 의미다. 한 예로 눈앞에 방해물이 있는지 없는지에 따라 그것이 극명하게 드러나는데 만약 앞쪽에 사람이 있다면 우리나라나 네팔에서도 당연히 '지나가게 나와'라는 의미다. 허나 보이는 것도 없는데 경적을 울려댄다면 그건 '나 지나가니까 조심해'라는 의미의 경적이다. 왜냐 하면 신호가 없는 네팔 도로에서 자동차나 사람이 어디서 튀어나올지 모르기 때문에 자신이 도로 위에 있다는 것을 경적으로라도 알려야 한다.

이 때문에 쉬지 않고, 끊임없이 경적을 울려댄 것인데 툭 치면 나자빠질 나를 발견하고는 오죽 그랬을까? 이 사실을 이해하기 전까지만 해도 욕도 욕이지만 경적을 울리며 내 옆을 지나가는 차들에게 조용하라는 의미로 검지를 입에 갖다 댄 적이 수도 없이 많았다. 물론 그때마다 그들은 '왜 그러느냐'는 표정으로 어깨를 으쓱 들어 올리곤 했고 나는 여전히 멈출 기세 없이, 시끄럽게 하는 건 예의가 아니라고, 내가 당신에게 하는 따끔한 충고라고 주의를 줬다. 당연히 그들 입장에선 '뭔 소리야' 하고 어이없어 했을 텐데, 돌이켜보면 내 주제넘은 행동이 미안하고 창피하다. 그들에게 그것은 선택이 아닌 필수였을 테니 말이다.

자신의 잣대로만 재단해 세상을 바라보던 난 내 잘못을 깨닫고 그 후로는 그들의 행동을 쉽사리 예단하지 않았다. 사람이 다 같다고 하지만 조금씩 다르다는 걸 다시금 깨닫는 순간이었다. 뭐 그렇다고 경적소리가 달가워진 건 아니라 네팔여행을 마칠 때까지도 그들에게 경적이 필수인 것처럼 내게는 이어폰이 필수였다. 그 때문이었을까? 친구들에게 줄 선물로 다름 아닌 이어폰을 한 아름 사들고 들어왔다.

#_5
오직 부족한
물질

● 여행 초반에는 외국이라는 불안감에 야영할 엄두조차 내지 못하고 며칠째 연달아 게스트하우스로만 향했다. 그렇게 어김없이 숙소에서 사장과 흥정한 뒤, 괜찮은 가격이라 애써 위안 삼으며 방에 들어올 때면 침대 위에 놓인 짐 중에서도 특히 텐트가 날 한심하게 째려보며 질책하는, 이상한 망상에 빠지기도 했다.

"나 한국에서부터 왜 가져왔냐? 대답해봐."

"그래 이럴 바에 차라리 텐트를 가져오지나 말걸, 이게 뭐하는 짓이냐?"

그렇게 하루 이틀을 더 보내고 나서야 안 되겠다 싶어 오늘은 무조건 야영하기로 결정했다. 산악지대인 네팔에서 도로를 타는 것은 끊임없이 산을 오르고 넘는다는 뜻이기도 하지만 동시에 산촌마을을 계속해서 만난다는 뜻이기도 하다. 고속도로나 국도를 논밭이나 상가가 감싸고 있는 우리나라와 달리 고속도로나 국도, 자동차전용도로의 구분이 없는 네팔에서는 도로를 타고 가다보면 몇 킬로미터 간격으로 크든 작든 계속 마을을 만나게 된다(허름한 톨게이트가 있는 고속도로가 존재하긴 하지만 자전거도 달릴 수 있고 사람도 다닐 수 있어서, 우리가 생각하는 일반적인 고속도로는 아니다). 애초부터 인가 근처에서만 야영할 계획이던 나는 고맙게도 해가 질 무렵에 만날 마을에 멈춰 단잠에 빠지기만 하면 돼 편했다. 거기서 씻을 수도 있고 안전하기도 해서 현지인의 집근처에 텐트만 치면 그날은 모든 게 끝이었다

"여기에 텐트 좀 쳐도 될까요?"

"물론이지, 얼른 들어와서 샤워해."

우선 집주인에게 텐트를 쳐도 되냐고 물으면 '백이면 백' 밝은 얼굴로 허락해주었고 으레 호기심 어린 눈으로 내게 이것저것 물어보다 자신의 집안으로까지 초대해 네팔 전통식인 달밧을 내주며 한국과 네팔 이야기로 즐거운 시간을 보내곤 했다.

처음에는 이곳 기후나 환경을 몰라 갑자기 쏟아지는 폭우 탓에 새벽에 화들짝 일어나 부랴부랴 들어온 빗물을 수건으로 빼내곤 했는데, 결국 들어오는 빗물을 이기지 못하고 비몽사몽인 채로 이삿짐을 싸는, 초보 야영객 생활을 며칠간은 더 해야 했다. 그러다 경험이 쌓여 더 이상 물난리 따위를 걱정하지 않게 되자, 비로소 이곳 주민의 삶을 엿볼 수 있는 여유 또한 가지게 되었다.

　　그중에서도 인상적인 것은 부족함에 대처하는 그들의 방식이다. 정전이 와도 태연히 항상 두었을 장소로 뚜벅뚜벅 걸어가, 촛불이나 손전등을 챙겼고 곧이어 그것을 어두워진 방 어딘가에 자연스럽게 갖다놓으면 신기하게도 그 약한 빛이 방 안 전체를 다시금 환히 채워주었다. 아마 이런 일을 자주 겪어서 최대의 효과를 어떻게 발휘하는지 알고 있는 듯했다. 그런 그들의 움직임을 처음부터 보고 있노라면 마치 숙달된 조교의 시범처럼 느껴져, 별 것도 아닌 그들의 행동에 감탄이 일기도 했다. 정전이 오래 전부터 자주 있어 왔는지 숙소 중에는 정전시간표를 따로 고지한 곳도 있었다. 또한 큰 도시가 아니라면 구멍가게도 상황은 비슷해서 시원한 음료를 찾으려고 몇 군데 가게를 둘러봐야 하는 건 어느새 내게 아주 자연스러운 일상이 됐다.

하지만 전기는 그나마 나은 편이다. 일반적인 수도체계도 없는 탓에 건물의 꼭대기나 집 마당에는 다양한 외관의 물 저장고가 설치돼 있다. 보통 정화시설이 없는 것이 대다수지만 크기가 큰 저장고의 상단에는 간단한 정화시설이 있어 내리는 빗물이 바로 저장고에 들어가지 않고 몇 차례 여과과정을 거치게끔 되어 있기도 했다. 물론 비가 안 올 때면 따로 구한 물을 부어 채우기도 하는데 이런 형태는 여행자들이 느끼지 못할 뿐 다른 나라에서도 수두룩하게 볼 수 있다. 가끔은 돈을 낸 숙소에서조차 손빨래를 하다 저장고의 물이 바닥날 때면, 허연 거품으로 뒤섞인 세탁물을 바라보며 투덜대야 했다. 그나마 목욕이라도 먼저 마친 게 어디냐며 이 상황을 불행 중 다행으로 여기고 위안 삼았다.

물과 전기도 부족한 마당에 산유국도 아닌 네팔이 석유에서 자유로울 수 있을까? 시외버스에 승객이 만석을 넘어 가운데 통로까지 꽉 찼음에도 더 태울 요량으로 손님을 직접 모시러가는, 우리나라에도 없는 특급 서비스가 이곳에 존재한다. 그럴 때면 시내 주위를 몇 바퀴나 돌며 버스 안이 넘치다 못해 터지기 일보직전에 다다라서야 모든 준비를 마친 육중한 버스가 터덜터덜 힘겨운 발걸음으로 목적지를 향해 나아갔다.

아무리 물질적으로 넉넉지 못한 나라지만 GDP가 비슷한 다른 나라에서도 쉽게 볼 수 없는 풍경이라 그저 의아하기만 했다. 그러다 현지인과 대화 중, 그 원인을 알았다. 네팔은 인도에서 석유를 70퍼센트나 들여오는데 신헌법에 반대하는 마데시 족의 시위로 국경이 폐쇄돼 현 상황이 이렇게 흘러갔다는 것이다. 그나마 몇 달 전에는 훨씬 심하던 게 지금은 나아진 상황이라 위안 삼는 그들의 얘기에 무슨 말을 해야 할지 몰라 난 그저 듣고 있을 수밖에 없었다.

하지만 나를 놀라게 한 것은 그들을 둘러싼 안타까운 상황이 아닌 그들에게서 나오는 밝은 기운이었다. 항상 넘치는 웃음과 여유로 남에게 호의를 베푸는 그들의 모습을 보고 나는 몇 번이고 반성을 했다. 물론 네팔에 관광객이 많다 보니 베푸는 것과 반대로 어느 정도의 바가지는 있지만 흥정을 시도하면 언제 그랬냐는 듯이, 밝은 미소로 제값을 쳐주기 때문에 그리 큰 문제는 아니다. 그들은 언제나 타지에서 온 내게 거리낌 없이 잠자리와 식사를 내어주었고, 각박한 사회에서 얼어붙은 채 온 내 마음을 서서히 녹여 자신의 나라인 네팔을 좋아하게끔 만들었다.

그들의 순수한 마음을 얘기하자니 불현듯 거주리^{Gajuri}에서 내 자전거에 달린 기어를 보고 그게 무엇이냐고 수줍게 묻던 투명한 네팔 주민이 떠올라 마음 한편이 문득 따스해진다. 마치 그들처럼 나도 순수하게 변한 듯 말이다.

#_6
여행 직전 소동

● '망했다.'

역시나 자는 게 아니었다. 이러다 오전 9시까지 도착하는 건 꿈도 못 꾼다. 전날 약속이 여러 개 있다 보니 미처 못 다한 자전거 포장을 밤새 마친다고 의기양양하게 다짐했었는데 그 순간 졸음을 못 이기고 그냥 누워버리다니. 물론 잠깐만 눈을 붙이려 했었지만. 결과는 역시나 '역시나!'였다.

잠에서 튕기듯 일어나 소란스럽게 한 번 미끄러진 것을 아파할 새도 없이 휴대폰 시계를 확인했다.

"으악, 아, 뭐야, 안 돼!"

그동안 준비한 게 수포로 돌아갈 공산이었다.

"안 돼, 으악! 으아악!"

못 다한 포장을 다시 하면서도 쪼그라든 마음 때문에 신들린 사람처럼 방언 같은 헛소리가 터져 나왔고 그렇게라도 하지 않으면 금세 불안한 마음이 터져버릴 것 같았다. 급기야 나 때문에 깬 식구들을 봤지만 미안한 마음을 느낄 새도 없이, 인사도 못하고 먼저 간 시간을 잡으러 부랴부랴 출발했다. 서두른다 해도 제 시각에 도착할지는 가늠조차 힘들었다. 집을 나서자마자 포장된 자전거를 끌든지 밀든지 '어떻게 해서든 무조건 역까지 3분 안에 간다'는 생각, 오직 이 생각으로 발걸음을 뗐다.

텐트나 침낭 같은 야영도구들과 자전거에 관련된 연장이나 부품 때문에 이전에 여행할 때보다 짐의 무게와 부피가 확실히 더했다. 하지만 자전거 수업 때 들은 최소한의 무게보다 훨씬 가볍게 싸서 어떻게든 될 거라 생각했다. 아니 정확히 말하면 그렇게 믿고 싶었다. 그런데 역시나 근거 없는 믿음은 쉽게 배신하는 법. 포장된 자전거와 그 많은 짐을 갖고 뛴다고? 걷기도 힘든 지경이다. 정신이 없으면 누구나 이상한 생각에 빠지기 마련인데 당시의 나도 그랬다.

'아, 짐이 너무 많아 속도가 안 나네. 이러다가 늦을 게 확실한데……. 그러면 짐 중에서 가장 골칫덩이인 자전거를 놓고 갈까? 아, 이번엔 자전거여행이지?'

나사 풀린 정신을 차리고자, 괴성을 질러대며 짐짝과 힘겹게 나아갔다. 소리를 지른다고 해서 빨라질 리는 없지만 그 대신 사람들이 길을 터줬다. 응? 결과적으로는 나이스!

아무튼 예정대로라면 지금쯤 내가 있어야 할 곳은 역으로 가는 길 한복판이 아닌, 상상만으로도 행복한 공항, 바로 인천공항이다. 그렇다. 공항은 내게 해방감의 시작되는 지점이다. 그 안을 거닐다 보면 시원한 이륙소리에 상쾌한 기분이 들었고, 잠시 후 만끽할 해방감을 고대하며 여유롭게 둘러보기만 하면 되는 곳인데, 지금쯤 그렇게 둘러봐야 하는 건데, 현실은 지하철도 못 탄 채 집을 이고 낑낑대는 달팽이와 같은 처지다.

정말 정신없이 지하철을 타고, 정신없이 환승까지 해서, 정신없이 공덕역까지 와서, 드디어 공항철도에 올랐다. 그런데 그 다음부터는 내가 할 수 있는 일이 아무것도 없었다. 공항까지 걸리는 기나긴 한 시간 동안 빈자리가 널렸음에도 불구하고 뭐 마려운 강아지처럼 자전거 주위를 서성거리면서 예상 도착 시간이나 계산하려고 반복적으로 휴대폰을 두들길 뿐이었다.

그러길 얼마의 시간이 지났을까? 달라질 게 없다는 걸 깨닫고는 한결 가벼워진 마음으로 자리에 앉았다. 급기야 너무 평온해진 나머지 지금 상황을 강 건너 불구경 하듯, 마치 남 일처럼 취급하는 괴이한 행동을 하기에 이르렀다.

'만약 비행기 놓치면…… 별 수 있나? 집으로 가야지. 그런데 환승해서 집으로 돌아가면 요금이 얼마나 나오려나? 한 4000원쯤 나오려나?'

비행기도 못타고 돌아가 식구들을 봐야 한다는 창피함 때문이었을까? 아님 너무 불안해서 그냥 정신이 나가버린 걸까? 또 다시 엉뚱한 생각을 하다 풀어진 정신을 다잡아야 했다.

'4000원은 무슨? 이러다 진짜 못 탈 수도 있겠는데……'

절대 엄살이 아니다. 종착역인 인천공항 역에 다다를수록 다시 긴장감은 고조됐다. 열차 문이 열리자마자 쏜살같이 튀어나간다는 생각에, 문 앞에 서서 유리 너머만 뚫어져라 응시했다. 서서히 열차가 역에 들어섰고, 문이 열리기 직전, 내가 확인한 시각으로는 5분! 앞으로 5분 남았다. 5분 뒤면 발권창구가 닫혀 비행기를 탈 수 없는 것이다.

이윽고 문이 열렸고 곧바로 내달렸다.

"윽!"

하지만 용수철처럼 튀어나가려던 내 몸은 작용 반작용의 법칙으로 가냘픈 외마디 비명과 함께 다시금 자전거 박스가 있는 뒤쪽으로 튕겨 돌아왔다.

'망할.'

역시나 현실은 마음먹은 대로 흘러가지 않나 보다. 오르막을 오르는 리어카처럼 느릿느릿이라도 가는 게 당시 내게는 최선이었다. 나름 최대 속도를 올리면 옆에서 걷는 사람들보단 간신히 앞서긴 했다. 하지만 잠시라도 멈춰 가빠오는 숨을 고를라치면 역사를 채우는 또각또각 구두소리가 나를 채근하듯 느껴졌다. 짐을 끌려면 작은 힘이라도 어떻게든 쥐어짜야 했다.

얼굴이 시뻘게져서 드디어 도착한 공항. 여전히 나 혼자만 슬로모션으로 전진 중이다. 저 멀리 내가 탈 항공사 발권창구가 보였고 원래도 큰 창구의 알파벳이 오늘따라 유난히 더 커보였다. 발권창구가 모습을 드러낸 이때 기뻐야 하는 게 맞지만 기쁘기는커녕 불안하기만 하다. 혹시 창구가 닫았을까봐 두려워 제대로 창구를 보지도 못하고 그 방향으로만 뚜벅뚜벅 나아갔다. 무거운 짐 때문에 허리도 못 펴고 고개는 아래쪽으로 숙이고 말이다. 그런데 때마침, 창구 쪽에서 무슨 소리가 들려왔다.

"일 분 뒤에 창구 닫습니다!"

그것은 창구의 직원이 외치는 '마감예고'였다.

'그렇다면 아직 안 닫은 거네. 다행이다. 이렇게 운이 좋다니, 일분이라도 늦었으면 정말 끔찍했을 텐데, 아자!'

비로소 고개를 들어 창구를 확인했다. 창구 앞 쪽에는 확성기를 든 직원이 마감예고를 외치고 있었고 멀리서 봐도 그 모습은 세상에서 제일 예뻐 보였다.

"잠깐만요! 저 있어요!"

그저 감사하게만 느껴졌다. 비행기에 오르고는 그간 갖고 있던 긴장이 확 풀린 나머지 곧바로 곯아떨어졌다. 그리곤 얼마 뒤 정신을 차리고 나서야 비행기에 오른 사실을 실감했고 '첫 단추는 어떻게든 꿰었구나' 라는 안도감에 창밖을 내다봤다. 그렇게 별 생각 없이 쳐다본 그곳에는 드디어 첫 경유지인 하노이가 그 모습을 조금씩 드러내고 있었다.

#_7
뜻밖의 인연

● 네팔의 GDP는 107위, 경제적으로 꽤 낮은 축에 속하고 인구의 30퍼센트 정도가 빈곤에 시달리고 있다. GDP의 38퍼센트는 농업에 의존하고 있지만 산악국가라는 특성상 농경지가 부족해 높은 수익을 기대하기 어렵다. 도시만 벗어나도 남성은 나가서 일을 하고 여성은 가사를 하는 경우가 대부분이라 더 나은 수입을 올리려고 궁여지책으로 여성들이 가사를 하면서 구멍가게나 간이식당을 운영한다. 무슨 말이냐 하면 2층을 자신들이 사는 주거공간으로 하고 특별한 시설이 필요치 않은 구멍가게나 식당을 1층에서 운영하는 것이다. 물론 꼭 2층 건물이 아니어도 상관없다. 도로가에만 있다면 의자 몇 개 펼쳐놓고 장사하는 사람들이 많다.

아무튼 모양새는 조금씩 다르지만 이 업종에 종사하는 사람들이 꽤 많아서 어느 마을의 줄지어선 가게를 보고 '주민 모두가 이 일에 종사하는 거 아닌가' 하는 생각을 한 적이 있다. 이들 중 어느 가게에 들어섰다가 정전 탓에 시원한 음료가 없다면 이내 주인은 태연히 다른 가게를 가리키며 저 가게에 전기가 들어오니 가보라고 묻지도 않은 얘기를 해준다. 당장 넉넉지도 않은 살림에 서로를 도와주는 모습이 나로서는 꽤나 흥미로웠고 그때마다 나는 상당한 이질감을 느끼곤 했다. 같은 상황이라면 나는 어떻게 했을까? 협동보다 경쟁에 치우친 내 사고를 새삼 느낄 수 있었다.

하지만 이러한 경제활동으로도 생활은 나아지지 않아 네팔 사람 대다수는 외국에서 일하길 원한다. 여기서 말하는 외국이란 특정나라에 국한된 게 아니라 미국, 일본, 호주, 서유럽은 당연하고 우리로는 선뜻 떠오르지 않는 인도, 중국, 폴란드 같은 거의 모든 나라를 포함한다. 왜냐 하면 네팔보다 임금이 높은 나라가 대다수이기 때문이다. 그래서 어느 정도 규모 있는 도시에 들어서면 즐비한 외국어학원을 볼 수 있다.

그렇다면 우리나라는 어떨까? 두말하면 잔소리로 우리나라도 인기 국가 중 하나다. 그래서 여행 중, 훗날 자신이 한국에 가면 일자리 구하는 걸 도와달라고 부탁하는 사람을 거의 매일 만났다. 분명 액면상으론 한참 형인데 알고 보면 한참 동생인 그들의 부탁을 왜 안 들어주고 싶겠느냐마는 어느 유명인사의 말처럼 내 인생도 비정규직이라 그럴 처지가 못 된다. 대신 삼겹살 정도는 사줄 수 있으니 한국 오면 연락하라고 번호는 교환하는데 정말로 그들과 삼겹살을 먹을 수 있을지 의문이다. 삼겹살 값이 문제가 아니라 그들이 한국어를 배우고 취업비자까지 습득하는 데 무려 100만 원이나 들기 때문이다. 100만원이 왜 문제냐고? 참고로 네팔의 2016년 1인당 GDP는 734달러로 우리 돈으로 따지면 대강 85만 원이다. 지출하고 남은 돈을 말하는 게 아니라 1년 동안 번 돈이 대충 85만 원이라는 이야기다. 그러면 지출하고 남는 돈은 얼마나 될까? 그 남은 돈을 100만 원까지 모아야 한국에 올 기회가 그나마 열리는 것이다. 단순노동을 하러 어딘가로 가고 싶어도 네팔에서는 아무나 그럴 수 없다. 전날 묵은 '거주리'란 마을에서도 한국에서 몇 년간 일했다는 아저씨를 만나 어설프지만 한국어로 짧게 대화했다. 그는 네팔에 돌아온 뒤 몇 년이 지난 현재까지도 백수라면서 네팔에는 항상 일자리 부족하다고 푸념을 늘어놓았다. 그런 그를 보며 '한국에서 그래도 돈을 착실히 모았나 보다' 하고 생각했다.

어쨌든 나보다 부자인 건 확실하다.

하여간 이렇게 한국에서 일했던 사람을 거의 매일 볼 수 있는데 그중에서도 내게 큰 힘이 되어준 준 네팔 아저씨 한분이 있다. 카트만두에서 포카라로 출발한 지 며칠이 지나고 '무글린^{Mugling}'이라는 마을에 도착하기 얼마 전, 여행을 시작하고 처음으로 자전거여행자를 만났다. 네팔을 나설 때만 해도 자전거여행자가 많을 거란 기대를 품었건만 자전거여행자의 그림자조차 볼 수 없었고 죄다 히말라야 트레킹을 하러 온 사람뿐이었다. 게다가 카트만두를 떠난 뒤로는 외국인 자

체를 만날 수 없어 어느새 자전거여행자에 대한 기대는 저만치 달아
난 뒤였다.

그런데 고개를 넘었더니 두 대의 자전거가 나란히 달리고 있는 게
아닌가? 짐받이에 매달린 자전거 가방까지, 꼴이 영락없는 자전거
여행자였다. 반가운 마음에 속도를 높여 금세 그들 뒤까지 따라붙었
는데 막상 그들을 불러 세우려니, 딱히 할 말이 없다는 것을 깨달았
다. 그 때문에 나도 모르게 더 속도를 높여 그들을 휙 지나쳐버렸다.
갑자기 튀어나온 나를 보고 이번엔 그들이 궁금했는지 속도를 높여
나를 따라오기 시작했다.

'뭐야 왜 따라와?'

이상하게 돌아가는 이 상황에서 나는 한 번 더 이상한 선택을 한
다.

'더 빨리 가자!'

페달을 있는 힘껏 밟아 거리를 넓히려는 나와, 그런 나를 뒤쫓는
그들 사이의 한바탕 경주가 '무글린'으로 가는 어느 시골길 한복판에
서 치열하게 펼쳐진 셈이다.

'이게 뭐라고 이렇게 열심이야?'

멀리서 봤을 땐 나란히 달리는 자전거 세 대가 하나같이 조화롭게
보였겠지만 실상은 추격전을 방불케 하는 피 터지는 현장이었다. 숨
이 턱밑까지 차올라 이 짓을 내가 왜 하나 싶으면서도 이제 와서 이
우스꽝스러운 질주를 끝내기도 뭣한 노릇이었다. '결코 우리는 인연
이 아니야'라는 생각으로 나오지도 않는 힘을 억지로 쥐어짜 속력을

냈지만 그때마다 어찌나 잘 따라오는지 거리를 벌렸다 생각하면 어느새 내 꽁무니까지 와 있었다. 이쯤 되면 저들도 정상은 아닌 거다.

'그냥 가던 대로 가지, 왜 이렇게 따라 오냐고!'

고불고불 산길을 얼마나 달렸을까 갑자기 앞을 가로막는 가파른 오르막이 떡하니 나타났다.

'저걸 어떻게 올라가!'

차라리 잘 됐다 싶어 오르막을 들어서는 동시에 서서히 속도를 줄였고 올림픽 경기에서 경주를 마친 실제 선수처럼, 그들을 향해 뒤돌아 태연히 손을 흔들어보였다.

"후하, 안녕하세요?"

"후하, 후하, 네, 안녕하세요, 엄청, 후하, 빠르네요. 혼자에요?"

"네, 전 혼자에요, 그리고 당신들이, 후하, 훨씬 빨라요."

나와 별난 질주를 한 그들은 일본 연인이었는데 참 다행히도 우리 모두 영어를 못하는지라 간단한 문장으로 난데없는 칭찬만 할 뿐, 대화 끝까지 좀 전의 비정상적인 상황에 대한 이야기를 그 누구도 꺼내지 못했다.

'연인끼리 자전거여행이라니, 부럽기도 한데 무슨 여자가 저렇게 빨라?'

그들도 나처럼 자전거여행을 다니는 중으로 조금 더 가면 나오는 '무글린'에서 묵을 예정이란다. 하지만 이들과 달리 지체할 시간이 없었다. 내게 '무글린'은 그냥 지나치는 곳이라, 우리는 서로의 안녕을 바라며 잠깐의 만남을 이렇게 끝냈다.

한 박자 쉴 생각으로 바위에 털썩 주저앉아 저 멀리 작아지는 그들을 한동안 바라봤다. 방금 전, 괴상한 경주도 했으니 무글린까지 함께 달릴 법도 하지만 서로의 속도를 신경 써야 하는 자전거여행의 특성상 선뜻 달리자고 말하지 않았다.

어느새 멀어진 그들을 보고 자전거에 올라 페달을 밟으려는데, 갑자기 자전거 한 대가 나타나 내 앞을 막아서는 게 아닌가?

'뭐야 이 사람?'

불현듯 나타난 그는 건장하고 탄탄한 몸을 지닌 40대 중반의 아저씨로 몸에 착 달라붙는 화려한 복장과 그에 어울리는 헬멧, 거기다 세련되게 깎인 고글까지, 마치 한강을 달리다 온 듯한 영락없는 자전거동호회원의 모습이었다. 그의 구릿빛 피부 때문이었을까? 그저 '스페인이나 브라질 사람인가?' 하고 추측만 할 뿐 대뜸 나타난 그에게 어떤 인사도 못하고 의아한 표정으로 자전거에서 내려오는 그를 빤히 쳐다봤다.

"안니옹쎄. 한싸요?"

'응?'

속으로 이상하다 생각했지만 별 대꾸 않고 전과 같은 얼굴로, 그를 계속 쳐다봤다.

"한국사람 아니에요?"

갑자기 귓가를 때리는 낯익은 울림에 순간 멈칫했다. 여행을 하다 보면 현지어에 갇혀 우리말을 듣게 될 거란 기대를 못하게 된다. 그래서 우연히 우리말을 듣는다 해도 '그저 현지 말이겠거니' 하고 넘기기 일쑤인데 지금 이 상황이 딱 그랬다. 뒤늦게 '응?' 하고 깨달으며 말이다.

"네, 전 한국에서 왔어요."

"오 반가워요. 혹시나 해서 멈췄는데 맞았네."

"한국말 잘하네요. 어느 나라 사람이에요?"

"나? 당연히 네팔사람이죠."

"네? 진짜요?"

아저씨는 내가 한국 사람이라는 것을 알자 무작정 반겼지만 당황한 나는 그럴 여유가 없었다. 처음 만난 자전거여행자를 보내고 그 자리에서 또 다른 자전거여행자를 만나다니! 그것도 이번엔 현지 자전거여행자! 이날 연속된 만남으로 다시 기대가 생겨 자전거여행자를 더 만나길 고대했지만 네팔에서 자전거여행자를 만나는 일은 더 이상 없었다. 그만큼 네팔을 달리는 자전거여행자는 드물었고 외국인이 아닌 현지인은 아예 없다고 봐도 무방했다. 왜냐 하면 네팔에서 자전거는 옛날 우리 쌀집아저씨처럼 짐을 옮기거나 아이들의 등하교 수단일 뿐, 여가생활을 영위하는 도구가 아니기 때문이다. 그래서 그들의 자전거에는 별 다른 기능이 없다. 우리에게 기본인 기어조차 그들에겐 생소한 장치일 뿐이다. 그런 네팔에서 자전거 복장을 하고 여러 기능이 있는 자전거를 탄 현지인을 봤으니 신기할 수밖에.

우리는 네팔의 시골길 한가운데서 한동안 대화를 이어나갔다. 그것도 아주 유창한 한국어로 말이다.

'한꺼번에 놀랄 게 너무 많잖아? 뭐가 이래?'

며칠 사이에 뿌리내린 고정관념으로 뒤통수를 한 대만 맞은 게 아니라 이곳저곳 여러 군데를 동시에 퍼버벅 맞은 느낌이었다. 나를 상당히 놀라게 한 이 아저씨는 카트만두에서 포카라로 가는 중에 저 멀리 있는 동양인을 보곤 혹시나 하는 마음에 따라와 나를 멈춰 세운 것이다. 우리는 아예 자리를 잡아 아저씨가 챙겨온 생오이까지 우적우적 씹으며 본격적인 대화를 시작했다.

아저씨의 이름은 '비스워즈'로 한국이름은 '칠복'이었다. '칠복?' 좀, 아니 상당히 촌스러운 이름이었지만 칠복이란 이름의 작명과정과 뜻까지 자랑스럽게 얘기하는 아저씨를 보니 아마 알고 있을 것이다.

"그런데 아저씨는 한국말은 어떻게 이리 잘해요?"

"지금은 네팔에 돌아온 지 몇 년 지나 다 까먹었지. 그래도 내가 한국에서 18년이나 살았어."

"네? 18년이요? 2000년 초반에 왔어요? 아니, 그러면 계산이 안 맞는데? 언제 오신 거지?"

"2000년은 무슨 92년도인가? 오래 전이지."

'92년? 그때도 우리나라에 일하러 오는 외국인이 있었나?'

그 당시는 반대 경우만 존재하는지 알았는데 전혀 뜻밖의 사실이었다. 나는 우리나라에서 일하는 외국인 노동자가 소위 3D라 불리는 직종에 종사하며 우리 경제의 아랫부분을 받쳐주는 중요한 위치에 있다고 생각한다. 물론 나와 다른 시선도 존재하지만 당장 우리경제에서 그들이 사라진다면 큰 혼란이 야기될 것은 누가 봐도 뻔한 일이다. 이런 구조가 되기까지 많은 수의 외국인이 우리나라를 거쳤을 테고 다시 고국으로 돌아간 그들을 나는 여행하며 어렵지 않게 만날 수 있었다. 그때마다 반가움에 대화를 나눌 때면 거의 매번 듣게 되는 이야기가 부당한 대우에 관한 것이었다. 물론 타지에서 겪게 되는 어느 정도의 차별은 불가피한 측면도 있지만 과한 이야기를 들을 때면 한국인인 내가 부끄럽고 화가 나는 것도 어쩔 도리가 없었다. 이러한 일 대부분은 돈이 원인으로, 그들의 악덕 사장에게서 비롯되는 것이었다. 돈 벌러 온 사람에게 돈을 안주는, 이 앞뒤 안 맞는 상황을 어찌

훗날 카트만두에서 만난 아저씨, 그리고 딸과, 강아지

이해해야 할지 모르겠다.

임금이 높은 호주로 워킹홀리데이를 가는 한국 청년들이 구직이 쉽다는 이유로 한국 사장 밑으로 들어는 경우가 흔한데 고된 노동에도 불구하고 돌아오는 임금도 한국식이란 것은 이미 퍼질 대로 퍼진 일화다. 국내건 외건 이런 오명을 쓴 한국 사장이 대다수는 아닐 것이고 갈수록 사라진다지만 여전히 피해자가 속출하는 건 상당히 애석한 일이다.

이런 상황에서 오랜 타향살이를 마치고 7년 전에 고향으로 돌아왔다는 칠복이 아저씨는 한국에서의 시간이 마냥 행복했다고, 한국이 좋고, 지금도 비자만 나오면 한국에 가고 싶다는 말에 나 또한 기분이 좋으면서도 '다행이다' 하고 안심이 된 건 앞서 말한 어이없는 상황 때문일 것이다. 거기다 아직까지 연락을 이어가는 한국 사장님에게 한국 경기가 안 좋다는 소식을 들었다면서 우리나라를 걱정하는 기색에서, 아저씨의 마음을 더욱 잘 읽을 수 있었다.

'지금 우리나라는 헬조선입니다.'

한국에 오고 싶어 하는 마음씨 좋은 아저씨에게 저 잔인한 말을 차마 꺼낼 수 없었다. 그저 머릿속에서만 나열하는 것으로 끝냈다.

한국에 돌아와 글을 쓰는 지금은 '헬조선'이란 말을 전보다 듣기 어렵다. 좋아진 상황 때문일까? 그나마 풍자적으로 불리던 '헬조선'이란 단어가 2016년 12월 현재 그저 귀엽게만 느껴지는 건 아닐까? 얼마 전 연락한 칠복이 아저씨는 굳이 내가 말하지 않아도 한국을 잘 알고 있었다.

다시 이야기로 돌아와, 오이를 다 먹고 일어난 우리는 역시나 서로에게 불편함을 주지 않고자 각자 주행했고 약속한 포카라에서 재회했다. 이때 아저씨는 나와 맥주를 들이키며 사실은 한국에서 좋지 않은 일도 많았다고 조심스럽게 말해주었다. 그러나 자신을 도와준 고마운 사람을 더 언급하며 이제는 가물가물한 그들의 이름을 기억하려고 애쓰는 아저씨의 모습을 보고, 알지도 못하는 그들을 존경하게 되었다.

'그들의 선의로 누군가는 평생 감사하고 있다는 걸 그들은 과연 알까?'

이어지는 아저씨의 말을 들으며 내 삶은 어떠했는지 지난날을 돌이켜보았다.

'난 어떻게 기억될까?'

#_8
아주머니와
아이들

● 아직 해가 뜨지 않은 시각, 빨리 출발하려고 채비를 마쳤다. 카트만두를 떠난 지 4일째, 이제 제법 익숙해져 준비하는 시간은 꽤 단축됐지만 예상보다 더딘 주행이 일정을 빠듯하게 만들었다. 주된 까닭은 역시나 네팔의 가파른 산길과 열악한 도로 때문이었는데 주행 시간이라도 늘리자는 고육지책으로 이른 시각에 일어난 것이다.

'오늘은 얼마나 갈 수 있을까? 그곳에서도 무슨 일이 있겠지?'

이른 시각의 주행이 힘들 줄만 알았는데 서늘한 날씨 덕분에 오히려 달릴 맛이 났다.

그렇게 주행을 만끽하며 얼마나 달렸을까? 기대를 저버리지 않고 눈앞에 나타난 가파른 오르막길과 작열하는 태양이 내 좋은 기분에 찬물을 끼얹었다. 얼마 안 있어 내 몸은 온통 땀범벅으로 흥건해졌다. 휴식하려고 바위에 몸을 늘어뜨렸다가도 끊임없이 찾아드는 벌레들 통에 맘 편히 쉴 수도 없어, 도망치듯 자전거에 올랐다. 그러나 그것도 얼마 못가 또 휴식. 그리고 다시 출발. 또 다시 휴식. 이것을 반복하기를 몇 차례, 더위 먹은 듯 힘이 나지 않아 투덜댈 기운도, 벌레 쫓을 기운도 없어, 그저 페달 돌리는 일만 겨우 겨우 해내고 있었다.

'왜 이래? 벌써 지친 거야?'

아무리 생각해도 다리에 느껴지는 감각이 좀 이상했다. 지쳤다고는 해도 너무 심하다는 생각에 혹시나 자전거에 무슨 문제가 생겼나 의심하려는 찰나, 자전거 뒷바퀴에서 일정한 소리가 들려왔다. 당연히 뭔가 잘못된 것이다.

"이렇게 열심히 가고 있는데 왜 안 도와 주는 거야?"

멈춰서 살펴본 자전거의 뒤쪽은 생각보다 훨씬 안 좋았다. 자전거 짐받이를 지지하는 한 축이 부러져 짐받이와 짐이 주저앉아 버렸고 그것이 뒷바퀴에 닿으면서 마찰음을 내, 잘 굴러가지도 않은 것이다.

'한국에서 꽤 비싸게 산 짐받이인데 여행한 지 얼마나 됐다고 말썽이야?'

한 시간이 넘도록 땡볕에서 낑낑대며 살펴봤지만 상황은 나아질 기미가 없었다. 결국 끌고 갈 수밖에 없었는데 문제는 짐받이에서 내린 짐의 수가 너무 많다는 것이다.

'이것들을 다 몸이 지고 어떻게 가나?'

짐받이가 고장 났으니 이 짐을 내 몸에 걸치든 묶든 움직여야 했다. 하지만 짐만으로도 손이 부족한 상황에서 자전거까지 끄는 건 도저히 불가능해 어찌해야할지 난감하기만 했다. 그런데 이런 상황을 아는지 모르는지 아까부터 흘린 땀이 목구멍의 수분을 다 빼앗아가 침을 아무리 삼켜도 쩍쩍 갈라지기만 했고 그 때문에 마른기침은 연신 계속되고 있었다. 물론 물만 마시면 간단히 해결될 일이지만 일찍 출발한다고 서두르는 바람에 바보같이 충분한 물을 챙기지 못했다. 그나마 있던 물은 아까 얼굴에 뿌린 뒤였고 빈 병만이 덩그러니 가방에 있었다. 주위엔 나무와 낭떠러지 밖에 없어, 가게나 인가가 나오려면 아직 한참이나 멀었다.

'하필 이럴 때 이따위 일들이 겹치다니.'

지치고 피곤한 상태에서 땡볕인 이곳에 언제까지나 있을 순 없었다. 그래서 짐이 바닥에 끌려도 우선은 억척스럽게 나아갔다. 옆으로 낭떠러지가 보이는 아찔한 길을 걷다가, 순간적으로 일어나는 현기증 때문에 발을 헛디뎌 위험한 상황에 놓이기도 하며 쓸데없는 피로를 차곡차곡 쌓아만 갔다. 결국 물을 찾으려던 내 계획은 휴식을 취할 만한 나무 그늘을 찾는 것으로 변경됐지만 고도가 높은 네팔에서 나를 가릴 큰 나무를 찾는 것도 그리 쉬운 일은 아니었다. 그래서 지친 고개를 떨어뜨리고 언제 나올지 모르는 그늘을 향해 뚜벅뚜벅 걷고 있는데 작게 들리는 웅성거림에 나도 모르게 고개가 번쩍 들렸다. 반갑게도 한 무리의 아주머니가 내 쪽으로 오고 있었다. 그들이 구세주처럼 느껴져 있는 힘껏 소리를 쳤다.

"물이요, 물 좀 주세요!"

몸으로 물 마시는 시늉까지 해가며 어렵게 건네받은 물을 배가 빵빵해질 때까지 들이켰고 그런 내가 재밌는지 한바탕 웃는 아주머니들과 손발을 써가며 대화를 나눴다. 그 덕에 얼마 안 있어, 조금 정신을 차릴 수 있었다.

'오늘 주행은 포기하고 히치하이킹이나 할까?'

제자리를 찾아가는 몸 상태와는 달리 그대로인 자전거 때문에 내키지 않는 수를 생각하고 있었다. 그러나 옆에 있던 아주머니가 내 마음을 아는지 모르는지 계속 자전거를 수리해보라고 보챘다. 이미 몇차례나 시도한 상태에서 더 이상 어찌할 엄두가 안 났지만 아주머니들의 성원에 못 이겨, 하는 시늉이라도 했는데…… 신기하게도 수리

가 되는 게 아닌가?

'이럴 수가, 뭐에 홀렸었나?'

완전히 부러진 지지대를 잘 교합해 뚝딱 고친 나는 그들에게서 받은 간식과 감사한 마음을 한 아름 안고 다시 자전거에 올랐다. 떠나는 내게 뭐가 그리 즐거운지 한참 동안이나 미소를 띄어주는 그들에게 나도 끝까지 손을 흔들어 작별인사를 해주었다. 덕분에 방금 전까지 하던 낙담은 온데간데없이 사라지고 없었다. 막 주행을 시작한 사람처럼 몇 개의 고개를 거침없이 넘어 그토록 바라던 어느 마을에 도착했다. 곧바로 미끄러지듯 내리막길을 탄 나는 따지지 않고 슈퍼로 직행해 음료수 몇 개를 해치웠다. 그리곤 잠깐 휴식을 취한다는 게 한껏 풀린 긴장 때문인지 가게 앞 벤치에서 단잠에 빠져버렸다.

그리고 얼마의 시간이 지나, 시끌벅적한 소리에 일어난 나는 내 앞에 펼쳐진 광경을 보고 입을 다물 수 없었다. 왜냐 하면 아이들이, 그것도 족히 백여 명은 되는 아이들이 나를 둘러싼 채 호기심 어린 눈으로 바라보고 있었기 때문이다. 잠들 때까지만 해도 눈치 채지 못했는데 내가 잠든 곳은 바로 학교 앞 구멍가게였다. 그래서 하굣길에 이 많은 아이가 자빠져 있는 나를 보고 이렇게나 몰려든 것이다. 이들 모두는 순백색의 교복을 입었는데 코흘리개 아이도 있었고, 뭐가 그리 궁금한지 내 자전거를 요리조리 살피는 아이도 있었고, 화들짝 깨어난 내게 어디에서 왔는지 제법 당당하게 묻는 이름 모를 아이들도 있었다. 어느새 내 주위는 온통 왁자지껄한 시장판이 되어 버렸다. 처음에는 이 상황이 워낙 갑작스러워서 받아들이기 힘들었지만 나를 중심으로 일어나는 너무나 굉장한 사건에 가슴이 쿵쾅거려 흥분을 감출 수 없었다.

'자전거를 타지 않았다면 지금과 같을 수 있었을까?'

그저 지금 이 모든 게 감사하기만 할 뿐 다른 어떠한 마음도 들지 않았다.

"한국이 어디 있어요?"

결국 이날은 나와 내 여행에 대해 끊임없이 묻던 어느 아이와 가까워져 그 아이 집 근처에서 야영을 했다. 아이에게 카메라에 담긴 우리나라와 내가 다닌 이곳저곳을 보여주며 우린 금세 친구가 되었고 그런 내게 고마움을 느꼈는지 아이는 답례로 달밧과 간식을 의기양양하게 내밀었다. 아이의 배려로 이 날의 피로는 말끔히 가셨고 잊지 못할 추억까지 덤으로 챙길 수 있었다.

'오늘 여행에서 아주머니들과 아이들을 안 만났다면 어땠을까?'

자전거를 타면 언젠가 오르막이 나오기 마련이다. 나 또한 오르막의 꼭대기를 바라보다가 한숨이 나와 힘이 빠진 적도 여러 번이다. 하지만 그 너머에는 시원한 내리막길이 기다린다는 진부한 진리를 아주머니들과 아이들을 만나서야 제대로 깨달았다. 남은 여정 동안 수차례 고난을 겪었지만 이때를 유독 기억하는 건, 뜻밖에 해갈된 갈증이나, 기적처럼 고쳐진 자전거 때문이 아니라 운명처럼 이루어진 이날의 만남 덕분일 것이다.

#_9
휴지를 파는 곳

●네팔을 상상하면 차가운 눈으로 뒤덮인 히말라야를 떠올리기 쉽다. 하지만 실제론 봉우리의 위쪽만 눈으로 덮여 있고(계절에 따라 약간의 차이는 있다) 나머지는 그렇지 않다. 특히 내가 주행하는 산 아래 쪽은 눈이 아닌 무더위만 가득해 출발 전 충분한 물을 챙기는 건 필수다. 물론 차가웠던 물이 무더운 날씨 탓에 뜨겁게 데워진 것도 몰라 여행 초반만 해도 그저 시원한 물이겠거니 생각하고 물을 벌컥벌컥 들이키곤 했다.

'뭐야? 왜 이리 기분 나쁘게 따뜻해?'

더위에 입으로 들어오는 온수라니. 그때마다 욕 한 바가지를 내뿜으며 뱉긴 했지만 어쩔 수 있나? 목이 갈라지는 따가움은 피해야 하니 조금이라도 밀어 넣을 수밖에.

이러한 연유로 자연스럽게 물 마시는 게 꺼려졌다. 그래서 생각한 것이 수분이 많은 과일이나 채소로 대체하는 것이었다. 시원하진 않지만 그렇다고 물처럼 뜨거워질 염려도 없었고 가격 또한 저렴해 큰 부담이 없었던 것이다. 게다가 당도까지 풍부하니 일석삼조의 선택이었는데 내가 주로 갖고 다닌 것은 토마토나 오이, 리치로 그중에서도 리치가 그렇게까지 맛있는 과일인 줄은 상상도 못했다. 껍질을 벗겨 흰 속살이 드러날 때면 이 맛을 몰랐던 과거가 무척 후회스러워 인생 헛살았다란 자괴감까지 일 정도였다. 지금도 그 리치의 강렬한 과즙이 떠올라 상상만으로도 침샘을 자극한다. 이렇게 리치의 세계에 입문한 나는 과일에 그치지 않고 리치주스까지 탐닉하며 자연스럽게 구멍가게를 전보다 더 들락거리게 되었다. 물론 그때마다 시원한 리치주스를 사려고 몇 군데 돌아보는 일은 어느새 익숙해진 새로운 일상 중 하나였다.

더운 나머지 타 죽는 줄 알았던 어느 날, 리치주스를 하나 사고, 하나 또 사고, 다시 또 하나 사고, 또 다시 하나를 샀다.

"안 되겠다 그냥 계속 마시자."

결국 마음껏 먹은 이 날은 끝내 몇 개까지 먹었는지 발가락까지 동원해도 셀 수 없었고 이후론 몇 개를 먹을지 정하지 않고 원 없이 채워질 때까지 주구장창 먹어댔다.

"윽, 화장실 어디 있지?"

이렇게 먹어댔으니 배탈이 나는 건 아주 당연한 수순이었는데 이미 리치에 반쯤 미친 나는 병이 나든, 낫든, 네팔을 떠날 때까지 리치와 리치주스를 입에 달고 다녀 이놈의 배탈도 언제나 함께였다. 배탈 때문에 화장실 출입이 잦다 보니 당연히 그만큼 휴지를 많이 사용하게 되었는데, 이게 모든 문제의 시작이었다.

처음에는 화장실을 갈 때마다 아무생각 없이 카트만두에서 산 휴지를 마구 써댔는데 어느 날 배에서 신호가 와 뒤진 가방에는 더 이상 휴지가 남아 있지 않았다. 이때까지만 해도 별 걱정 없이 가게로 달려가 휴지를 달라며 돈을 내밀었는데 어찌 된 일인지 주인은 뚱한 표정으로 상상도 못할 답을 했다.

"휴지? 그게 뭐야?"

"휴지요, 화장실 갈 때 쓰는 거……."

"응?"

장기인 손짓, 발짓을 이용해 겨우 이해시켰지만 그의 대답은 급해진 내 마음에 오히려 기름을 부었다.

"아, 휴지. 그거 우리는 없지. 이 동네 어디에도 없을 걸?"

"뭐? 휴지가 없다고? 왜? why?"

아픈 배를 부여잡은 채 거듭 물어봤지만 휴지가 없다는 말뿐, 다른 어떠한 말도 들을 수 없었다.

'안 돼. 이러다 나도 손으로 처리하는 거 아냐? 이럴 수가! 절대 안 돼!'

신속히 돌아온 나는 가방이란 가방은 다 뒤지기 시작했다.

'죽으란 법은 없구나.'

마법처럼 비행기에서 받은 물티슈 하나가 나왔다. 하지만 크지도 작지도 않은, 그저 그런 물티슈 쪼가리 한 장. 어쩔 수 없이 그 물티슈 한 장에다가 과학과 수학 그리고 내 경제적인 지식까지 총동원해 일을 기적적으로 마칠 수 있었다.

'대학 졸업했다는 뿌듯함을 여기서 느끼게 될 줄이야. 이걸 좋다고 해야 하나?'

하지만 진짜 문제는 이제부터다. 인도처럼 네팔도 왼손으로 일을 처리하는 관습 때문에 어느 가게에서도 휴지를 볼 수 없었고 심지어 어느 가게주인은 휴지가 뭔지도 몰랐다. 단지, 카트만두의 타멜에는 밀려오는 관광객 때문에 휴지가 있었을 뿐이다. 하지만 이러한 사실을 알 리 없던 나는 어떠한 준비 없이 여기까지 왔다.

'아무리 볼일 볼 때 휴지를 안 쓴다 해도 그렇지, 커리 묻었을 때 쓸 수도 있고 코 풀 때 쓸 수도 있잖아?'

언제 벌어질지 모를 사고에 더 초조해져, 해도 안 되는 푸념들을 죽 늘어놓는 중이었다.

"어? 망했다."

배탈을 달고 살다 보니 한 번 일을 마쳐도 얼마 지나지 않아 한 두 차례 더 일을 치러야 했는데 장에서 또 한 차례 신호가 왔다. 하도 많이 뒤져서 어수선해진 짐을 대충이라도 정리하고 겸허히 요란 떨지 않고 화장실로 향했다. 화장실의 한 편에는 작은 물웅덩이와 그 위를 둥실둥실 부유하는 바가지 하나가 있었다.

'이걸로 하는 거구나. 네팔식 비데……'

비데란 물을 이용해 뒤를 처리하는, 모든 것을 총칭해서 부르는 단어다. 예전 캄보디아를 다닐 때 싸구려 숙소에 머문 적이 있었다. 앙코르와트 투어를 마치고 상쾌하게 목욕을 하려는데 샤워기의 물이 졸졸졸 흐르는 바람에 자칫 세월아 네월아 씻어야 할 판이었다. 그렇게 얼마간 씻다가 도저히 안 되겠다 싶어 샤워기의 머리를 때리기도 하고 흔들기도 하며 나름 방법을 강구하다가 변기 옆에 걸려 있는 샤워기 비슷한 걸 발견했다. 변기 옆에 있다는 사실이 좀 찝찝하긴 했지만 사용하던 샤워기와는 비교도 안 되는 수압에 매료돼, 얼마 후 나는 무릎까지 쳐가며 이제야 알았다고, 이런 이유가 있었다며 상황을 정리했다.

'졸졸졸 나오던 샤워기가 고장 나 새 샤워기를 설치한 거였구나. 근데 설치하려면 다른 데다 하지 왜 변기 옆에다 했지? 수도관이 변기 옆에 있나? 아하, 우리나라 변기 옆에 수도꼭지 있는 거랑 비슷한 거구나, 바보처럼 졸졸졸 나오는 걸 사용했다니, 참나.'

변기 옆에 있다는 일말의 의구심도 생각의 흐름으로 단숨에 잠재우고 단추만 누르면 강력하게 나오는 물줄기에 감탄하며 졸졸졸 샤워기는 이미 내팽개친 뒤였다. 강력한 샤워기를 이용해 목욕뿐 아니라 빨래까지 후딱 끝낸 나는 의도한 대로 개운하게 욕실에서 나왔다.

그런데 여행을 마치고 한국에 돌아와서도 몇 년이 지난 뒤 그것이 TV에 나왔다. 뜻밖의 사실에 난 그저 TV 쪽으로 고개를 쭉 빼곤 미동도 없이 화면만을 빤히 쳐다봤다. 왜냐 하면 내가 사용한 강력한 샤워기는 목욕할 때 쓰는 샤워기가 아니라 뒤를 닦을 때 쓰는 비데였던 것이다.

얼마나 황당했는지 헛웃음이 절로 나와 한동안 어이가 없었다. 아마 나 말고 이런 사람 여럿 있을 거다. 이럴 때는 이렇게 위안 삼는 거지, 뭐.

아무튼 휴지 없이 화장실에 들어온 나는 우물 같은 비데를 응시하다 도저히 안 되겠다 싶어, 옷가지로 처리할까 하고 진지하게 고민 했다. 그런데 아마 내일도, 모레도, 글피도, 한동안 휴지를 구입하기는 커녕 구경도 못하리라는 생각에 내 시선은 자연스럽게 다시 우물 비데로 옮겨졌고 이걸 감사하다고 해야 할지 아니라고 해야 할지, 예전에 읽은 여행기에서 작가가 직접 손으로 처리한 경험을, 그것도 아주 세밀하게 쓴, 상당히 더럽고 냄새나는 고마운 글이 떠오르기 시작했다.

'아…… 외통수구나.'

막다른 골목에 다다른 나는 크나큰 결심과 동시에 내 배를 고통에서 해방시켜주었고 잠시 후 왼손을 만지작거리며 멋쩍은 웃음으로 화장실에서 나왔다. 처리는 아주 완벽했다. 어떻게 했냐면 아니, 자세한 설명은 생략하는 게 나을 거 같다. 어쨌든 손은 벌게질 때까지 빡빡 씻었다. 아마 한동안 핸들 위에 놓인 벌건 왼손을 봐야 할 것 같다.

그동안은 현지인처럼 손으로 음식을 먹었었다. 다만 왼손, 오른손 가리지 않고 먹었는데 이 사건 이후로 밥을 오른손으로만 먹게 되었다. 왼손으로 밥을 먹을 때마다 뭐라 하던 그들의 타박이 아주 당연하다는 걸 깨달았고 다시는 왼손을 사용할 수 없었다. 왼손으로 밥을 먹었다니 내가 아주 미쳤나 보다.

그리고 이미 더럽혀진 마당에 무슨 소용이 있겠냐마는 네팔을 떠날 무렵, 휴지 파는 곳을 드디어 알게 되었다. 잔머리 좀 굴리는 나도 전혀 생각 못한 곳에 그놈의 원망스런 휴지가 있었다. 우리로는 생각도 못할 곳, 바로 의료기관인 병원이다. 위생을 이유로 휴지 사용을 권장하며 판매까지 한 것인데 이미 내 손은……. 아파서 병원이라도 갔으면 알았을 것을……. 건강한 내 자신이 원망스러웠다.

뒤늦게라도 구입해서 왼손의 역할은 축소됐지만 찝찝한 마음에 한동안은 예전처럼 왼손으로 밥을 먹을 수 없었다. 시간이 지난 지금이야 왼손으로도 음식을 집지만 여전히 손은 왼손, 오른손가리지 않고 빡빡 씻으며 냄새까지 맡는 버릇이 생겼다. 특히 누군가가 물건을, 그 중에서도 맨손으로 음식을 건넬 때면 그 손이 왼손인지 오른손인지 슬쩍 보게 되는 건 네팔이 내게 준 작은 선물이다.

#_10
고대하던
포카라에
드디어 왔다

● 출발할 때 계산해보니 대강 50킬로미터밖에 안 남았다. 조금만 더 가면 첫 목적지에 도달할 거란 기대에 자전거에 걸린 측정기만을 뚫어져라 쳐다봤다. 그래서인지 나아갈수록 조급한 마음은 커져갔고 동시에 불필요한 초조함만이 쌓이는 중이었다.

"다 온 것 같은데 왜 이러지?"

마음은 이미 도착했는데 몸이 못 따라가니 심술이 났고 더 이상 안 되겠다 싶어 측정기에서 눈을 떼고 주행에 집중했는데 그럴수록 오히려 더 많은 숫자가 눈앞에 아른거려 역효과만 일으켰다. 잊으려고 노력하면 더 강렬히, 더 많은 숫자가 사방에서 나를 에워쌌다.

'포카라까지 30킬로미터 남았음.'

조급해진 마음 때문에 애가 탔지만 길가에 박혀 있는 표지판을 보고는 이제 정말 얼마 안 남았다는 생각에 흥분했다. 이제 불과 30킬로미터 더 가면 첫 목적지인 '포카라'에 도달하는 것이다. 어느새 초조함은 사라지고 황홀한 기분에 한참을 내달렸다. 그리고 이젠 거의 다 왔다.

'포카라까지 20킬로미터 남았음.'

응? 10킬로미터밖에 안 왔어? 다시 나타난 표지판을 보고 예상과 다른 수치에 고개를 갸우뚱했지만 그냥 그런가 보다 하고 다시 한참을 내달렸다.

'포카라까지 10킬로미터 남았음.'

"이거 뭐야!"

의아해 내 속도계를 보니, 표지판이 말하고 있는 20킬로미터가 아닌 40킬로미터를 달렸다고 표시하고 있었다.

'그래도 기관에서 설치한 표지판일 텐데, 뭐 이래?'

한 번 더 네팔의 기간 시설을 탓하며 한풀 꺾인 기세로 얼마나 달렸을까, 언젠가부터 드러난 평지 위에 덩치가 큰 트럭이 모래를 뿌옇게 흩날리며 하나둘 내 옆을 스쳐가고 있었다. 당연히 아찔한 상황이지만 오히려 난 신이 났다. 왜냐 하면, 경험상 이렇게 트럭이 많다는 것은 그만큼 도시에 가까워졌다는 반증이다. 이번에는 분명히 '포카라'에 다다른 것이기 때문이다. 트럭의 둔탁한 소리마저 고적대의 그것처럼 나를 흥분시켰다.

"드디어."

첫 목적을 달성했으니 마냥 신이 났다. 포카라에 있는 페와 호수 ^{Phewa Tal}가 보이는 여행자 거리까지 바람을 가르며 힘차게 내달렸다. 방금 전 10킬로미터, 20킬로미터에 경거망동하던 나 자신을 비웃으며 내리막길의 초입에 보이는 아름드리나무를 지나 드디어 페와 호수에 도착했다. 첫 일정을 마쳤다는 성취감 때문인지 전에는 별 느낌 없던 '포카라'라는 명칭이 이젠 멋스럽기까지 했다. 내가 머물 여행자 거리도 운치가 느껴지는, 적당히 사람냄새 풍기며 갖출 건 다 갖춘 정감 가는 따뜻한 곳이었다. 이곳은 안나푸르나에 오르기 전, 베이스캠프 역할을 하는 곳이라 트레킹장비를 파는 상점이나 여행사가 많다. 아무 준비 없이 트레킹을 하려던 내게 더할 나위 없는 최적의 장소였다.

얼마 후 미리 와 있는 칠복이 아저씨와 재회했고 우리는 페와 호수의 석양을 바라보기도 하고 어두워진 호수가 반딧불을 보러 배회하는 등 남자 둘이서 오붓하다면 오붓한 시간을 보냈다. 그런데 무릎이 아파 중간에 버스를 타고 왔다는 아저씨는 무모하게도 내일 트레킹을 떠난단다.

"트레킹 할 거지? 같이 갈래?"

"전 좀 더 있다 나중에 할게요."

'어차피 할 건데 나도 같이 따라갈까?' 하고 순간 생각했지만 트레킹이 뭔지도 모르는 상황에서 갑자기 아저씨를 따라나서는 것은 영 내키지 않았다. 그렇게 다음날 아저씨는 트레킹을 떠났고 아저씨의 집이 있는 카트만두에서 재회하자고 약속하며 우리의 데이트는 이렇게 끝났다.

이틀 정도 휴식을 취하며 돌아본 포카라에는 많은 패러글라이딩 가게가 있었다. 예전 안나푸르나 근처 어디서 패러글라이딩을 할 수 있다는 얘기를 들었는데 아마 이곳이었나 보다. 즉시 괜찮은 곳을 찾아 바로 예약을 끝냈다. 가격이 예상보다 비싸긴 했지만 지금 아니면 평생 못 할 거란 생각에 우선 저지르고 보자며 미련 없이 여행사에서 나왔다.

"여기서 만나네요. 패러글라이딩 예약한 거예요?"

여행사를 나오자마자 카트만두의 같은 숙소에서 묵었던 한국인 여행자를 우연히 만났다. 약속한 건 아니었지만 그도 포카라로 온다 했기에 어느 정도 예상한 바다. 근데 뭐 딱히 반갑지는 않다. 그도 칠복이 아저씨처럼 건장한 남자다. 여행 중에 부쩍 불필요한 남자 복이 많아져서 진심으로 걱정이다.

'칠복이 아저씨와 오붓했던 시간으로도 충분해, 바로 헤어져야 지.'

"저는 일이 있어……."

"지금 한국 사람들 다 같이 모여 있는데 거기 가죠."

"그럼요. 당연히 가야죠!"

알고 보니 그는 좋은 사람이었다. 그가 앞장서서 안내해준 곳에는 열 명가량의 한국인이 왁자지껄 흥겨운 대화를 나누고 있었다. 남자 만 있지 않았다. 역시 그는 좋은 사람이었다.

여행할 당시는 우기에 접어들 무렵이라 하루에 몇 차례나 억수 같 은 비가 왔고 이때도 마침 비가 한바가지 내리고 있었는데 신기하게 도 그곳 식탁에는 네팔 막걸리인 '창'과 한국 김치전이 떡하니 놓여 있었다. 하늘이 개면 안나푸르나의 백두가 보이는 이곳에서 빗소리 를 안주 삼아 김치전에 막걸리로 낮술을 즐길 수 있다니! 단순한 감 동을 넘어 감개무량함까지 들었다. 아무도 말하지 않아 정적이 올 때 면 차양에 부딪히는 빗소리가 우리 모두를 적셨다. 한국인 듯 네팔인 듯, 도저히 말로 표현 못하는 이 환상적인 순간에 처음 마시는 네팔 막걸리 '창'과 자주 접한 네팔 소주 '럭시', 거기다 현지 맥주까지 번갈 아 목을 축이며 한창 대화에 빠져 들었고 네팔에서도 포카라에 온 이 상, 당연히 저 멀리 보이는 안나푸르나에 '어떻게 오르느냐'가 우리 의 주된 대화 주제였다. 그들의 열띤 대화를 듣고 있자니 오직 트레킹

하나만을 바라보고 이곳에 온 그들과 다른 나 자신이 상당히 이질적으로 느껴졌다. 굳이 이렇게까지 걱정할 필요는 없지만, 정말 하나도 준비 없이 너무 쉽게 히말라야에 오르려 하는 건 아닌지 엉뚱한 상념에 잡혔다. 아마 산에 오르기로 결심한 때가 그들보다 늦지는 않았을 텐데 옆에서 느껴지는 그들의 열의가 너무나도 뜨거워 쓸데없는 생각이 든 것이다. 내 여행에서 트레킹은 단지 어느 일부에 지나지 않지만, 그들에게는 트레킹이 이번 여행의 전부였다.

지금부터라도 트레킹에 대한 정보를 채우고자 많은 질문을 그들에게 쏟아냈고 그럴 때면 친절하게도 성심성의껏 트레킹에 대해 많은 것을 알려주었다.

"ABC는……, EBC는……, ACT는…….."

'으, 어려운데.'

역시 단 시간에 되는 건 없나 보다. 복잡한 그들의 설명을 쉽사리 이해하기 힘들었다. 그렇게 몇 번이나 반복했을까 어느새 패러글라이딩으로 주제가 바뀌었고 이곳에 오기 직전 이미 예약해두었기에 이 주제는 내게 한결 가벼웠다.

"그거 담합해서 그래요. 그래서 다들 여기 말고 인도 가서 한다는데 지금이라도 취소해요."

나 또한 고개를 갸우뚱하던 일이라 이상히 여겼는데 역시 패러글라이딩 가격에 문제가 있던 것이다. 몇 달 전만 해도 지금의 절반이던 가격이 여행사끼리의 담합으로 갑자기 배로 뛰었고 이 때문에 이곳에서의 패러글라이딩은 전보다 인기가 사그라진 뒤였다. 당시 있던 사람 중 애초에 패러글라이딩을 하려다 가격에 막혀 포기한 사람이 4~5명이나 있었다. 그중 결국 끝까지 패러글라이딩을 신청한 사람은 오직 나뿐이었다.

그렇게 우리끼리 불평, 불만을 떠들고 있었는데 우연찮게도 현지 여행사에서 일하는 한국인 패러글라이딩 조종사가 이곳에 나타났다. 우리 눈에 그는 모든 것을 다 아는 선생님처럼 보였다. 당연히 패러글라이딩 가격에 대해 이것저것 질문을 시작했다.

"가격이 왜 이렇게 올라간 거예요? 너무 비싸요."

특히, 예약까지 한 내 입장에서는 그의 대답이 더욱 궁금할 수밖에 없었는데 황당하게도 그의 말을 들으면 들을수록 어이가 없고 거슬리기까지 했다. 그는 담합이라는 단어의 뜻을 모르는 걸까? 아니면 알고도 그런 걸까? 엄연히 불법인 담합을 미화하면서, 배나 오른 가격에 정당성까지 부여한 그는, 이런 일이 처음은 아니었는지 꽤나 능숙한 말솜씨로 이곳 분위기를 완전히 주도했다. 때문에 내게 취소하라며 열을 내던 사람들도 순식간에 꿀 먹은 벙어리가 되더니 나중엔 아예 그를 옹호하는 사람들로, 고개까지 끄덕이는 지지자들로 탈바꿈해 있었다. 그가 쓰는 전문용어나 직업이 주는 믿음이 역시나 타지에 온 여행자들에게 강한 인상을 주긴 하나 보다. 내가 나서서 반박했지만 오히려 나를 나무라는 사람까지 나타나 순간 얼얼한 기분까지 들었다. 더군다나 그는 아까 목소리를 높여 두 배가 된 패러글라이딩 가격을 가장 먼저 욕한 사람이었다. 앞으로 빠졌던 몸이 다시 등받이로 돌아오면서 '이렇게 약이 팔리는구나' 하는 생각과 함께 외국에서 한국인을 조심하라 하던 슬픈 구절이 떠올랐다.

계속 말을 이어가는 한국인 조종사의 입을 멀뚱히 보고 있자니 여기까지 와서 열심히 일하는 그가 문득 애잔하게 느껴졌다. 마침 수그러든 빗방울에 술맛까지 달아나 그 자리를 떴다.

'별것도 아닌 일에 내가 너무 예민한 건가?'

자기검열에 빠져 고요한 밤길을 거닐었다. 애꿎은 뒤통수를 긁으며 찜찜한 마음을 털어보려 애썼지만 그게 마음처럼 될 리 없었다.

이날 잠들기 전, 예약시간을 확인하려고 패러글라이딩 영수증을 확인했다. 뭐가 됐든 중요한 사실은 내가 다음날 패러글라이딩을 한다는 사실이었다. 그것만 중요했다. 구겨버린 영수증을 주머니에 찔러 넣곤 목도해버린 불편한 진실을 부정하려고 눈을 질끈 감고는 오지 않는 잠을 청했다. 그렇게 난 무력한 마음을 안고 잠들어 버렸다.

#_11
조금은 날아보다

● 이곳은 히말라야를 가장 잘 볼 수 있다는 1600미터의 '사랑곳 Sarankot'이다. 패러글라이딩을 하려고 가파른 이곳에 올랐다. 멀리까지 보이는 경치에 매료돼 멍하니 있는 것도 잠시, 저곳을 향해 뛰어내린다는 사실에 순간 두려움이 일었다. 거기다 바람소리마저 날카롭게 느껴져 몸이 움찔거리기까지 했다. 바이킹도 못타는 내가 뭣하러 여기까지 왔나 하는 생각도 들었지만 흔치 않은 기회를 놓칠 수는 없었다.

"후하, 후하."

벌떡이는 가슴을 진정시키려 심호흡을 하자 그 때문인지 아니면 두려움을 잊자는 합리화 때문인지 꽉 차 있던 공포가 짜릿함으로 변

하기 시작했다. 아까와 달리 바람소리가 묵직하게 느껴지며 믿을 만
한 소리로 바뀌더니 한껏 날아오를 내게 안도감까지 심어주었다. 무
게감 있는 바람과 멋들어진 풍광, 이곳이야말로 패러글라이딩을 위
한 최적의 장소라고 별 과학적인 근거도 없이 혼자만의 결론을 내려
버렸다. 그리고는 옆에서 덤덤하게 장비를 입혀주는 조종사를 뒤로
하고 결의에 찬 눈으로 깊이 한 번 숨을 들이켰다. 그리고 그것도 모
자라 주문 외듯 뭔가를 중얼거리며 혼자 법석을 떨기 시작했다. 물론
이곳 '사랑곳'에는 나 말고 여럿이 패러글라이딩을 하러 와서 내가 보
여준 이 우스꽝스러운 행동은 별난 축에도 못 낀다.

"너 중국인이야? 이 아저씨 좀 말려봐! 제발!"

한 중국인 아저씨가 겁에 질려 손사래를 치다 못해 화까지 내고 있었다. 다른 여행사의 패러글라이딩 직원이 영어로 중국 아저씨를 진정시키려 애썼지만 아저씨는 한사코 패러글라이딩은 하지 않겠다고 소리를 고래고래 지르며 강렬히 저항했다. 안심시키려고 직원이 조심스럽게 다가가 발을 떼면 곧바로 중국인 아저씨는 손가락으로 직원의 발을 가리키며 화려한 중국어로 맞불을 놓았다. 막상 이곳에 오고 나니 두려움에 마음이 바뀌어 내려가고 싶은 중국인 아저씨와 환불에 대한 두려움으로 어떻게든 창공으로 뛰게 해야만 하는 직원 사이의 싸움이 이렇게 커진 것이다. 계속되는 중국인 아저씨의 경고에 직원은 'what? what?'이라 외치며 답답해할 뿐 별다른 조치를 취하지 못하고 있었다. 그때 마침 주위를 둘러보던 내가 세상 진지한 그들을 발견하고는 그만 빵 터져버린 것이다. 그 상황이 어찌나 웃기던지 큰 동작으로 웃어대던 나를 직원이 알아채고 다짜고짜 중국인인지 물어 온 것이다. 하지만 이를 어쩌나 나는 그저 왕가위 영화만 좋아하는 한국인일 뿐인데⋯⋯. 도와 달라는 그를 보고 어깨를 으쓱하며 고개를 저을 수밖에 없었다.

그런데 웬걸, 이제 내 조종사의 몸에도 모든 장비가 채워지자 한동안 없던 공포가 내게 다시 스멀스멀 올라왔다. 그렇게 초조해진 내 뒤로 조종사는 인기척도 없이 다가오더니 갑자기 어떠한 신호도 없이 무작정 나를 밀어붙이는 게 아닌가? 정말 반강제로 나를 뒤에서 달리게 한 뒤에야 몇 박자 늦은 출발신호 비슷한 말을 내게 내뱉었다.

"그냥 전속력으로 달리다 하늘로 뛰어!"

'뭐야? 도약대는? 아니 그 비슷한 거라도 없어?'

준비할 새도 없이 가파른 내리막을 달리게 된 나는 조종사에게 뭐라 대꾸할 틈도 없었다. 엉겁결에 달린 터라 속도가 잘 안 났지만 이내 디딜 땅들이 점차 사라진 것을 보고는 본능적으로 다리가 바빠졌다. 결국 1, 2초 뒤에는 어느새 한 평도 채 남지 않은 땅을 보고 '에라 모르겠다'라는 심정으로 창공을 향해 붕하고 뛰어올랐다.

'추락해 죽는 건 아니겠지?'

안타깝게도 1600미터에서 뛰어 내린 적이 없으니 알 턱이 있나? 영화나 만화에서는 지금처럼 창공을 향해 뛰어내릴 때 꽤 낭만적이면서도 멋스럽게 나오던데 역시 현실은 달랐다. 그런 거 전혀 없다. 그냥 정신없이 괴성만 터져 나온다.

"하늘을 나는 기분이 어때?"

"으악! 와! 왁! 크헉! 야!"

조종사의 질문에도 그저 성난 침팬지처럼 알 수 없는 소리로 일갈했다. 하지만 동시에 '추락하지 않았구나' 하는 안도감도 느꼈다. 이 시끄러운 소리는 차츰 잦아들었고 어느덧 장난감처럼 작아진 가옥과 끝없이 펼쳐진 자연만이 내 눈 안에 들어왔다. 뒤늦게 '내가 하늘을 날고 있구나' 하는 실감이 매 순간을 경이롭게 했다. 이젠 조종사의 질문에 차분히 대꾸도 해가며 이것저것 눈에 담고 있는데 갑자기 돌변한 내 태도가 영 못 마땅했는지 조종사는 예고도 없이 360도 회전을 해대며 장난을 걸어왔다. 하지만 그것마저 태연히 받을 여유가 생긴 나는 이 순간을 온전히 즐길 수 있었다.

어느새 조종사의 장난도 끝이 났고 더 이상 질문도 없어서 우리는 아주 고요한 상태에 빠졌다. 시원스러운 바람소리만이 귓가를 때릴 뿐 어떠한 잡음도 없이 저 멀리 보이는 모든 것을 멍하니 응시했다. 얼마 전에는 세계최초로 낙하산 없이 스카이다이빙에 성공했다는 기사를 접했을 때 '뭘 원하기에 저렇게까지 하는 거지?' 싶던 내 마음은 패러글라이딩을 경험한 뒤로 그들이 하늘에 몸을 던지는 이유를 어렴풋이나마 이해하게 되었다. 이 느낌은 이 세상을 관장하는 신이 된 느낌, 혹은 날개를 활짝 핀 독수리가 된 느낌…… 아니다. 적절한 말이 떠오르지 않지만 굳이 말하자면 시간이 멈춰버린 세상 속을 유유자적하는 그런 느낌이었다.

결국 그 멈춰버린 세상의 삼십 분은 훌쩍 지났고 내 발은 어느새 땅에 닿았다. 역시나 땅에 내려왔다는 안도감보다 벌써 내려왔다는 아쉬움이 컸다.

"으악! 아! 아! 아!"

번잡한 소리에 시선을 돌렸더니 죽어도 싫다고 실랑이를 벌이던 중국인 아저씨가 어느새 활공을 마치고 착륙을 하러 내달리고 있었다. 다행히 잘 내려온 아저씨는 상기된 얼굴로 가쁜 숨을 내뱉으면서 나를 향해 갑자기 엄지를 척 들어 올리는, 귀여운 모습까지 펼쳐 보여 이번에도 나는 웃음을 터뜨릴 수밖에 없었다.

그렇게 한바탕 웃으며 패러글라이딩을 정리하다 갑자기 내리쏟는 폭우 탓에 여행사까지 후다닥 돌아왔다. 소나기 때문에 당장 여행사에서 나갈 수도 없었고 찍은 사진파일도 받아야 해서 직원들과 농담을 하며 기다리고 있었는데 갑자기 한 무리의 동양인이 여행사로 우르르 들이닥쳤다. 중국인인 그들도 나와 같이 패러글라이딩 사진을 받으려고 여행사에 온 것인데 같은 동양인인데다 비슷한 또래인 우리는 자연스럽게 대화를 하게 되었고 주된 내용은 역시나 기승전 트레킹 법칙으로 안나푸르나에 대한 것이었다.

나보다 포카라에 온 지 일주일 정도 빨랐던 그들은 이미 안나푸르나 트레킹 코스 중 비교적 짧은 기간에 다녀올 수 있는 ABC(안나푸르나 베이스캠프) 코스를 다녀온 뒤였다.

"난 어디로 가야 할지 도통 모르겠어, 같이 갈 일행이라도 있으면 좋은데 마땅한 사람도 없으니 무작정 출발해보려 해."

"잠깐만! 그렇다면 잠시 후에 도착할 친구가 한 명 있는데 그는 라운딩코스인 ACT(안나푸르나 서킷 트레킹)만을 위해 이곳에 왔어, 그와 한 번 얘기해봐. 그 친구도 같이 오를 사람을 찾고 있거든."

막연하던 내게 정말 고마운 말이었다.

"어? 저기 왔다. 저 친구야!"

몇 초 뒤, 나는 나를 안나푸르나로 데려가줄 고마운 친구 '잉'을 이렇게 만났다.

#_12
잉의 내조

● 정해진 건 아니지만 대개 안나푸르나 트레킹을 준비하고 출발하는 지점은 포카라다. 하지만 포카라에서부터 걷는 사람은 없을 테고 어느 높이까지는 차를 탄 후, 본격적인 트레킹을 시작하는 게 보통이다. 그렇게 시작하는 트레킹 코스는 크게 두 가지로 볼 수 있는데 ABC코스와 ACT코스가 있다. ABC코스의 ABC란 안나푸르나 베이스캠프의 약자로 이 베이스캠프까지 가는 코스를 줄여서 ABC코스라 부른다. 또한 ACT코스의 ACT란 안나푸르나 서킷(순환) 트레킹의 약자로 지도상 안나푸르나 전체를 크게 빙 돌며(보통은 시계 반대 방향으로) 트레킹하는 코스로 라운딩코스라고도 불린다. 따라서 ABC코스의 목적지는 안나푸르나 베이스캠프이고 ACT코스의 목

적지는 특별히 한 곳을 가리키는 게 아니라 안나푸르나 전체를 일컫는다.

트레킹을 하는 사람마다 속도가 다르기 때문에 정해진 기간이란 있을 수 없어서 그저 내가 예상하는 일수로 말한다면 ABC코스는 4~8일, ACT코스는 10~16일 정도가 걸린다. 또한 ABC코스에 존재하는 최고 높이는 목적지이기도한 4130미터의 안나푸르나 베이스캠프이고 ACT코스에선 5416미터인 '뜨롱 라 패스'다.

출발 전에는 정말 아무것도 모른 채 '패러글라이딩도 했겠다. 더 이상 지체 없이 내일 바로 올라가자'란 생각밖에 없었다. 더 웃긴 건 산에 오르려면 갖춰야 할 여권 역할을 하는 팀스^{TIMS, Trekker's Information Management System}와 비자와 같은 입산허가증 퍼밋^{Entry Permit} 조차 없는 상태였다. 정말 뭣도 모르고 '막상 가면 어떻게든 되겠지' 하고 안일했던 나였다. 팀스와 퍼밋도 없는데 코스가 어떤지 있는지 알 수가 있나? 단지 '조금이라도 젊고 쌩쌩할 때 힘든 코스를 타보자' 정도의 사고만 했을 뿐이다.

"라운딩코스가 어려워?"

"나는 ABC를 갔다 와서 라운딩코스는 잘 몰라. 어! 왔다."

그러다 나를 안나푸르나로 이끌어줄 친구, 해발 3000미터 지역인 쿤밍에서 왔다는 중국인 친구 '잉'을 만났다.

근래에 들어 중국은 여행 붐에 빠졌다. 전에도 중국인은 세계 곳곳을 다녔지만 보통 홍콩이나 대만에서 온 여행자가 대부분이었고 대다수 패키지여행에 치우쳐 있었는데 이제는 중국대륙에서도 배낭여행을 하러 국외로 나오기도 하고 중국 내를 돌아다니기도 한다. 하긴 중국은 워낙 커서 지역마다 달라지는 문화 덕분에 여행할 맛이 나긴 하겠다. 아무튼 이러한 변화 원인이 정치로 말미암은 것인지는 모르겠으나 여행에서도 변화가 일어나 포카라를 여행 중인 동양인 중 중국인의 수가 상당했다. 그중에서 여자들은 내가 한국인이라는 것을 알게 되면 으레 '송중기'를 아냐고 물어보는 건 인사에 포함된 필수 절차 중 하나였다. 송중기? 당연히 안다, 단지 그들과 똑같이 내 쪽에서만 알지, 송중기는 나를 모른다는 게 문제지.

"안녕, 난 '김동훈'이라고 해. 일행을 구하고 있어."

"오! 잘됐다. 나도 구하는 중이야. 내 이름은 '잉'이야."

라운딩을 위해 많은 정보와 물품을 준비해 온 잉은 배가 불룩 나오고 어딘가 모르게 좀 어수룩해 보이는, 실제로도 어느 정도 그랬던, 하지만 꽤나 진지하고 사려 깊은, 윈난성의 쿤밍에서 온, 나보다 한 살 많은 청년이었다. 다른 중국 친구에게 듣지 못한 답변을 잉에게 듣고 싶어 한 번 더 라운딩코스(ACT코스)가 어떤지 물었다. 그러자 입을 굳게 다물고는 웃길 정도로 진지한 고민에 잠긴 그가 어렵사리 말을 꺼냈다.

퍼밋 발급처

"음……, 내 생각엔 어려울 거 같아."

"그래? 근데 뭘 그리 어렵게 말해, 가자!"

어려운 게 대단한 거란 근거 없는 생각에 잉과 라운딩코스를 단박에 밟기로 했다. 내일 당장 떠나자는 둘의 공통된 의견으로 내가 팀스와 퍼밋을 발급받고서야 제대로 된 이야기를 이어갔다.

"모자 있어?"

"없어."

"패딩은?"

"그것도 없지."

"그럼 긴 바지 있지?"

"없는데. 아니 레깅스 있다!"

"그럼 스틱도 없어?"

"스틱? 그게 뭐야? 뭔지는 모르지만 그런 거 없어도 괜찮을걸?"

자전거에 싣는 짐을 최소화하려고 기본 물품만 챙겨온 터라 트레킹용품은 전혀 신경 쓸 수 없었다. 그저 포카라에 오면 '대여해주겠지' 하고만 생각했다. 하지만 내 대답에 잉의 표정은 어두워져갔고 바보 같은 나는 그런 잉의 표정이 마냥 재밌었다. 당연히 내 태도를 보고 어이가 없는지 본인도 웃음을 터뜨리고는 내게 미쳤냐고 몇 번이나 물어봤다.

"잉, 나는 군대에서 영하 40도의 눈밭에서 며칠을 살았다. 너 그런적 있어?"

재밌는 반응에 예비군 뻥까지 구사하며 잉을 놀려댔고 열을 올려이것저것 따져드는 잉을 보며 나와 중국 친구들은 크게 웃음을 터뜨리기에 바빴다. 잉의 속은 타들어 갔지만 우리는 마냥 즐거운 것이다.

잉과 나

이렇듯 챙겨온 짐도 많고 열망도 컸던 잉은 그만큼 자세한 정보까지 꿰찬 상태로 트레킹 일정까지 미리 짜 놓은 듯했다. 이 부분이 내게는 아주 달가웠다. 왜냐 하면 내게 트레킹 일정은 그다지 중요한 부분이 아니었기 때문이다. 예전부터 품어온 히말라야를 내 발로 디딘다는 사실, 그 사실만이 내게 중요한 부분이었다. 그러니 서로의 목표가 결과적으로 잘 맞아떨어져 우리는 부딪치는 일 없이 빠르게 가까워질 수 있었다.

물론 트레킹하다 얼어 죽을 생각은 추호도 없어서 얘기를 마치자마자 트레킹에 필요한 장비를 구하러 다녔다. 돌이켜보면 이때까지도 안나푸르나에 오른다는 현실감이 없었나 보다. 당시 두꺼운 패딩이 왜 필요한지, 긴 바지가 왜 필요한지, 스틱이 왜 필요한지 몰랐던 나는, 어떻게 하다가 얻은 스틱과 속옷보다도 얇은 긴 바지 하나를 사는 것으로 잉과 합의를 봤다. 패딩은 끝까지 구입하지 않았다. 내 일정에서 패딩은 트레킹만 제외하면 여행 끝까지 필요 없는 짐짝일 뿐이다. 다만 내게 패딩만큼은 아니지만 바람은 막을 수 있는 두세 벌의 외투가 있어서 여차하면 모두 껴입고 뒤뚱거릴 심산이었다. 물품을 준비하는 과정에서도 잉은 애정 어린 잔소리와 함께 끝까지 있어주는 믿음직한 모습을 보여주었다.

이제 모든 준비를 마치고 오르기 전, 우리는 마지막 만찬을 즐기러 붉은색 중국식당으로 향했다. 순조롭다면 순조롭게 준비과정을 마쳤으니 마음 편히 식당에 들어설 수 있었다. 음식을 먹으며 커져가는 기대감에 함께 우리의 트레킹 관련 대화는 끊길 줄 몰랐고 안전하게 돌아와서 한국음식인 삼겹살을 먹자는 내 제안에 분위기는 더욱 고조되었다. 잔을 시원하게 부딪치며 안전한 완주를 기원했고 식사를 마친 후, 우리는 달구어진 분위기를 잠시 끊고 내일 동이 틀 무렵에 다시 만나기로 했다. 이제 몇 시간만 있으면 꿈에 그리던 안나푸르나를 내 눈에 담을 수 있는 것이다.

#_13
히말라야
안나푸르나

● 안나푸르나에는 안나푸르나 제1, 2, 3, 4봉이라 불리는 네 개의 봉과 강가푸르나, 마차푸차레라는 두 봉까지, 총 6개의 고봉이 존재한다. 위치는 내가 패러글라이딩도 하고 중국인 친구 잉도 만난 포카라에 인접해 있어서 날씨만 좋으면 포카라 시내에서도 안나푸르나의 고봉을 볼 수 있다. 산스크리트어로 '수확의 여신'이란 뜻인 안나푸르나에서는 제1봉이 제일 높으며 그 높이는 무려 8091미터로 세상에서도 10번째로 높은 봉이다.

이밖에도 크고 작은 봉우리로 이루어진 안나푸르나에는 '롯지'라 불리는 숙소가 곳곳에 존재한다. 이곳에서 많은 여행자가 휴식도 취하고 로비로 나와 서로의 정보도 공유하며 다음날의 트레킹을 준비하며 하루를 머물다 간다. 물론 이곳에서도 전기는 당연히 부족한 상태다. 특히 4000미터대로 올라가면 이용자는 거의 전기를 못 쓴다 봐도 무방하다. 좀 낮은 곳과 달리 4000미터부터는 오직 숙소 운영에만 전기를 사용하기 때문이다.

또한 롯지라는 공간에 한 번 들어오면 다음날 트레킹을 떠날 때까지 웬만해서는 밖으로 나가지 않는다. 정확히는 못 나간다는 표현이 적절하다. 그 이유는 통상 트레킹을 오후 2~4시에 마치다 보니 롯지에 들어와 짐을 풀고 식사한 뒤, 잠시 쉬기만 하면 이미 해가 져서 바깥은 온통 차가운 어둠으로 가득하다. 장엄한 산들 대신 고요한 적막만이 그 자리를 대신하고 있다. 그러니 그 어둠을 뚫고 나갈 수도 없거니와 혹여 나간다 해도 딱히 갈 곳도 없다. 그래서 주구장창 롯지에만 있게 된다.

내가 '롯지'라는 단어를 처음 접한 건 산에 오르기 전, 노홍철처럼 말하는 어느 여행자를 통해서였다. 그는 금방 트레킹을 마치고 돌아왔다며 내게 따끈한 이야기를 들려주었다.

"롯지는 말이에요, 그러니까 롯지에 들어오면요, 오자마자 간단히 씻고, 빨래도 하고, 밥도 먹고, 재정비하고, 일기도 쓰고, 책도 읽고, 다른 여행자들과 얘기도 하고, 차도 마시고…… 일기 말했죠? 아, 했구나. 그리고 이렇게 보면 뭔가 되게 많이 한 거 같잖아요? 그래서 얼마나 됐나, 시계를 보면 아직 6시 언저리에서 기웃거리는 시침이 보여요, 밤 10시는 된 거 같은데 말이죠, 아무튼 그러면 다시 여행자들과 얘기 나누다, 멍도 때리고, 이제 됐다 싶어서 잘 시간이 되면, 뭔가 아쉬워 침대에 누워, 손전등을 켠 뒤, 공책을 붙들고 일정을 다시 확인하다, 순식간에 잠이 들어요. 그러니까 꼭 책하고 음악이 있어야 되요. 알았죠? 아, 그리고 일기장 있죠?"

"네? 네, 일기장 있어요."

정신없이 터져 나오는 그의 말을 정리하자면 '롯지의 지루함을 이겨라' 뭐 이런 의미였는데 막상 나는 롯지에서의 시간이 전혀 지루하지 않았다. 다른 여행자도 나랑 비슷했다는 거 보니 저 사람이 좀 특이했나 보다. 그냥 롯지에 가보면 안다. 별것 하나 없이 시간만 잘 간다.

아무튼 원래 이야기로 돌아와서, 무엇보다 이런 롯지의 가장 큰 특징은 엄연히 숙박업소임에도 불구하고 숙박료가 없다는 점인데 정확한 이유는 나도 모르겠다. 아무튼 숙박료가 없다. 개중에 받는 곳도 있긴 하지만 보통은 안 받는 게 관례다. 나 또한 궁금증이 워낙 넘치는지라 이유를 생각해봤는데 어쩌면 이게 이유일지도 모르겠다.

앞서 말한 바와 같이 이곳에 한 번 들어오면 최소 다음날에야 나갈 수 있다. 그 사이에 뭘 할 수 있겠나? 저녁도 먹고, 차도 마시고, 내일 트레킹을 위해 물이나 생필품도 사고, 잠들었다가 다시 아침밥 먹고, 드디어 출발? 아니다! 그전에 돈! 바로 돈을 내야 한다. 숙박료를 제외한 전날 밥 먹고 생필품사고 아침 식사한 비용까지 한꺼번에 결제하는 것인데 아마도 숙박비가 없는 이유가 바로 여기에 있을 것이다. 무슨 말이냐 하면, 모든 지출이 현재 묵고 있는 롯지에서만 이루어진다는 점, 더 정확히 말하면 롯지의 로비에서 이루어진다는 이 사실 말

이다. 어차피 방에 가봤자 차디찬 침대만 덩그러니 놓여 있을 뿐 난
방이나 전깃불도 없어서, 따뜻하고 환한 로비로 나와 식사하거나 차
를 마시며 휴식을 취하는 게 보통이다. 한마디로 방보다 로비의 공간
이 강조된 느낌인데 어쩌면 강조가 아니라 애초부터 로비가 주였는
지도 모르겠다. 그 옛날 우리의 주막에서도 술을 마시거나 밥을 먹으
면 숙박료 없이도 잘 수 있었다. 전기도 없는 그 옛날 어두컴컴한 밖
을 나가면 어디를 갈 수나 있겠나? 밤을 새서라도 어딜 꼭 가야 한다
면 모를까, 보통은 날이 밝아올 때까지 마냥 버틸 수밖에 없었을 것이
다. 상황이 이렇다보니 정처 없이 떠도는 장돌뱅이나 나그네를 위해
방이라는 공간이 생겼을 것이고 롯지 또한 비슷한 과정을 거치지 않
았나 싶다.

이렇게 보면 숙박료를 받지 않는 롯지를 숙박업소로 봐야 하는지 의문이다. 주막을 술집이라 부르지 숙소로 부르지 않는 것과 같은 이치인데 현재 우리나라에도 비슷한 시설이 전국에 널렸다. 잘 수 있지만 숙박료를 내지는 않는 곳. 바로 찜질방이다. 우리는 찜질방 요금을 입장료라 부르지, 숙박료라 부르지 않는다. 찜질방의 주는 찜질이고 부 기능에 수면이 있기 때문이다. 구석 어딘가에 있는 수면실이라 불리는 부수적인 수면 공간이 있을 뿐이다. 롯지를 찜질방이라 여기면 숙박료를 내지 않는 게 어느 정도 납득이 간다. 참고로 어수룩해 보이는 여행자에게 은근슬쩍 숙박비를 요구하기도 하는데 그럴 때는 당황하지 말고 계산대에 팔을 올려 몸을 비스듬히 걸치고는 고개를 약간 틀어 어이없다는 웃음과 함께 '뭔 소리야?' 하고 내뱉으면 멋쩍어하며 주인장이 장난이었다고 손사래를 치니까 전혀 겁먹을 필요 없다. 대신 꼭 18도로 기대야 한다. 안 그러면 방금 설명한 게 하나도 먹히지 않는다.

아무튼 이렇게 롯지에서 돈은 내다 보면 고도에 비례해 오르는 가격에 당연히 놀라게 되는데, 높은 곳도 아니고 산에 들어서자마자 이미 포카라보다 가격이 몇 배 뛸 것이다. 당연히 높고 까다로운 길 때문에 그만큼 운송비가 드는 것인데 어느 정도는 지프차 종류의 차로 운반한다지만 그마저도 안 될 때는 사람이나 나귀로 직접 운반해야 한다. 그러니 가격 차이가 날 수밖에 없다.

뒷산과는 다른 안나푸르나다 보니 길잡이가 되어주는 세르파나 짐을 들어주는 포터를 고용할 수도 있다. 혹은 돈을 아끼려면 전문성은 떨어지지만 길도 안내하면서 짐도 들어주는 사람을 고용할 수 있는데 난 둘 다 필요성을 못 느껴서 그 누구도 고용하지 않았다. 내 짐은 기껏해야 36리터 배낭의 절반 정도였으니 그걸 포터한테 들어달라고 하는 것도 우스운 일이었고 길은 단순하다는 말을 여러 번 들어서 세르파 또한 필요 없었다. ABC코스든 라운딩코스든 한국인은 대체로 세르파나 포터를 고용하지 않는다. 하지만 어떤 이는 안나푸르나를 굉장히 위험한 곳이라고 말하기도 하니 오르는 사람들은 각자 알아서 고용할지 말지를 신중하게 판단하면 된다.

트레킹 전까지도 사람들에게 이것저것 조언을 듣긴 했지만 나로서는 꽤 이해하기 어려운 부분이 많았다. 그래서 트레킹을 다녀온 뒤 반대로 질문을 받을 때면, 두세 가지 정보만 깔끔하게 알려줄 뿐 더는 말해주지도 않았다. 그런데 그들도 나처럼 머리가 복잡했는지 그 기본 정보가 오히려 도움이 된다고 했다. 내 간단한 설명에 그동안 복잡했던 트레킹 의문점이 이제야 풀렸다며 고마워하는 그들을 보고 괜한 자부심에, 속으로 똥 폼을 잡기도 했다.

다시 이야기로 돌아와서, 나와 잉은 포카라에서 버스를 타고 비스사하^{Besishahar}까지 이동한 뒤 2800미터정도 되는 샤메^{Chame}까지 지프차를 탈 예정이다. 자전거를 뒤로 하고 새벽 일찍 일어나, 잉과 함께 버스정류장으로 무거운 발걸음을 옮겼다. 비몽사몽인 채, 혼잣말로 "포카라에서 샤메까지 거리도 짧은데 이렇게까지 일찍 출발해야 돼?"하며 결국 정류장에 도착했다. 역시나 예상대로 정류장에는 우리밖에 없었다.

곯아떨어진 잉

'이럴 줄 알았어, 좀 더 자도 될 텐데…….응?'

그러나 곧 한 무리의 여행자가 모습을 드러내더니 뒤이어 다른 여행자도 줄줄이 사탕처럼 나타나 이곳을 순식간에 왁자지껄한 시장판으로 만들었다. 게다가 더 놀라운 것이 그들의 눈이 하나같이 생기로 빛난다는 점이다. 물론 내 옆의 잉도 별반 다르지 않았다.

'왜 나만 졸리지?'

병든 닭처럼 혼자 꾸벅꾸벅 졸면서도 빈 배를 채우려고 평소 먹지도 않던 빵과 커피를 꾸역꾸역 입에 밀어 넣다가, 시원스러운 버스의 시동소리와 함께 우리는 비스사하로 출발하게 됐다. 그런데 그렇게 졸리던 나는 트레킹에 대한 기대감 때문인지 눈이 초롱초롱해져 창밖의 모든 것을 신기하게 쳐다봤고 그에 비해 멀쩡하던 잉은 코까지 골며 숙면모드에 빠진 지 오래였다.

어쨌든 시간 가는 줄 모르고 비스사하에 도착한 우리가 우선 해야 할 일은 지프차 기사들과 샤메까지 가는 차편을 흥정하는 것이었다. 당시가 오전 10시에서 11시 사이였으니 '샤메에 일찍 도착해 오늘은 편히 쉬겠구나' 하며 한가한 생각에 빠졌었는데, 갑자기 고개를 들이밀며 지프차기사가 호객을 해대기 시작했다.

'아무리 그래도 버스 안까지 들어오는 건 뭐야?'

아직 승객이 내리지도 않았는데 통로까지 들어찬 호객꾼 때문에 버스는 그야말로 아수라장이었다. 우선 이곳을 벗어나는 게 무엇보다 급선무였다. 도망치듯 나온 우리는 먼저 한적한 곳으로 바삐 몸을 움직였는데 방금 전까지 옆에 있던 잉의 모습이 갑자기 보이지 않았다.

'뭐야? 그새 어디 갔어?'

혹시나 해서 뒤를 봤더니 법원에 출두하는 피의자처럼 기사들에게 빙 둘러싸여서는 어찌할 바 모른 채 엄청난 양의 호객질의를 받고 있었다. 순간 데리러 갈까 망설였지만 불쑥 밝은 얼굴로 잉이 뛰어오더니 이미 흥정을 끝냈다고, 그저 가기만 하면 된다고 의기양양하게 외쳤다.

"엥? 벌써?"

"응, 엄청 싸!"

"얼만데?"

잉이 말한 가격은 터무니없었다. 다른 여행자에게 물어보니 가격은 별반 다르지 않았지만 어쩔 도리가 없는지 다들 울며 겨자 먹기로 받아들이는 중이었다. 하지만 산에서의 물가가 얼마나 높은지도 모르는 상황에서 그 많은 돈을 무턱대고 낼 수는 없었다. 한참을 고민하는데 이미 흥정을 끝낸 여행자가 차 근처에 널브러져 있는 게 보였다. 출발을 기다리는 사람들처럼 말이다.

'그래 이거다!'

순간 그들을 보고 괜찮은 아이디어가 떠올랐다. 당시 이곳 차들은 사람을 태우기도 하지만 짐칸에 생필품을 싣고 날라 운송료를 두둑

이 챙기기도 했다. 그 때문에 한 번 오르내릴 때마다 최대한 많은 사람과 짐을 싣는 건 매우 당연한 일로, 먼저 흥정을 마친 승객은 기사가 나머지 할당량을 채울 때까지 최소 두세 시간은 무작정 기다려야 했다.

'그래, 이걸 이용하자.'

우선 아무 기사에게 다가가 대강 가격을 흥정을 했다. 그 다음 기사에게 순진한 척 물었다.

"우리 언제 출발해?"

"곧 출발해."

"곧 얼마나?"

"한 5분?"

"그래? 믿어도 되지?"

"당연하지, 좀만 기다려."

말을 대강 마치고 다른 이에게 호객하러 가는 기사를 붙잡고, 전과 다른 표정으로 다시 물었다.

"정말, 5분 맞지?"

"응? 당연히 맞지."

"그래? 그럼 만약 그 이상 기다리면 계속 돈이 깎이는 거다, 알았지?"

기사를 향해 최대한 인상을 찌푸리며 신신당부 했다.

"아, 알았어."

내가 이렇게까지 나오니 어쩔 수 있나? 알았다며 찜찜한 표정으로 수락할 수밖에.

'아싸!'

어차피 근처에 시체처럼 널브러져 있는 여행자를 보니 대기는 피할 수 없어 보였다. 이 점을 역이용해 가격이라도 깎아보자는 심산이었다. 나는 기사가 다른 승객을 호객하러 뒷모습을 보일 때까지 여전히 인상을 쓴 채로, 저만치 멀어진 것을 확인하고서야 내 뒤에 있는 잉에게 성공했다는 표시로 악랄한 미소를 지어보였다.

결국 가격은 내 예상대로 계속 떨어져 마침내 출발할 때는 다른 여행자의 반도 안 되는 가격으로 샤메를 떠나게 되었다. 당연히 이정도면 됐다 싶어 뿌듯한 마음이 한 가득이었다.

'아마 현지인 가격 정도는 되겠지? 아니면 더 저렴하려나?'

이상한 승부욕까지 불태우던 찰나, 마침 우리 기사가 마지막 승객으로 현지인을 데려왔다. 뒷자리에 앉은, 사람 좋아 보이는 그 현지 아줌마에게 슬며시 다가가 물었다.

"아줌마 얼마 냈어요? 그냥 궁금해서 그래요."

말이 떨어지기 무섭게 빠르게 돌아가는 아줌마의 동공은 기사의 눈치를 보고 있었다.

"헴, 흠, 음, 음."

역시나 기사는 헛기침으로 아줌마를 제압하려 했지만 나는 그걸 단번에 무시하고 어찌 할 바 모르는 아줌마에게 다정다감한 질문을 계속 이어갔다.

"저 이미 돈 냈어요, 깎으려는 거 아니에요, 그냥 궁금해서, 진짜 그냥 궁금해서 물어보는 거예요, 아줌마가 저보다 많이 냈으면 큰일 나 잖아요."

말도 안 되는 걱정으로 아줌마를 꼬드기자 드디어 아줌마의 입이 열리나 싶었는데, 그 틈에 기사가 멋쩍은 헛기침을 한 번 더 해댔다.

"흠, 헴, 음, 에헴"

"아줌마, 정말이에요. 전 그냥 궁금해서, 궁금해서 이러는 거예요. 저한테만 조용히 알려주세요. 네?"

거듭 물어보자 더 이상은 안 되겠는지 작은 손을 조심스레 들어올려서, 아주 천천히 손가락 몇 개를 펼쳐보였다.

'뭐라고? 아니, 내가 그렇게 깎았는데 어떻게 우리의 반도 안 되는……. 그래 뭐 원래 현지인보다 쌀 순 없다지만, 뭐지 이 더러운 기분은?'

자연히 내 시선은 옆의 기사에게로 옮겨갔고 그를 한동안 빤히 쳐다봤다. 그는 나를 보고 약을 올리는 건지 민망해서 그런 건지 누런 이를 드러내며 함박웃음을 지어보였다. 한마디로 나는 뛰는 놈이었지만 기사는 저 높이 멀리 나는 놈이었던 것이다. 그래도 일반 가격보다 많이 싸다고 위안 삼으며 "다음엔 더 깎을 거야, 오기만 해봐라"라고 광기서린 이상한 주문까지 외면서 똥 씹은 표정으로 팔짱을 긴 채 의자 깊숙이, 더 깊숙이 몸을 쑤셔 넣었다.

그런데 이보다 나를 더 미치게 하는 건 차에 오른 지 한참이 지났지만 우리는 여전히 이곳을 벗어나지 못했다는 점이다. 그럼 여기서 뭘 했냐고? 우리는 기사와 함께 이 마을을 수십 차례 돌면서 생필품을 싣기 위해 호객을 하러 다녔다. 그것도 무려 한 시간을 말이다. 시간이 지날수록 낮아지는 우리 차비에 부담을 느꼈는지 우선은 우리를 태우고 함께 돌아다닌 것인데 이게 아까 길바닥에서 기다린 것과 뭔 차이가 있는지 도통 이해가 안 됐다. 굳이 다른 게 있다면 '이번 바퀴만 돌면 출발하겠지?'라는 희망고문에 빠졌을 뿐, 실상 달라진 것은 하나도 없었다.

결국 우리는 4시가 넘어서야 진짜 출발을 할 수 있었다. 아니, 이 '진짜'라는 단어를 붙여도 되는지 모르겠다. 가는 길에도 이곳저곳 들르는 통에 샤메에 도착한 시각이 밤 9시를 훌쩍 넘겼기 때문이다. 그렇다면 포카라에서 아침 6시 반에 출발해 샤메에 밤 9시가 넘어 도착했으니 총 15시간이 걸렸다는 이야기인데, 이동에만 하루를 보낸 이 날의 거리가 궁금해 구글맵으로 검색을 해보았다.

포카라에서 샤메까지 100킬로미터하고도 72킬로미터. 그러니까 오늘 15시간 동안 이동한 거리가 고작 서울에서 논산 거리인 '172킬로미터'라고?

'망할, 이럴 바에 자전거를 타고 올걸.'

벌써부터 포카라 어느 식당에 처박혀 있을 내 자전거가 그리워졌다.

#_14
드러난
안나푸르나

●"무슨 소리야. 여기에 모기나 거머리는 당연히 없지."

원체 모기가 많은 네팔이고 우기가 다가와 거머리까지 나온다는 얘기를 듣고, 잉은 고국에서부터 모기향, 모기약 거기다 거머리 퇴치 약까지 만반의 준비를 하고 왔다. '맹수도 아닌 벌레 정도에 뭘 그리 겁먹어?'라고 핀잔은 줬지만 필요한 순간이 오면 엎혀갈 생각에 더 이상 뭐라 하지는 않았다. 그런데 첫날 밤 도착한 샤메의 롯지 주인장은 트레킹 초보자인 우리를 보고 허탈한 웃음과 함께 그런 건 여기서 필요치 않다고 딱 잘라 말해주었다. 이곳 샤메는 한라산은 당연히 뛰어넘고 백두산 꼭대기에 해당하는 2650미터 높이니 모기나 거머리가 살 수 없다는 것이다. 당연히 해발고도 50미터에서만 살던 내가 그걸 알 턱이 있나? 여기서 간단히 고도와 기온의 상관관계를 짚자면 고도가 1000미터 높아질수록 기온은 약 6.5도가 낮아진다(우리가 사는 대류권에서). 그래서 900미터인 포카라와 내가 있는 2650미터인 샤메와의 고도차가 1750미터니까 고도와 기온의 상관관계를 토대로 계산기를 두드리면 두 도시의 기온 차는 약 11도인 것을 알 수 있다. 여행했을 당시, 포카라의 저녁 기온이 약 16도까지 떨어진 것을 감안하면 샤메의 기온은 그보다 11도 낮은 약 5도로 가늠할 수 있다. 물론 다른 조건을 무시하고 고도차로만 따졌을 때의 이야기다.

주인장의 말은 낮은 기온 때문에 모기와 거머리 같은 건 구경도 못한다는 뜻으로 '여기까지 그걸 힘들게 왜 가져왔어?' 또는 '너희들 삽질한 거야'라는 의미였을 것이다. 하긴 우리도 이곳에 도착하자마자 차문을 열었을 때 예상 못한 추위에 옷을 여미는 것도 모자라 가방까지 뒤져 겉옷을 꺼내 입었다. 하지만 이때까지도 잘 모르다가 입김이 나는 숙소 마당에서 차디찬 물로 씻고 나서 방에 들어와서도 한동안 난리를 치며 침대 깊숙이 몸을 찔러 넣고는 부르르 몸을 떨고서야 산속에 들어왔다는 사실을 여실히 실감할 수 있었다.

다음 날 일찍 일어나, 본격적인 트레킹을 시작한 우리는 애초 정한 일정대로 아침 6시부터 오후 3시까지만 산을 타기로 했다. 하지만 이른 시각의 트레킹은 만만치 않아서 시리얼의 일종인 무슬리로 아침을 때우면서도, 내가 무슬리를 먹는 건지, 무슬리가 나를 먹는 건지, 분간이 안 갈 정도였다. 출발한 뒤에도 달라진 건 별반 없어서, 힘겹게 반만 눈을 뜬 채, 갈지자로 휘청이며 어찌어찌 가고만 있었는데 이

걸 다행이라고 해야 하나? 한동안 이어진 완만한 길 덕분에 내 수면
상태를 방해하는 건 아무 것도 없었다. 더군다나 잉의 질문에도 하나
하나 대꾸해가며 미처 몰랐던 멀티태스킹 능력까지 알아갈 때쯤 아
쉽게도 고갯길을 만나는 바람에 서서히 잠에서 깨야만 했다.

"뒤를 봐!"

고개를 넘어 다시 완만한 길에 들어설 무렵, 큰 소리로 외치는 잉
의 소리에 반사적으로 몸을 틀었는데 그곳에는 사진에서나 봤을 법
한 깎아지른 절벽이 우리를 덮칠 듯 위압적으로 내려 보고 있었다. 순
간 입에서는 '어버버' 소리만 날 뿐 감탄사도 못 뱉었다. 남아 있던 잠
마저 저만치 달아난 뒤였다. 생각보다 거대한 모습에 한동안 그렇게
바라보기만 하던 우리는 그마저도 구름에 가려 일부만 드러난 것이

라는 사실에 한 번 더 놀랄 수밖에 없었다.

'이럴 수가, 뭐 이리 커? 실제로 보니 진짜 엄청나구나.'

감흥이 사라지고서야 사진 찍을 생각에 카메라를 들었다. 자전거를 타면 손이 묶이다 보니 그간 찍을 기회가 별로 없었는데 '손이 자유로운 지금이 기회다' 하며 정신없이 셔터를 눌러댔고 그렇게 한 곳에 머물러 여러 장을 찍고 다시 나아가다가 또 다시 황홀경에 빠지는 바람에 카메라는 그저 축 늘어진 팔 끝에 대롱대롱 매달려 있을 뿐이었다.

'내가 이렇게 멋진 곳에 있다니.'

장관에 취한 나머지 더뎌진 우리의 발걸음을 인지하지 못했지만 만약 누가 알았다 한들 딱히 달라질 건 없었다. 왜냐 하면 우린 이미

안나푸르나의 매력에 빠져 그런 건 안중에도 없었기 때문이다. 산이 만들어낸 기괴한 장관과 더불어 손만 뻗으면 닿을 가까운 구름들이 내 머리 위를 수놓았고 봉우리 곳곳에 꽂힌 불교깃발은 순하다가도 때로는 매섭게 나부꼈다. 마치 영화나 엽서 속에 발을 들여놓은 듯 몽환적인 상태에 빠졌다. 비로소 히말라야를 왜 영산이라 부르는지 조금은 이해가 갔다.

　힘든 것도 모른 채 일정의 반 이상을 끝낸 우린, 때마침 나타난 식당을 발견하고서야 잊고 있던 허기를 뒤늦게 느껴, 발걸음을 옮겼다. 어릴 때 어느 식당에 걸려 있는 그림을 보고는 '왜 그림이나 사진들을 벽에 걸어두기 시작한 걸까?'라는 엉뚱한 의문에 빠진 적이 있었다. 시간이 흘러 월드컵을 앞둔 우리나라는 부랴부랴 화장실을 새 단장을 했고 그때부턴 식당뿐 아니라 화장실에도 그림이 걸려 있어 쓸데없는 내 의문은 이후에도 가끔씩 찾아왔었다. 그런데 웃기는 건 벽에 그림을 걸어놓은 이유를, 살아가면서 그리 중요하지도 않은 이 의문을, 끝내 해결하지 못하고 그냥 넘겼다는 것이다. 당연히 그림이 좋으니까 걸어놓았을 텐데 그거로는 당시의 나를 납득시키기에 조금 부족했다.

  결국 이 일을 다시 떠올린 건 우연히 들른 안나푸르나의 허름한 식당에서였다. 밥 먹을 생각에 힘차게 들어선 우리를 주인보다도 먼저 맞이한 건, 입구 맞은편에 나 있는 큰 창문이었다. 그 유리창 너머에는 당연히 안나푸르나가 하얗게 펼쳐져 있었고 유리창 주위를 비롯한 식당 내부는 온통 고산족 풍으로 물들어 있었다. 그런데 이 둘의 조화가 굉장히 멋들어져 창틀 밖의 안나푸르나는 마치 어디서도 보지 못한, 한 폭의 명화처럼 느껴졌다. 그 덕분에 문득 떠오른 과거의 의문을, 예전과 달리 단박에 해결할 수 있었다. 오래 전 누군가, 안나푸르나에 와서 나 같은 경험을 하고는 집으로 돌아가 그때의 감동을 이어가려고 그림을 벽에 걸어놓지 않았을까? 창틀을 통해 보이는

안나푸르나처럼 네모난 액자에 안나푸르나의 풍경을 넣어서 말이다. 물론 그때의 감흥에서 벗어난 지금 생각해보면 터무니없는 말도 안 되는 얘기지만 당시 식당에 들어선 나는 '드디어 알았다'며 유레카를 외쳤다.

정확한 이유야 어찌됐든 그때의 감정을 되살리고자 걸어놓은 사람도 있을 텐데 자신이 느낀 감정을 그림이나 고화질의 카메라, 혹은 미래의 어떤 기술로라도 완벽히 재현하는 날이 올까? 만약 재현이 가능하다면 이곳으로 향하는 발길은 끊어지게 될까? 아마 그런 일은 절대 일어나지 않을 것이다. 왜냐 하면 안나푸르나를 느끼는 감각은 절대 눈 하나에만 국한된 게 아니기 때문이다.

#_15
안나푸르나에서
만난 한국인들

● 경치에 빠져 느리게 걷기도 했지만 꾸준히 가다보니 일정에 맞게 '피상Pisang'에 도착했다. 보통 3000미터부터 고산증세가 시작되기 때문에 여행자들은 약 3180미터인 이곳 피상이나, 좀 더 높은 지역인 '마낭Manang'에서 고도적응을 이유로 이삼 일간 쉬기도 한다. 그래서 다른 곳보다 사람의 온기가 잘 느껴지고 상점과 롯지도 많아 몇 군데 정돈 둘러볼 수 있다. 우리가 들어간 롯지 로비에도 많은 여행자들이 휴식을 취하고 있었는데 확실히 며칠간 머무는 여행자가 많다보니, 전에 느끼지 못한 여유를 느낄 수 있었다. 책을 읽거나 카드놀이, 체스를 하는 등, 다양한 놀이가 이곳을 채웠고 다양한 국적 또한 이곳을 북적이게 했다. 이렇게 많은 인원에 걸맞게 전기도 잘 들어왔으며

느리지만 와이파이도 됐다. 게다가 무엇보다 이곳은 온수가 나왔다. 나와 잉은 이곳을 천국이라 부르며 밀린 빨래와 목욕을 했고 상쾌한 기분으로 로비로 나와 오랜만에 한가로이 술을 마시며 인터넷기사를 보고 있었는데, 문득 든 생각에 고산병에 안 좋은 것들을 검색했다.

'고산에서 피해야 할 것들이 담배, 술, 샤워······. 잠깐만, 술?'

깜짝 놀란 나는 들고 있던 술잔을 슬며시 내려놓고 혹시나 하는 마음에 천천히 주위를 살폈다. 그런데 정말 이상하게도 여행자 그 누구도 술을 마시고 있지 않았다. 따로 고도적응이 필요 없는 현지 세르파와 포터만이 카드놀이를 하며 홀짝홀짝 마셔댈 뿐, 여행자 중에는 정말 단 한 명도 없었다.

'왜 다들 안 마시는 거지? 설마 진짜인가?'

전혀 몰르던 사실을 알게 된 나는 순간 거짓말처럼 뒷골이 지끈거렸다. 고산증세가 뭔지도 몰랐던 내게 '이거다' 하는 깨달음마저 선사해주었다. 이때까지만 해도 담배와 샤워만 피하면 만사 OK인 줄 알았는데 역시나 막무가내로 올라왔더니 이런 기본적인 사실도 몰랐다.

'그럼 메뉴판에 술은 뭣 하러 있어?'

괜히 가게를 탓하며 본격적으로 지끈거리는 머리를 마사지하듯 눌러댔다.

'그래서 물어본 거구나.'

방금 전 술을 주문할 때 종업원이 내게 두세 번이나 거듭해서 주문 내역을 확인했다. 당연히 나는 종업원이 내 말을 알아듣지 못해 물어본 줄만 알았고 별 생각 없이 재차 대답해줬는데 지금 와서 되짚어보니 '너 진짜 술 먹어도 괜찮아?'라는 확인의 의미였던 것이다.

'그것도 모르고 나 혼자만 여기서 술을 처먹고 있었다니. 이게 무슨 창피냐?'

순식간에 상황이 이해됨과 동시에 창피함이 솟구쳤다. 하지만 최대한 티가 나지 않게 마치 이미 알고 있었다는 듯이, '이 정도야 우습지' 하는 허세로 럭시가 들어있는 술잔을 자연스럽게 입에 갖다 댔다. 여기서 중요한 건 정말 마시는 게 아니라 말 그대로 입술에 갖다 대기만 하는 것이다. 그 누구도 날 신경 쓰지 않았지만 괜한 호기에 그러고 싶었다.

'난 3000미터 이상에서도 술 마시는 사람이야.'

지금 생각해보면 완전 미친놈이다. 고산증세가 와서 머리가 약간 어떻게 되었나 보다. 방금 전까지 잘 들어가던 술이었는데 이제 굳게 닫은 입술을 적시는 몇 방울에도 거부감이 일어 소매로 족족 닦아냈다. 혹여나 누가 나를 지켜봤다면 왜 저러나 싶었을 것이다.

이런 행동을 할수록 고산병에 대한 기본조차 몰랐다는 이유로 내 자존심은 상했지만 이참에 정보나 더 얻자는 생각으로 인터넷을 뒤지던 중, 뒤에서 큰소리로 한국말이 들리기 시작했다. 고개를 돌려보니 어떤 한국인 아저씨가 거들먹거리며 롯지 안으로 들어오고 있었고 갖은 인상을 쓰며 외국인에게 시비 비슷한 장난을 걸고 있었다. 사실 이런 풍경이 그다지 새롭지 않아 이번에도 그러려니 못 본 척 다시 고개를 돌리려는데, 낯익은 얼굴 하나가 스쳐지나갔다.

'응? 저 아저씨가 왜 여기에 있지?'

포카라에서 비오는 날 막걸리를 함께 마시던 수행자 아저씨였다. 뒤늦게 불교에 귀의하고 싶어 머리까지 시원하게 밀고는 네팔에서 수행 중인 아저씨였는데 이런 원대한 목표와는 달리 대화를 해보면 돈이나 여자를 밝히는 등 속물 성향이 강한 굉장히 재미난 그였다. 곧바로 인사를 한 나는 잉을 그들에게 소개해주었고 반대로 수행자 아저씨 옆에 있던 일행 두 명도 소개받았다. 수행자 아저씨와 함께 있던 일행 두 명은 한국에서 왔다는 50대 선생님이었는데 이 중 한 분이 아까 인상을 쓰며 돌아다니던 그 아저씨다. 막상 인상을 쓰던 인상파 아저씨와 얘기를 해보니 그리 이상한 사람은 아니었는데 아깐 왜 그랬는지 도통 이해가 안 간다. 하긴 술잔에 뽀뽀만 하며 센 척 하는 사람도 있는데, 뭐.

어쨌든 며칠 만에 한국말을 하니 막힌 속이 뻥 뚫려 시원했고 그 때문인지 지끈거리던 머리도 한결 괜찮아졌다. 그런데 문제는 술을 먹은 내가 아니라 바로 저들이었다. 무슨 말이냐면 수행자 아저씨는 원체 엉뚱하니까 그렇다 쳐도 트레킹을 하러 왔다는 선생님 두 분은 본래 목적이 의심 갈 정도로 트레킹에 대한 정보가 전혀, 그것도 아주 없었다. 나도 무작정 올라오긴 했지만 여기까지 오며 주워들은 정보만 해도 꽤 됐다. 반면 안에 뭐가 들었나 싶을 정도로 한 보따리를 싸온 그들의 배낭에 트레킹에 대한 정보는 하나도 없었다. 그래서 무사히 내려가시라고 담배와 샤워 그리고 방금 알게 된 술의 위험을 알려드렸지만 인상파 아저씨의 입에는 언제나 담배가 물려 있었고 조심해야 한다는 내 말에도 콧방귀까지 끼며 자신은 괜찮다며 줄담배에 샤워를 마치고 곧바로 또 담배를 무는 대담함을 선보여 주었다.

'아직은 고도가 아주 높지 않아서 괜찮을 수도 있고, 으.'

하지만 지금 남 걱정할 때가 아니었다. 두통이 다시금 올라오고 있었다. 그래서 부랴부랴 잠을 청한 나는, 다음날 새벽에 일어나 작별 인사를 하러 갔다가 아니나 다를까 몸져누운 인상파 아저씨를 마주하게 되었다.

"자네는 고산병을 조심하게. 젊다고 방심하면 안 돼."

침대에서 힘겹게 일어나 한껏 찡그린 얼굴로 악수를 건넨 아저씨는 진심어린 조언을 해주었다. 나도 내 나름대로 진지하게 맞장구를 쳐주었다.

"역시 선생님답게 선생님을 보고 고산병의 무서움을 잘 배웠습니다. 감사합니다. 선생님."

내 대답에 함께 있던 일행 모두 한바탕 웃고는 서로의 안전한 트레킹을 바라며 헤어졌다.

그리고 시간이 흘러 그들의 존재를 잊을 무렵, 부처님이 태어났다는 룸비니Lumbini에서 바이크를 좋아하는 한국인 아저씨를 만난 적이 있다. 바이크를 좋아해서인지 내 자전거에도 관심이 많았고 우리는 자연스럽게 대화를 이어 나갔는데, 이것저것 얘기를 하다 아니나 다를까 안나푸르나 트레킹 얘기로 빠지게 되었다. 바이크 아저씨는 내게 안나푸르나는 위험한 곳이라며 몸 성히 돌아온 것만으로도 천만다행이라고 거듭 강조했다. 일부 위험한 지역이 있긴 하지만 쉽게 공감이 안 간다는 내 표정에 자신이 알고 있는 사건사고를 하나하나 열거하기 시작했다. 예전 안나푸르나 라운딩 코스 중 가장 높은 '뜨롱 라 패스'를 넘다가 그 일대의 사람이 전부 죽었다는 이야기나 가파른 곳에서 휴식을 취하다 실수로 굴러 떨어졌다는 등 얼핏 귀가 쫑긋거릴 법도 한데 실상 분위기는 아저씨의 의도와는 달리 점점 지루해져 가고 있었다. 그래서 엉덩이를 떼려고 다리에 힘을 주는데, 갑자기 시작되는 새로운 이야기에 나는 다시 엉덩이를 의자에 내려놓고 말았다. 왜냐하면 그 이야기의 등장인물이 바로 불교수행을 한다는 이상한 아저씨와 한국에서 왔다는 선생님 두 분이었기 때문이다. 단번에 나는 그들이 누군지 알 수 있었고 전과 달리 바이크 아저씨의 이야기에 집중했다. 그 분들의 이야기는 들으면 들을수록 웃기면서도 슬프기도 한 '웃픈' 이야기의 정석이었다.

나를 만난 피상에서 고산병을 앓던 인상파 아저씨는 나와 헤어진 뒤 롯지에서 안정을 취하며 병세가 호전되기를 기다렸지만 안타깝게도 병세가 더 심해져 결국 하산하기에 이르렀단다. 아저씨처럼 트레킹을 하다가 하산하는 방법은 헬기를 타고 내려가는 게 일반적이지만 헬기를 부르는 값이 500만 원 상당의 고가라 인상파 아저씨는 헬기 대신 나귀 등에 얹혀가기를 선택했다. 그런데 그렇게 나귀와 하산을 하던 중 또 사고가 나버린 것이다! 꼬불꼬불하고 울퉁불퉁한 안나푸르나의 길이 문제였는지 나귀 등에 얹혀 가던 인상파 아저씨는 나귀에서 떨어져 하필이면 재수 없게도 쇄골이 나가버렸다. 산 아래로 굴러 떨어지지 않았으니 다행이라면 다행이지만 산에서 쇄골이 부러지다니, 대략난감이라는 표현이 적절하지 않을 수 없다. 그렇게 고산병에다 골절까지 당하고는 다시 나귀 등에 의지한 채 산 아래까지 내려 온 아저씨는 곧바로 병원에 갔다. 사실 이 정도만 들어도 의지의 한국인이라는 말이 자동적으로 나온다. 하지만 여기서 끝이 아니다. 산 아래로 내려온 아저씨는 급히 현지 병원을 찾았지만 의료보험이 적용되지 않아 엄청난 금액을 지불해야만 했다. 그래서 결국 인상파 아저씨는 의지의 한국인이 되어 다시 이를 악물고 병원에서 나와 부러진 뼈와 함께 고국행 비행기에 몸을 실었다. 그렇게 무사히 도착한 인상파 아저씨는 드디어 수술을 받고 이 기나긴 고행 길에 마침표를 찍을 수 있었다. 이쯤 들었을 땐 정말 박수가 절로 나왔다. 이 정도면 거의 슈퍼맨 아닌가?

마지막으로 인상파 아저씨에게서 수술을 잘 마쳤다고 연락이 왔다는데 그것도 아주 밝게 왔다는 얘기에 나는 그만 웃음을 터뜨리고 말았다.

'아저씨 정도면 안나푸르나에서 담배 펴도 되지.'

아마도 수술을 마치고 또 담배를 물었을 아저씨를 생각하니 뼈가 다 붙을 훗날, 다시 한 번 트레킹에 도전하면 어떨까 생각해본다.

'내가 알려준 주의사항을 잊고 다시 오른 안나푸르나에서 담배가 아니라 이번엔 술 때문에 나귀 등에 얹혀 내려오진 않을까?' 하는 발칙한 상상과 함께 말이다.

#_16
가장 높은 호수

● 수능이 끝나고 입학하기 전까지의 3개월여 기간 동안 무엇을 할까 고민하다가 매일 영화 한 편씩 감상하기로 스스로와 약속했었다. 이 약속을 재수까지 한 덕에 한 번 더 반복했고 매일 돈을 챙기는 것도 귀찮아 적립금으로 아예 몇 만원을 비디오 가게에 박아놓기까지 했다. 원체 영화를 좋아하기도 했지만 다음날을 기다릴 정도로 영화에 푹 빠진 나는 더욱 다양한 영화를 접했는데 어느 날, 조승우, 이나영 주연의 '후아유'라는 영화를 보았다. 여주인공을 위해 기타 치며 노래 부르는 조승우의 연기도 인상적이었지만 그보다 내 눈길을 끈 건 세계에서 제일 높다는 설명으로 등장한 '티티카카Titicaca'라는 호수였다.

'세상에서 제일 높은 호수라고?'

이 단순한 사실로도 충분히 매력적이어서 꼭 가보리라 다짐했지만 여태 티티카카는 고사하고 티티카카 근처도 못 가본 상태다. 대신 러시아의 이르쿠츠크를 갔다가 제일 높은 호수가 아닌 제일 큰 호수는 만났다. 이 호수는 '바이칼baikal'이란 호수로, 만약 그 존재를 모르고 봤다면 그저 바다로 치부했을 정도로 겉모습이 바다와 쏙 닮아 있었다. 어느 정도냐면 그곳에는 파도와 수평선이 존재하고, 선착장까지 존재해, 오히려 이곳을 호수로 여기는 게 이상할 정도였다.

'바이칼이 바다나 강이 아니라 고여 있는 호수라는 것을 그 옛날에 어떻게 알았을까? 그리고 호수라는 것을 알았을 때 얼마나 어이가 없었을까?'

이 같은 생각을 할 정도니 말 다한 셈이다. 가늠할 수 있게 좀 도움을 주자면 서울 면적은 600제곱킬로미터이고, 바이칼의 면적은 31500제곱킬로미터이니 서울의 52배도 넘는 크기다. 이쯤 되면 상상이 되려나?

'세상에서 제일 큰 호수를 봤으니 이번에는 꼭 제일 높은 호수다.'

바이칼을 보고 한 번 더 옛 다짐했지만 한국에 온 뒤에도, 이번 여행에서도, 결국 가지 못할 것을 보면 티티카카 하나를 보려고 남미행 비행기를 탈 운명은 아닌가 보다.

아무튼 지금 나는 진지한 표정의 잉과 트레킹 일정을 논의 중이다. 논의? 솔직히 말하면 논의라기보다 잉이 내게 설명하면 나는 듣는 둥 마는 둥, 그저 자리만 지키는 중이다. 여행이 처음이라 잉이 일정에 대한 너무 진지하게 고민할 때면 '계획이란 그렇게 세밀할 필요 없어, 큰 틀만 잡자, 너무 걱정하지 마'라고 핀잔을 주곤 했는데 이번에도 그 말이 아주, 아주 딱, 절실한 순간이었다.

그래서 한바탕 잔소리를 퍼부어주려는 찰나, 근처에 있는 외국인들의 대화를 듣곤 나도 모르게 그쪽으로 귀를 기울이고 말았다.

"이 근처에 세상에서 제일 높은 호수가 있대, 나 거기가고 싶은데 가도 될까? 지금 가면 위험하다는데?"

나는 황당한 듯 콧방귀를 뀌었다.

'술 취했나? 그게 무슨 소리야? 제일 높은 건 티티카카라고.'

헛소리를 들은 김에 침 튀기며 설명 중인 잉에게 '티티카카 얘기나 해줘야겠다'라고 생각할 무렵, 마침 잉이 어떤 호수에 대한 이야기 꺼내기 시작했다. 잉의 말인즉, 애초에 우리 트레킹에는 어떠한 호수가 포함되어 있었는데 계획이 틀어지면서 그쪽으로 가지 않는다는 것이다. 혹시 외국인들이 말한 그 호수인가? 처음엔 그저 이름이나 알아볼 심산으로 검색했을 뿐인데, 정보를 찾으면 찾을수록 내가 알고 있던 사실은 점차 거짓으로 판명 나 나를 혼란에 빠뜨렸다.

'그럴 리가……. 티티카카가 제일 높은 호수가 아니라고? 게다가 제일 높은 호수가 이 근처에 있다니.'

나는 믿을 수 없어 계속 알아봤지만 그럴수록 커지는 건 배신감뿐이었다. 당시는 뭔가 배신당했다는 생각에 당혹감과 분노가 상당했다. 잘못된 사실을 인용한 영화를 원망도 했지만 그보다 그것을 곧이 곧대로 받아들여 여기저기 떠들고 다닌 내 자신을 부정하고 싶은 이유에서였다.

　내가 검색한 호수, 바로 그 외국인의 대화 속에 있던 호수는 '틸리초Tilicho Tal'라는 이름의, 이 근방에 있는 호수로, 높이가 무려 4920미터나 되었다. 내가 알고 있는 3800미터의 티티카카보다 1000미터 이상 높은 것이다. 간단한 검색으로도 설산에 둘러싸인 틸리초 호수의 장관을 쉽게 볼 수 있었고 호수를 처음 발견했다는 프랑스 원정대의 일화나 그밖에 여러 흥미로운 정보도 인터넷에 가득했다. 앞서 말한 대로 배신감이나 창피함도 들었지만 그와 동시에 이 엄청난 기회를 놓치고 싶지 않은 반대의 마음도 있었다. 곧장 나는 호수로 가야 했다.

　"잉, 호수로 가자."

　"응? 호, 호수?"

　갑자기 호수로 가자하면 반기진 않을 거라 예상했지만 그보다 훨씬 떨떠름한 잉의 표정에 좀 당황했다.

　"왜 그래?"

　"아니 그게 아니라, 시간도 많이 걸릴 것 같고, 막상 갔는데 별 볼일 없는 곳일 수도 있고, 무엇보다 지금 시기에 호수로 가는 건 위험하다는데……."

　이것저것 많은 이유 중에서도 위험하다는 정보가 가장 신경 쓰이는 것 같았다. 다른 곳보다 좀 위험할 수는 있지만 틸리초 호수 길이 정말로 위험하다면 일반 여행자가 이용하는 라운딩코스에 버젓이 있을 리 만무했다(라운딩코스는 주 코스와 부 코스, 두 가지로 나뉘는데 틸리초는 부 코스에 포함되어 있다). 게다가 여기까지 왔는데 그 호수를 안 본다면 평생 후회로 남을 게 자명했다. 그래서 일부러 더 퉁명스럽고 재빠르게 밀어붙였다.

"위험하다고? 죽지는 않을걸? 죽을 정도인지 다른 사람들에게 물어보고 괜찮으면 가자, 알았지?"

문장을 의문문으로 끝내긴 했지만 잉의 대답을 들을 새도 없이 사람부터 찾으려고 주위를 살폈다. 그런데 우리의 대화가 좀 소란스러웠는지, 롯지에 있는 사람 대부분이 이미 우리 얘기를 경청 중이었다.

'물어보려던 차에 마침 잘됐네.'

해서 몇 명이 우리 주위에 모이게 되었고 우선 틸리초 호수가 어떠냐는 우리 물음에 시카고에서 왔다는 한 미국인은 '뷰티풀'을 연발하며 칭찬 세례를 쏟아냈다. 온갖 미사여구를 들이미는 그의 영어는 내게 너무 복잡했지만 우선 내 쪽에 유리한 말인 건 확실해보여 잠자코 듣기만 했다. 자고로 칭찬이나 자신에게 유익한 말을 들을 때면 끊지 않고 가만히 있는 게 상책이다. 그저 고개만 끄덕이며 장단을 맞추고 있는데 여전히 잉의 표정을 달갑지 않아 보였다. 하긴 그 몇 마디 들었다고 바뀌면 그게 더 이상하지……. 결국 시카고 친구의 장황한 설명에도 여전히 갈 생각이 없는지, 잉의 표정은 한결같이 어둡기만 했다. 그래서 다른 질문을 시카고 친구에게 툭 던져주었다.

"거기 길이 험난하다는데 우기로 접어들어도 갈 수 있어?"

사실 이 질문은 나도 신경 쓰인 터라 전과 달리 집중해서 시카고 친구를 지켜봤다. 그런데 불안하게도 그는 쉽게 답하지 않고 한동안 주저했다.

망설이는 그의 태도로 보아하니 부정적인 답이 나올 게 뻔했다. 그런데 갑자기 묻는 말에 답은 안하고 오히려 엉뚱한 질문을 잉에게 던지는 게 아닌가?

"네 물병 좀 써도 될까?"

잉 앞에 놓인 생수병을 가리키며 차분히 그가 물었다. 당연히 잉은 의아한 표정을 지었지만 이내 물병을 건네주었다. 그런데 물병을 받은 시카고 친구는 재빨리 뚜껑을 열어젖히더니 망설임도 없이 잉의 옷에 물을 끼얹어 버렸다.

'미친놈, 뭐하는 거야?'

잉과 나뿐 아니라 주위 사람들 모두 놀란 표정으로 시카고 친구를 쳐다봤지만 그런 시선에도 아랑곳 않고 물벼락을 맞은 잉의 옷을 살피고는 태연히 한 마디 했다.

"네 옷 방수네, 괜찮아, 상관없어."

'이 정신 나간 놈이 뭐하는 거야!'

100퍼센트 미친놈이란 확신이 들면서 조심스레 잉을 살폈다. 역시 아까 틸리초 호수에 가지 않겠다고 핑계를 댈 때보다 훨씬 일그러진 얼굴로 완전 똥 씹은 표정이 돼 있었다. 그런데도 망할 시카고 놈은 분위기 파악 못하고 헐리웃 영화처럼 엄지를 척 들어 올리며 미소까지 띠고는 마지막 대사를 끝으로 사라졌다.

"굿 럭!"

정말 미쳤나보다. 이래서 중국과 미국 사이가 안 좋은 거다. 중간에 낀 대한민국인 나는 그저 묵묵히 물을 터는 잉에게 아무 일 없었다는 듯, 최대한 평소처럼 말을 붙였다.

"잉, 네 옷 방수도 되고 좋네. 비와도 상관없겠다. 난 판초우의 있으니까 괜찮아."

그나마 다행인 건 잉의 옷이 진짜 방수라서 조금도 스며들지 않았다는 것이다. 옷 위를 굴러다니는 물방울을 털어내니 겉모양은 전과 같았다. 단지 시카고 놈이 분위기를 이상하게 만들어 전보다 회의적으로 변했을 뿐. 그래도 자리를 뜨지 않고 계속해서 주위사람과 얘기하는 잉을 보니 마음이 아예 떠난 건 아니었다.

"가는 길이 춥진 않아?"

"엄청 춥진 않을걸? 그보다 비오면 길이 위험하니까 그게 문제지. 아! 거기 숙소 열렸나? 닫았을 텐데?"

잉의 이어진 질문에 주위에 있던 현지인이 대답했다.

'잠깐, 문이 안 열렸다고? 비오는 산길도 위험한데 숙소가 안 열렸다면?'

이건 내게도 큰 문제였다. 하지만 곧바로 누군가 그 말에 반박하기 시작했고 잠시 후엔 모여 있던 사람들 대부분이 참여해 자기들끼리 의견이 갈리더니 순식간에 이곳을 난장판으로 만들었다. 그렇다고 싸우는 수준은 아니었지만 시끌벅적한 이들을 보고 있자니 잉이 아니라 그 누구라도 마음 편히 호수로 향할 수 없을 것 같았다. 당연히 나도 마음이 흔들려 불안해지기 시작했다. 다른 말은 상관없었지만 롯지가 안 열렸을 거란 말은, 단순히 넘길 사안이 아니다. 텐트를 산 아래에 놓고 와서 어차피 야영할 수도 없지만 설사 가능하다 해도 내

얇은 옷만으로 안나푸르나의 밤을 견디는 건 불가능이었다. 그동안 롯지에 묵으면서도 파고드는 추위에 몇 번이나 깼는데 얇은 텐트 천을 방패삼아 야영이라니, 상상할 수 없었다.

얼마의 시간이 지나 논쟁이 진정됐을 무렵, 롯지 주인장이 숙소가 열렸을 거라며 정리해주긴 했지만 방금 전 그 광경, 지구촌 사람들이 만들어낸 그 아수라장을 보고 나니 주인장의 말이라도 쉽사리 믿을 수 없었다. 결국 나도 틸리초 호수를 가야 하나 말아야 하나 심각한 고민에 빠졌는데 희한하게도 이런 마음과는 달리 내 혀는 음흉하게 그곳으로 가자고, 틸리초 호수로 가야 한다고 잉을 꼬드기는 중이었다. 불안감이 커질수록 일행이란 존재는 더욱 중요하다. 혼자서는 죽어도 엄두가 안 나는 이 길을, 누군가와 함께라면 어떻게든 갈 수 있을 것 같았다. 긴급 상황에 껴안고라도 있으면 동사는 피할 테니 말이다.

다행히 절박한 내 마음이 하늘을 감동시켰는지 내 뱀의 혀로 잉을 유혹하는 데 성공했고 그새 마음이 바뀔 새라 잉과 사람들만 로비에 남겨둔 채 방으로 뛰어 들어와 먼저 잠을 청했다. 하지만 여전히 숙소 문제는 확실한 게 아니었으니 잠이 올 리 있나? 불안과 초조함만이 내 머릿속에 가득했다. 잉만 설득하면 끝날 줄 알았는데 어느새 변해버린 나 자신을 설득하지 못한 것이다. 그렇게 침대에 누워 초조한 불면의 시간을 얼마나 보냈을까, 다급히 문을 박차고 잉이 들어왔다.

'이제 와서 안 간다고 하는 건 아니겠지? 같이 가도 불안한 마당에……'

마낭

　사실 이런 바람과는 달리 나는 잉이 안 간다는 것을 본능적으로 알았나 보다. 문을 벌컥 열고 들어온 잉이 날 부르지도 않았는데 올게 왔구나 하는 심정으로 스르르 일어나 침대에 걸터앉았다. 그 사이 내 앞에 선 잉은 뛰어왔는지 가쁜 숨을 몰아쉬며 자신은 틸리초 호수에 가지 않겠다고, 몇 번이나 사과를 덧붙여 반복했다.

　'망할, 이럴 줄 알았어. 왜 불길한 예감은 언제나 적중할까?'

　나는 대수롭지 않은 척 알았다고 대답한 뒤 조금 전처럼 스르르 침대에 누웠다. 어두운 방은 이내 잉의 코에서 나오는 오토바이 소리로 가득 찼다. 잉의 코골이와는 별개로 혼자 가야 한다는 불안감이 전보다 더 나를 잠들지 못하게 했다. 나중에는 아예 잠드는 걸 포기하고 팔짱을 낀 채 오늘 있던 일을 되짚어봤다.

'처음부터 혼자 가면 될 일을 왜 여러 사람 피곤하게 만들고 그래?'

간단한 문제를 크게 키웠다는 반성과 함께 맘 편히 혼자 가기로 결정했다. '설마 뭔 일 나겠어?' 단순한 생각이 오히려 나를 평안케 만들었다. 그렇게나 안 오던 잠은 순식간에 평온의 세계로 날 인도했다.

다음날, 불안했던 내 마음은 온데간데없어졌고 언제 그랬냐는 듯, 한결 가벼워진 발걸음으로 일찌감치 숙소를 나섰다. 잠시 후, 동네 어귀를 벗어날 무렵, 눈앞에 갈림길이 펼쳐졌고 우리는 그곳에서 작별인사를 나누었다.

"미안해, 같이 가야 하는데……."

역시 착한 잉은 어제의 일이 걸렸는지 진지한 표정으로 거듭 사과했다. 그런 잉에게 낯간지러운 말 대신 장난을 치며 포카라에서의 재회를 기약했다.

사실 홀로 여행하는 걸 좋아하면서도 히말라야라는 거대한 장벽에 겁을 먹었는지 요 며칠 누군가에게 의지만 했다. 어제 잠들기 직전 이 사실을 깨닫고 '혼자서라도 꼭 틸리초 호수로 가야겠다'고 다짐했다. 내가 원하는 걸 얻으려면 나 자신이 주체가 돼야 한다는 진부한 진리를 다시 한 번 깨달은 것이다. 그리고 이 때문이었을까, 혼자가 되었다는 사실에 마음이 홀가분해졌고 새로운 여행을 시작하는 것처럼 흥분에 휩싸였다. 뒤돌아본 저 멀리 잉의 뒷모습이 보였다. 어제 우리가 벌인 요란법석이 떠올라 슬며시 웃음이 새어나오기도 했다.

며칠간 고마웠던 잉을 뒤로하고 평소보다 속도를 높여 아직 아무것도 알 수 없는 그곳, 틸리초가 있는 그곳으로 서둘러 발길을 돌렸다.

#_17
틸리초 호수

● 우리나라 사람도 술을 좋아하지만 소문대로 러시아 사람은 술을 굉장히 좋아했다. 당연히 그곳에는 우리와 다른 술 문화가 있고 어렵지 않게 그것을 접할 수 있었다. 한 번은 러시아의 이르쿠츠크 Irkutsk를 러시아 사람들과 거닐다 잠깐 벤치에 앉아 쉬었는데 별 다른 말도 없이 갑자기 배낭에서 큰 보드카와 바이칼에서 잡히는 '오물 омуль, Arctic cisco'이란 생선을 꺼내더니 당연하다는 듯 술을 마시기 시작했다. 이 모든 게 너무나 순식간에 일어난 나머지, 자연스럽게 나도 대낮에 한 잔 걸쳤는데 내가 의아해 한 건 낮술을 하는 이 상황을, 앉자마자 아무 말도 없이 이것을 받아들이는 그들의 태도 때문이었다. 안주를 곁들여 자연스럽게 마시는 술 한 잔이 이들에게는 커피 한 잔

과도 같았다. 이런 낯선 풍경에 동참해 그들과 그렇게 벤치에 앉아 보드카 한 잔을 느긋이 마시고는 다시 가방에 그것들을 챙겨 거리를 거닐었다. 물론 어느 정도 가다가 다시 벤치가 나오면 아까 그런 것처럼 술과 안주를 꺼내 한 잔 들이켜 주는 건 아주 당연한 일이었다. 러시아 사람 모두가 이러한지는 모르겠으나 정말 자연스러운 그들의 태도로 미뤄보아 크게 낯선 풍경은 아닌가 보다. 아마 추운 환경이 그들과 술을 가깝게 만든 듯한데 트레킹 중 하필 이 일이 떠오른 이유는 틸리초 호수로 향하는 길에 만난 실종자 포스터 때문이다. 실종자들의 국적이 하나같이 러시아였는데 실제 음주 여부와는 상관없이 이곳에서 실족 사건은 자주 일어난다지만 예전에 내가 목격한 그들의 술 문화가 여기에서까지 이어져 사고가 난 게 아닐까 하는 걱정이 들

었다.

정확한 연유야 어찌됐든 실종자 포스터 때문에 내 정신은 바짝 곤두섰다. 그렇게 정신을 차려서일까 걱정거리 중 하나던 추위는 내게 별 문제가 되지 않았다. 오히려 예상치 못한 부분이 나를 힘들게 했다. 추운 날씨임에도 내 정수리를 쪼아대는 강렬한 직사광선과 고산 증세가 나를 몽롱하게 만든 것이다. 틸리초로 가는 길 반 이상이 좁은 절벽길인 탓에 해롱해롱한 내 머리가 순간 현기증을 일으킨다면 저 멀리 산 아래로 굴러 떨어지는 건 불 보듯 뻔한 일이었다. 결국 발걸음 하나에도 신중에 신중을 더해 바라던 롯지에 잘 도착했다. 험난한 여정 탓에 피로해진 나에게 롯지 문이 열렸다는 것이 말할 수 없는 기쁨과 마음의 평안을 가져다주었고 와이파이와 전기도 안 들어오는 이곳에서 어떠한 유혹도 없이, 내일 만날 틸리초를 기다리며 일찍 잠자리에 들었다.

그리고 다음날 호수로 향하기 전, 롯지 주인장이 내게 세 시간만 오르면 도달할 수 있을 거라 했다. 세 시간? 그런데 이미 세 시간하고도 한 시간이 지났건만 여전히 호수는 나타날 기미조차 없었다. 세 시간이란 말 때문에 마음만 조급해져 애먼 시계를 여러 번 바라봤다.

'이번 고개만 넘으면 나오겠지? 이번 고개만 넘으면 나올 거야!'

여러 고개를 넘었지만 여전히 틸리초 호수는 모습을 쉽게 드러내지 않았다. 더군다나 길은 어제보다 더 험난해져 눈앞에 보이는 저 길 비스무리 것이 아무리 생각해도 길로 보이지 않았다. '길을 잘못 들었나?' 하는 생각으로 돌아서려는 찰나, 저 멀리 앞서 있는 여행자를 확인하고야 '이게 길이라고?' 하며 놀란 적이 한두 번이 아니다.

높아지는 고도로 급격히 추워지는데다 고산증세까지 더해져 더욱 힘겨운 발걸음이 되었다. 호흡이 가빠 고개를 떨어뜨린 지도 이미 오래되었다. 잠시 쉬었다 갈까 고민도 했지만 앉았다 일어설 때마다 두통이 심해져 나무늘보처럼 천천히, 꾸준히 걷는 걸 택했다. 호흡이 흐트러져 머리가 깨질 듯 아플 때면 지나가는 사람의 응원에도 고개를 들지 못해 겨우 스틱만을 들어 화답했다. 체력은 괜찮았지만 뇌에서 산소가 부족하다고 계속 두통으로 신호를 보내왔다. 물고기가 된 것처럼 꾸준히 물로 산소를 보충했음에도 별 다른 차도 없이 이 달갑잖은 고산증세와의 동행은 계속됐다.

이 불편한 동행이 얼마나 되었을까? 오르막도, 내리막도 아닌, 반가운 평지가 나왔을 때 갑자기 앞에서 괴성이 들려왔다. 아마도 아까부터 힘들다고 쌍욕을 퍼붓던 서양인 같은데 워낙 큰소리로 투덜대던 탓에 이번에도 그러려니 신경 쓰지 않았고 여전히 고개를 떨어뜨린 채, 뚜벅뚜벅 나아갔다. 방금 펼쳐진 평지는 그 모습을 드러낸 지 얼마나 됐다고 일찌감치 끝을 보여주었고 또 다시 고갯길이 나타났다. 사실 2미터 정도 밖에 안 되는 높이로 고개라 부르기도 민망하지만 당시는 워낙 힘들어서 그 고개 앞에 서서 멍하니 쳐다만 보았다.

'고개가 왜 이렇게 많아? 정말 더럽게 힘들구나!'

아마 이 고개를 보고 서양인이 짜증 섞인 소리를 질렀을 것이다. 하지만 나도 소리쳤다가는 혈압이 올라가 머리가 터질 게 분명했다. 그래서 그저 조용히 마음속으로만 투덜대며 고개를 넘었다. 그런데

고개 너머 저편을 본 순간 내 몸은 정지상태가 되고 말았다. 아무런
예고 없이 내가 그렇게 학수고대하던 틸리초 호수가 순식간에 자신
의 모습을 드러낸 것이다. 지금까지 본 모든 것 중에 단연 으뜸이었
다. 푸른빛이 감도는 호수를 설산이 둘러싸 있었고 호수에 비친 설산
들은 마치 안나푸르나 전체가 호수에 빠진 듯 착각을 불러일으켰다.
나는 이 환상적인 틸리초에 매혹당해 한동안 움직이지도 못하고 입
만 벌린 채 그저 멍하니 바라봤다. 잠시 후, 바닥에 앉을 때도 감정이
깨질까 두려워 시선을 여전히 틸리초에 고정한 채 그렇게 천천히 조
심스럽게 주저앉았다. 그리고 편안한 바보가 돼 호수만 바라봤다. 금
방이라도 내 눈을 빨아들일 듯, 쏟아지는 파랑으로 나를 매혹하는 틸

리초 호수를 말이다.

그동안 여행에서 여러 유적과 자연 경관을 만났지만 이렇게까지 나를 놀라게 한 것은 없었다. 그만큼 독보적으로 다가온 틸리초 호수는 '여행은 사람이 전부'라 생각해오던 내 생각을 처참히 부숴버렸다.

'그래, 어쩌면 사람들 사이에서 만든 추억 말고도 자연이나 다른 것이 나를 더 놀라게 할지도 몰라……'

바람을 맞으며, 그 소리를 들으며, 계속 그곳에 앉아 바라보기만 했다. 땀이 식어 한기를 만든 탓에 몸을 일으켜 세우다가도 다시 틸리초의 유혹에 빠져 금세 주저앉았고 그렇게 한참을 바라보다 불현듯 틸리초를 마시고 싶어 호숫가까지 내려갔다. 모양새가 흡사 백두산 천지와 같아서 호숫가로 가려면 비탈을 타고 쭉 내려가야 했다. 길도 없는 내리막을 지나 도착한 호숫가는 또 다른 모습을 내게 선사했다. 한 번 더 바보가 되어 그 비경을 조용히 바라보았다. 결국 이곳에서 내가 한 거라곤 틸리초에서 눈을 떼지 못한 채 앉았다 일어섰다는 반복하는 일뿐이었다. 그러다 문득 이런 생각이 일었다.

'여기 말고도 세상에는 얼마나 대단한 것이 많을까? 내가 가본 곳은 극히 일부인데.'

가슴 속에서 뜨거운 무언가가 일어나면서 나는 틸리초를 더욱 강렬히 응시했다. 그렇게 그곳을 향하고만 있어도 세상에서 제일 행복한 사람인 나는 전날 잉과의 이별을 떠올렸다.

'후회할지언정 자신이 정한 미래를 걷는 게 얼마나 가치 있는 일인가.'

지금도 빨려 들어갈 듯 파랗기만 한 호수의 표면이 떠올라 가끔씩 멍하게 허공의 틸리초를 응시하기도 한다.

* 참고로 나중에 알게 된 사실이지만 틸리초는 세상에서 제일 높은 호수가 아니었다. 두 번째도 아니고 세 번째도 아니었다. 이 사실을 알았을 때 놀란 것은 당연했지만 그런 것은 이제 나에게 중요치 않다. 내가 바라본 틸리초는 그런 이유가 없어도 충분히 소중한 호수이기 때문이다.

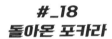

#_18
돌아온 포카라

● 틸리초를 갔다 온 나는 전체 트레킹 코스 중 가장 높은 뜨롱 라 패스^{Thorong la Pass}(고개) 근처에서 얼어 죽을 뻔 했지만 운 좋게 잘 넘긴 뒤, 나머지 코스를 마치고 트레킹을 준비한 포카라로 무사히 돌아왔 다. 라운딩 코스 중 가장 높은 뜨롱 라 패스의 기온이 가혹함 그 자체 여서 빨리 이곳을 벗어나야 한다는 일념 하나로 겨우 넘었다. 길 자체 가 험난한 탓도 있었지만 그보다 뜨롱 라를 넘기 전, 롯지를 잘못 선 택하는 바보 같은 짓은 이 개고생의 서막이었다.

뜨롱 라 패스에 도착하기 하루 전, 4500미터에 있는 뜨롱 페디 ^{Thorong Pedi}를 지나고 있었다. 이곳은 뜨롱 라로 향하는 대다수 여행자 가 마지막으로 머무는 곳으로 당시에도 많은 여행자가 이곳에 머물

뜨롱 라 패스

러 있었다. 나 또한 다른 여행자처럼 이곳에 머물까 생각 했지만 기왕이면 좀 더 올라가 뜨롱 라 패스와 가장 가까운 롯지에서 머물고자 했다.

그런데 이게 문제였다. 이 무모한 선택을 왜 한 걸까? 다른 사람처럼 뜨롱 페디에 머물고 싶지 않은 청개구리 심보였을까? 하긴 반바지 입고 여기 올 때부터 이상했다.

결국 뜨롱 라 패스와 가장 가까운 4850미터 지점의 뜨롱 라 패스 하이캠프로 향했다. 하늘을 보아하니 우기가 다가와서인지 구름으로 메워져 꽤 흐렸고 음울한 분위기마저 강렬했다. 그렇게 하이캠프의 유일한 롯지에 들어섰다. 을씨년스러운 기운을 내뿜는 이곳에는 온기라곤 찾아볼 수 없었고 인기척 또한 마찬가지였다. 그렇게 싸늘한 분위기의 롯지로 조심스레 들어선 나는 눈이 축져지고 초점이 흐린, 퀭한 직원과 마주했다. 옛날 어린이 영화에나 나올 법한 악당 같은 그는 표정 변화 없이 나를 맞이했고 내 질문에도 별 감정 없이 느릿느릿 대답할 뿐이었다.

'여기 분위기 왜 이래? 괜히 여기까지 올라왔나?'

좀 전에 지나온 뜨롱 페디의 분위기와는 전혀 달랐다. 그리고 무엇보다 가격이 너무 셌다. 롯지 자체가 산에 있다 보니 산 아래 도시 숙소보다 전반적인 가격이 센 것은 당연했지만 이곳은 트레킹코스에서도 가장 높은 롯지다 보니 그간 거쳐 왔던 롯지들보다도 확실히 비쌌다. 무엇보다 숙박료까지 따로 받았다. 음식 값 비싼 건 그렇다 쳐도 롯지에서 숙박료를 받는다는 것이 의아해 '나한테만 바가지를 씌우는 건가?' 하고 눈에 띄는 투숙객에게 확인까지 했지만 그들도 별 수 없이 내고 있는 처지였다. 차라리 거리 차이 얼마 나지도 않는 뜨롱 페디에 머물렀으면 좋았을 것을. 여기까지 올라왔다는 성취감보다 불쾌감이 먼저 나를 찔렀다. 하지만 그렇다고 왔던 길을 다시 돌아갈 수도 없는 노릇이라 울며 겨자 먹기로 이곳에 묵기로 했다.

똥 씹은 표정으로 열쇠를 받아 방에서 잠시 쉬던 중, 웬 들개 냄새에 화들짝 놀랐다. 밀폐된 공간에 들어오니 며칠간 못 씻은 탓에 악취가 올라온 것이다. 이곳이 지옥처럼 느껴졌다. 도저히 내 몸에서 나는 냄새라고는 믿을 수 없어, 짐을 내팽개치고 당장 바깥에 있는 수돗가로 향했다. 그런데 이럴 수가! 눈과 얼음으로 뒤덮인 수돗가를 보고는 주춤할 수밖에 없었다. 수온을 확인할 필요도 없었다. 얼마나 차가운지 느껴져, 돌아갈까 고민했지만 코를 찌르는 악취와 이 찝찝함을 안고 오늘밤을 같이 보낼 자신이 없었다. 더군다나 뜨롱 라 패스를 넘는다 해도 산 아래까지 가려면 아직 며칠은 더 가야 해서 오늘 참는다고 내일 바로 씻는다는 보장도 없었다. 우선 물을 틀어 혹시나 하는 마음에 수온을 확인했다. 하지만 말도 안 되는 온도에 곧바로 비누를 챙겨 뒤도 안 보고 로비로 들어왔다. 그러나 점점 죄여오는 들개 냄새 탓에 헛구역질까지 하게 된 내게 선택지는 하나뿐이었다.

'그래, 추워 죽더라도 인간으로 살다 죽자.'

더 이상은 견딜 수 없어 타협점을 찾아 냄새의 근원인 발과 양말이라도 세척하기로 했다. 손이 시려 몇 번이나 멈춰가며 결국 세척을 끝냈고 더 이상 냄새도, 찝찝함도 올라오진 않았지만 그새 한기가 서렸는지 이번엔 오한이 올라오기 시작했다. 얼마나 심했으면 미약하나마 온기가 느껴지는 로비에서 일기를 쓰는데도 손이 말을 듣지 않았다. 알람에 울려대는 휴대폰 진동처럼 이 난리는 계속됐고 그 때문에 일기장은 괴발개발로 더럽혀져 마침내 오전 얘기까지만 쓴 채, 덜덜 떨리는 손으로 일기장을 접어야 했다. 그러고는 뜨거운 차를 연거푸 마셨지만 추위는 전혀 사그라지지 않아, 계속 몸을 움츠리다보니 몸 전체가 어느새 뻐근해 있었다.

'이럴 바엔 들어가서 잠이나 자자.'

차라리 일찍 잠들면 괜찮겠지라며 일찍 잠자리로 든 이날, 나는 태어나서 가장 혹독한 잠자리를 맞이했다. 한 번 달라붙은 오한은 떨어지기는커녕 한 시간이 멀다 하고 날 깨웠다. 그때마다 난방기구가 있는 것도 아닌 차디찬 방에서 몸을 더 꽉 웅크리며 추위에 맞서길 몇 시간. 얼마나 반복했는지 분노와 짜증이 이미 오래전에 내 한계치를 넘어섰다. 이상하게도 그다음에 일어나는 감정은 더한 분노가 아닌 단순한 지겨움이었다.

'그냥 나가자.'

이불을 박차고 추위에 떨면서도 꿋꿋이 짐을 쌌다. 롯지를 나설 때만 해도 해가 없는 새벽 4시라서 기온도 평소보다 훨씬 낮았다.

'누워 있다가 얼어 죽을 바에 넘다 죽는 게 낫지.'

그래도 당연히 죽고 싶지는 않아 옷이란 옷은 다 껴입었다. 뭐, 그래봤자 반바지에 헝겊쪼가리 긴바지지만.

아무튼 결과적으로는 내 선택은 옳았다. 몽롱한 정신으로 새벽인지 저녁인지도 분간 안 되는 하늘을 보며 출발한 지 얼마 되지도 않아, 가파른 오르막과 눈보라같이 매서운 바람이 몽롱하던 내 정신을 말똥하게 해주었다. 탄력을 받아 곧 서낭당 같은 불교의 오색 깃발이 드리워진 뜨롱 라 패스에 도착했다. 하이캠프가 뜨롱 라 패스와 가깝긴 가까운가 보다. 예상보다 훨씬 빨리 도착하는 바람에 김이 빠질 정도였으니 말이다. 어느새 내 몸을 감싸던 오한은 온데간데없어졌다.

너무 일찍 끝나버려 이 날은 허무하기도 했지만 그래도 전체 일정을 생각하면 뿌듯함이 밀려왔다. 곧이어 안나푸르나를 빙 둘러봤는데 며칠간의 트레킹이 주마등처럼 스쳐갔다. 물론 아직 내려가려면 며칠을 더 가야 하지만 얼른 포카라로 가서 배불리 삼겹살을 먹을 생각에 5416미터의 뜨롱 라에서 기쁨의 포효를 내지르며 곧장 내달렸다. 역시 내리막길은 자전거뿐 아니라 트레킹에서도 신나는 일이다.

남아 있는 고산증세도 신경 쓰이지 않았다. 어차피 고도가 낮아지는 마당에 뵈는 게 없었으니 말이다. 그래서 순식간에 묵디낫^{Muktinath}까지 내려온 나는 여느 여행자가 그러듯 버스를 타고 2713미터인 좀솜^{Jomsom}까지 내려왔다. 신기한 건 버스를 탄 마을 묵디낫도, 버스에서 내린 좀솜도 히말라야에 위치한 마을임에도 그동안 지나온 히말라야 마을보다는 산 아래의 마을 분위기를 띠고 있었다. 뜨롱 라 패스를 기점으로 이렇게 극명히 갈리다니, 그저 신기할 따름이다.

그래서인지 뜨롱 라 패스를 넘은 후에는 마치 트레킹을 마친 듯, 후련한 기분에 그 어떤 것도 눈에 들어오지 않았다. 그저 포카라로 돌아가고픈 마음뿐이었다. 그런데 아마 나 같은 사람이 많았나 보다. 앞서 말한 묵디낫은 뜨롱 라 패스를 넘으면 바로 나오는 마을인데 이곳부터 갑자기 버스터미널이 나온다. 물론 묵디낫에서 버스를 타봤

자 포카라로 바로 가는 건 아니고 기껏해야 옆 동네로 가는 게 고작이지만 그래도 한결 마음이 놓였다.

어쨌든 좀솜까지 버스를 타고, 다시 트레킹을 해서 타토파니Tatopani에 도착하고, 또 다시 버스를 타고 하면서 열흘 정도의 트레킹을 끝내고 마침내 포카라로 돌아올 수 있었다. 불과 열흘 차이인데 '포카라'라는 도시가 주는 느낌이 이렇게나 천지차이라니! 마치 집에 온 것처럼 정말 포근했다. 곧 잉과도 재회해서 우리는 중식과 한식을 넘나들며, 서로의 트레킹에 대해 쉴 새 없이 떠들어댔다. 특히 틸리초 호수 이야기로 예전 마낭의 롯지에서 그런 것처럼 침 튀기며 늦은 밤까지 대화를 이어가기도 했다. 물론 자전거를 다시 보니 오래된 친구를 다시 만난 듯 무척 반가웠다. 열흘이란 짧은 시간이지만 알 수 없는 허전함을 트레킹 내내 느꼈는데 자전거를 재회한 지금에야 든든한 안정감이 생겨 마음 한편이 편안했다. 물론 자전거를 다시 탈 생각에 가슴 전체가 마구 뛰노는 건 아주 당연한 일이다.

처음 포카라에 온 날, 페와 호수의 노을에 바라보며 분위기에 흠뻑 취했었다. 그래서 마지막으로 한 번 더 볼 생각에 해질녘의 페와 호수를 찾았다. 열흘 만에 본 페와 호수의 석양은 찬란하게 꺼져갔다. 그렇게 어둠이 깔릴 때까지 반짝이는 호수 표면을 바라보며 안나푸르나와 포카라에게 작별을 고했다.

#_19
도로에서의
하룻밤

● 다시금 네팔에서 자전거를 타는 게 만만치 않다는 걸 깨닫는 중이다. 이미 얼굴과 몸 전체가 땀범벅이 되었다. 눈으로 들어가는 땀을 막으려고 맨 손목으로 몇 번이나 땀을 훔치고서야 어릴 적 멋으로 하던 손목 밴드의 의미를 알았다. 그렇다고 밴드가 어디서 쑥 나오는 것도 아니라 여전히 땀방울은 눈으로 들어갔다. 그럴 때면 어쩔 수 없이 쓰라린 눈을 구하고자 아까운 생수를 들이부었다.

한껏 찡그린 채 애써 오르막길 꼭대기까지 와보면 이제는 그만 평지가 나왔으면 하는 내 소박한 바람과는 달리 가파른 내리막길만 야속하게 펼쳐져 있었다.

'지금 당장 편히 내려간다 해도 또 오르막길이 나타날 것이고 또

오르막을 타면 다시 내리막길이고 또 내려가다 보면 으…….'

뫼비우스의 띠 같은 무한반복이었다. 초등학교 때 배운 '산 넘어 산'이라는 속담을 네팔에 와서야 몸소 깨치는 중이었다. 하지만 이제 충분히 이해했음에도 불구하고 아예 각인을 시키려는지 오르락내리락은 끝날 기미조차 없었다.

'네팔에선 왜 어디를 가든 꼭 산을 넘어야하지? 터널을 만들 상황이 안 되나? 아니면 산을 돌아서가도 되잖아? 그 길은 대체 어디 있는 거지?'

자못 진지하게 이런 생각을 하며 아래로 나 있는 내리막을 보는데 해탈한 사람처럼 너털웃음이 났다. 일반적인 내리막이라 생각하면 오산이다. 이곳의 내리막은 생각처럼 시원하게 내달릴 수 없다. 왜냐하면 도로자체가 워낙 불안하기 때문이다. 철사로 엮어 만든 틀 안에 바위를 넣어 그냥 길가에 덩그러니 놓은 불안한 가드레일, 그리고 반사경이라고는 없는 꼬불꼬불한 길을 달리고 있자면 한 순간의 실수로 절벽 너머 허공을 달릴 내 모습에 가끔 등골이 오싹해진다. 그러니 목숨을 부지하려면 틈틈이 브레이크 확인은 필수였다.

예전, 어느 해병대 아저씨의 블로그 글을 본 적이 있다. 그 아저씨도 지금 내가 달리고 있는, 룸비니로 가는 길을 자전거로 갔었고 그 때를 인생에서 가장 힘든 순간으로 뽑았는데 2~3일 자전거 좀 탔다고 인생까지 들먹이는 그 아저씨의 장황한 묘사가 부담스러워 콧방귀를 뀌며 비웃은 적이 있다. 더군다나 그 누구도 강요한 일이 아니라 자신의 의지로 간 길이었으니 그저 아이가 칭얼대는 것 정도로 생각했는데, 막상 이 길을 달려보니 그 글에 과장도 있지만 콧방귀 뀔 정도로 만만한 길은 아니었다.

당연히 속도는 날 리 없고 어느덧 시간이 흘러 해가 뉘엿뉘엿 지는데도 오늘 정한 거리를 채우려면 우선 꿋꿋이 달려야 했다. 그러다 마을 코빼기도 안 보이는 어느 산속을 달릴 쯤에 흐리게나마 비춰주던 태양이 거의 다 사라졌음을 알았다.

'더 달리가다는 큰일 나겠다.'

순간 정신이 바짝 들어 주위를 살폈더니 나무만 듬성듬성 있을 뿐 그 무엇도 보이지 않았다. 그저 나 혼자 고요히 산허리를 타는 중이었고 한참을 달려가도 마을이 나타나지 않았다. 어찌할까 고민하는 와중에도 유수처럼 흘러가는 시간 때문에 어둠은 더욱 짙어만 갔다. 딱히 공간도 없는 도로 한복판에서 야영이고 뭐고 아무것도 할 수 없어 더 앞쪽으로, 더 깊게 산속으로 들어가야 했다.

'마을이 아니라 야영할 곳만 보이면 바로 멈추자. 괜히 욕심 부리지 말고.'

으스스한 분위기에 평소 생각도 않던 귀신 생각까지 떠올라 조금씩 위축되어 갔고 불빛이라고는 어쩌다 무섭게 돌진하는 화물차의 전도등뿐, 내 싸구려 전조등은 역시 장식품에 지나지 않았다. 그나마 이거라도 있으니 망정이지 아무것도 없었다면 정말 심봉사가 따로 없었을 것이다. 반사경도 없는 산골짜기 커브 길을 지날 때면 가끔씩 예고 없이 튀어나오는 화물차의 전조등 불빛 때문에 외마디 비명을 질러야 했고 그 비명의 메아리가 자취를 감추기도 전에 또 다시 어둠

샤워터

속에 갇혀 불안에 떨었다.

이 암흑 길을 얼마나 달렸을까 불행 중 다행으로 난데없이 포장마차처럼 간식을 파는 노점상이 줄지어 모습을 드러냈다. 이 가게들은 도로의 바깥쪽, 그러니까 가파른 절벽에 나무기둥을 지지대 삼아 그 위에 나무판을 깔고 튀김이나 라면 등을 파는 노점상들이었다. 그리고 이 가게의 맞은편, 도로 너머에는 산을 타고 내려오는 물이 폭포처럼 콸콸 흘러서 손을 씻거나 샤워할 수도 있어 보였다. 운전자들이 간식을 사먹거나 땀을 식힐 요량으로 잠깐 들렀다 가는 산속 간이휴게소인 셈이다. 그런데 콸콸 물이 떨어지는 폭포 왼쪽 구석에 텅 빈 가게 하나 내 눈에 들어왔다. 예전에는 장사를 했을 법한 곳으로 지금은 여기저기 부서진 흔적과 나무 뼈대만 앙상하게 남아 있었다. 그래도 한쪽에는 차양이 있어 비 맞을 걱정도 없고 맞은편의 절벽에 세워진 다른 가게와 달리 산을 등지고 땅에 세워져 있으니 몇 배는 안전해 보였다.

'여기처럼 튼튼한 땅 위에 가게를 세워야지 왜 힘들게 낭떠러지 쪽에 가게를 차렸대?'

이곳을 제외하면 다른 가게는 불안한 절벽 위에 세워져 있었다. 이곳도 당시는 터만 남은 상태였으니 땅에서 가게를 운영하는 사람은 아무도 없었다.

'이곳에서 야영할까?'

땅에 세워진 이곳이 안전하게 보이긴 했지만 나중에 상인이 모두 귀가한 후, 홀로 남겨질 생각에 선뜻 결심을 할 수 없었다. 게다가 도로 바로 옆에서 야영을 한다는 게 아무래도 영 내키지 않은 것이다. 하지만 하늘은 점점 검은색으로 칠해지는데 달리 방법이 없었다. 가게를 접고 있는 상인과는 달리 가방에서 텐트를 펼쳐 야영 준비에 돌입한 내가 신기했는지 얼마 안 있어 손을 흔들며 상인들이 하나둘 이쪽으로 몰려들어왔다.

'이제야 오네, 나 혼자 할 수도 있는데, 거절하기도 그렇고 뭐, 어쩔 수 없지!'

으레 있던 일이라 나도 손을 흔들며 반겨주었다. 그런데 가까이서 보니 그들은 한껏 찌푸린 얼굴로 'No! no!'라고 외쳐대는 것이었다. 그리고 이어서 무슨 말을 하는데 나도 마찬가지지만 그들도 영어를 못하는지라 소통이 되지 않았다.

"떨어진 돌. 여기에……."

말이 안 통해서 그런지 갑자기 돌을 집어 땅에 떨어뜨리고는 산 쪽을 가리켰다.

'설마, 낙석?'

순간 나도 모르게 뒷걸음질 치며 산을 올려다봤다. 하긴 비가 온 다음 날이면 바위뿐 아니라 산에서 흘러내린 많은 양의 토사로 도로의 기능이 마비된 적이 한두 번이 아니다. 그때는 어쩔 수 없이 토사가 쌓여 있지 않은 반대차선으로 역주행 해야 했는데 최대한 빨리 본래 차선으로 돌아오려고 힘차게 페달을 밟곤 했다. 또 한 번은 자전 거를 타고 가다 갑자기 들려오는 '쿵'소리에 놀란 적이 있었다. 방금 지나온 도로에 내 몸통만 한 바위가 떡하니 떨어졌기 때문이다. 산짐 승이 건드려서인지 정확한 이유는 알 수 없지만 한동안 멈춰 서서 놀 란 가슴을 진정시켜야 했다. 산의 기반도 원체 약하지만 낙석 방지대 가 없어서 위험에 노출에 돼 있었기에 간이휴게소의 산 쪽에서 아무 도 장사를 하지 않은 것이다. 내가 텐트를 치고자 한 곳도 예전에 사 고를 당해 지금과 같은 볼품없는 모습으로 남은 것이다. 다행히 상 인들의 조언 덕에 모든 의문이 풀렸고 혹시 모를 화까지 면할 수 있 었다.

급기야 상인들은 내가 걱정됐는지 자신들의 집으로 가자며 함께 차에 오르길 원했다. 하지만 이상한 오기가 생긴 나는 오늘밤 이곳에

다음 날 출발 전에 찍은 사진

서 꼭 야영하기로 했다. 물론 낙석 이야기를 듣고 산 쪽에서 자는 건 바보짓이라 여겨 좀 더 안전한 반대 차선의 절벽 쪽 노점상에서 자기로 했다. 우리나라 포장마차처럼 천막이 있는 것도 아니고 앙상하게 나무 뼈대만 절벽에서 버티고 있는 그곳이 불안하긴 매한가지였지만 그래도 낙석보다는 훨씬 나았다.

야영도 도와주고 음식까지 베풀어 준 상인이 집으로 가는 차에 오르기 전, 한 번 더 내게 함께 가자고 청할 때는 그들의 따뜻한 마음씨가 전달돼 내 마음까지 따스해졌다. 사실 암흑의 도로 한쪽에서 야영하는 게 마냥 좋겠냐마는 이런 기회를 언제 만날 수 있을까 하는 마음에 그들의 제안을 거절했다. 더군다나 내 텐트는 이미 펼쳐진 뒤였다.

그들이 다 내려가 고요해진 이곳에 무서운 소리를 내는 화물차들이 이따금 지나갔다. 그 속에서 폭포처럼 흘러내리는 물을 맞으며 야외 목욕을 시작했다. 가끔 지나가는 화물차의 불빛에 깜짝 놀라기도 했지만 역지사지로 생각하면 야외에서 그것도 칠흑 같은 야밤에 혼자 샤워하는 나를 보고 놀라 자빠질 화물차의 운전자가 생각나 사고가 나지 않을까 걱정이 들면서도 웃음이 터져 나왔다.

갓 대학을 입학하고 첫 여름방학 때 어쩌다 장뇌삼 밭에서 친구와 일한 적이 있었다. 그곳은 전화도 터지지 않는 곳으로서, 간신히 발전기로 기본적인 생활만 가능한 홍천의 깊은 산골이었다. 이곳엔 그 흔한 TV도 없어 세상 돌아가는 일을 알 길도 없는, 속세와는 완전히 고립돼 그저 일하고 잠자고를 반복하는 고단한 곳이었다. 이런 오지에 목욕시설이 있을 리 만무했고 전설의 고향에서 본 것처럼 사방이 탁 트인 산 속에서 우리는 홀러덩 옷을 벗고 목욕을 해야 했다. 다 커서 사방이 탁 트인 야외에서 나체 목욕을 한 사람이 많이 있을까? 마치 태곳적으로 돌아간 듯 친구와 나는 그곳에서 한 여름을 보냈다.

그런데 이번에는 야외 도로가에서 목욕을 하게 된 것이다. 물론 여행 내내 마당이나, 수돗가에서 계속 목욕을 했다. 하지만 도로가는 또 느낌이 달랐다. 왜냐 하면 지나가는 차의 전조등이 나를 환히 비추는 바람에 반바지를 입었음에도 모든 게 까발려지듯 느껴졌기 때문이다.

#_20
룸비니로 가다

● 식당에서 알바를 하던 예전, 피곤함을 잊고자 직원들과 간간히 나누는 담소는 언제나 즐거웠다. 그러다 주방에서 일하는 이모 한 분이 부처님이 태어난 룸비니 동산을 이야기를 해주었다.

'룸비니 동산? 동산이면 잔디밭에 언덕도 있고 한가운데 큰 나무가 자리한 그런 곳인가?'

과자 이름을 제외하면 딱히 만날 일 없는 동산이란 단어 때문이었을까? '룸비니 동산'은 후에도 내 머릿속을 맴돌아 당연히 내 여정 속에 안착했다. 물론 부처님의 고향이 네팔이란 건 알고 있었지만 도시까지는 알지 못했던지라 당연히 호기심이 일었다.

그 후 네팔로 떠나기 전, 자전거여행 도중 벌어질 돌발 상황에 대비한다는 목적으로 후배 둘과 함께 우리나라를 달렸다. 섬진강이 아름다운 하동에 도착해 무언가를 확인할 요량으로 계속해서 주위를 살폈다. 그 무언가란 다름 아닌, 소설 속 인물이 실존인물인지를 확인하는 것으로, 말도 안되는 이 이유 때문에 화개장터를 출발해 오르막을 타고 소설 속에 묘사된 가옥을 찾으려고 끊임없이 고개를 두리번거렸다. 그렇게 몇 시간을 올랐지만 결국 막다른 길에 다다를 때까지 아무것도 찾지 못한 우리는 이 대책 없는 숨바꼭질을 여기서 끝내야 했다. 그렇게 돌아갈까 하다, 마른 목이나 축이자는 생각에 마침 보이는 어느 사찰에 들어갔다. 그런데 이 높은 산 속의 절까지 자전거를 타고 온 우리를 의아히 여겼는지 친절한 보살님 한 분이 우리에게 말을 거셨고 자연스럽게 이것저것 담소를 나누게 되었다. 십여 분쯤 이어진 대화 말미에 부처님이 태어나신 룸비니 동산에 갈 예정이라 알려드렸더니 인사 잘 드리고 오라며 한국식 불교 예절을 찬찬히 알려주셨고 거기다 자전거 탈 때 힘내라며 간식을 한 아름 챙겨주는 친절을 베풀기도 하셨다. 이러한 과정을 겪으며 네팔의 수도인 카트만두보다 룸비니라는 도시가 더 친근하게 느껴졌다. 또한 부처님이 태어났다는 간단한 정보만으로도 나는 으스댈 수 있었다.

"나는 부처님이 태어난 룸비니에 가는데 너희는 안가?"

"부처님 태어난 곳? 인도로 간다는 거야?"

트레킹 중 롯지의 외국인들과 일정을 상의하다 룸비니에 대한 얘기를 한 적이 있었다. 그런데 그들은 뜻밖에도 이 단순한 사실을 전혀 모르고 있었다. 더군다나 그들은 역사적으로 불교의 영향을 많이 받은, 동아시아에서 온 사람들이었기에 이런 반응이 마냥 신기했는데 한편으론 잘난 척할 기회다 싶어, 곧바로 그들에게 부처님이 태어난 곳은 룸비니라며, 국경지대이지만 엄연히 네팔의 도시라는 사실까지 못박아주었다. 그러자 감탄의 눈으로 그들은 나를 바라봤고 옆에서 게임만 하는 줄 알았던 현지 세르파와 포터가 흐뭇한 표정으로 엄지를 척 들어보였다. 사실 따지고 보면 별로 대단하지도 않은 이 정보가 순간 나를 으쓱하게 만들었다. 나도 세르파와 포터의 반응에 당황하지 않고 윙크에 엄지까지 올려 폼 나게 화답했다.

이렇게 의미 있는 곳이 된 룸비니, 언덕에 잔디가 깔려 있고 한 가운데 거목이 있을지도 모르는 이 룸비니 동산을 향해 나는 지금 열심히 달리는 중이다. 정식 이름은 룸비니 국제불교사원구역으로 이곳을 간단히 소개하자면 기원전 부처님의 어머니인 마야 부인이 이곳을 지나다 무우수 아래에서 옆구리로 부처님을 출산했다 전해진다. 하지만 그곳을 정확히 몰라 전설로만 떠돌았는데 1895년 독일의 고고학자가 세상에 알렸고 그 후 1967년, 당시 네팔의 왕인 마헨드라가 유엔사무총장 우 탄트에게 룸비니를 성역화하자는 제안을 했다. 그러자 최대 불교국가 미얀마(버마) 출신인 우 탄트가 룸비니에 방문까지 해서 룸비니는 결국 국제사원구역으로 거듭나게 된 것이다. 이 사업은 이 일대를 99년 동안 무상임대해주는 조건으로 본격적으로 착수되었고 일본을 선두로 동서양을 막론한 세계 여러 나라가 참여해 상당한 활기를 띠었다. 당연히 불교계에서는 큰 경사였고 불교 4대 성지 중 유일하게 룸비니만 자국에 있는 네팔의 입장에서도 더할 나위 없는 경사였을 것이다. 하지만 아이러니하게도 현재 이곳 주민의 90퍼센트는 무슬림이다. 아마 지배세력의 교체가 그 이유일 것이다.

하여간 이렇게 유서 깊은 도시다보니 그만큼 여정이 험난했나 보다. 전날 산 속에서 시원하게 목욕하고 마음 편히 자리에 누웠건만 꾸준히 지나가는 화물차 덕분에 아주 고맙게도 거의 뜬 눈으로 밤을 지새웠다. 종종 물을 마시려고 그랬는지 화물차 기사가 텐트 근처에 차를 댈 때면 잠을 청하려던 나는 어쩔 수 없이 초긴장 상태에 빠질 수밖에 없었다. 급기야 나중에는 너무나 예민해져 차 문을 열 때마다 들려오는 '딸깍' 소리가 옆에서 나는 듯 또렷이 들려왔고 모래 긁는 발소리마저 하나하나 신경 쓰여 도저히 잠에 빠질 수 없었다. 결국 자는 둥 마는 둥 바깥 동태를 살피다 새벽 5시에 출근한 가게 주인 덕에 이 혼자만의 군대놀이를 끝냈다.

개점을 위해 곧바로 텐트를 걷은 나는 강제로 새벽형 인간이 되어 룸비니로 페달을 밟았고 그렇게 몽롱한 정신으로 달리다 보니 어느새 힘든 줄도 모른 채 꽤 멀리까지 왔다. 산길 대신 드러난 시끌벅적한 룸비니 시장이 조금씩 그 모습을 알렸다. 그와 동시에 언제 나를 발견했는지 동네 아이들이 자전거를 타며 큰 웃음을 가득 싣고 내게 달려왔다. 가끔 이렇게 자전거 경주를 바라며 아이들이 몰려들곤 했는데 이럴 때면 항상 나만의 방식으로 그들을 반겨주곤 한다. 자전거에 실린 짐 때문에 허벅지가 터질 거 같아 속으로는 죽을 것 같지만, 겉으로는 고요한 표정을 짓고 태연한 척 그들을 앞질러 깔아뭉개는, 상당히 원초적이면서도 순수한 화답 방식으로 말이다. 여기서 중요한 건 그들을 앞섰다고 끝난 게 아니라는 것이다. 뭐든지 승리 뒤에는 세레모니가 있는 법! 다시는 내 앞을 넘보지 못하게 꽤 멀리까지 거리를 벌린 다음, 승리의 주먹을 활짝 들어 괴성까지 토해내면, 폼 나면서도 한편으론 유치찬란한 이 우스꽝스러운 의식은 끝이 난다. 이곳의 룸비니 아이들에게도 냉혹한 승부의 세계를 가르치며 금세 가까워진 덕에 도움을 받아 예상보다 빨리 룸비니 동산에 들어왔다.

깔끔하게 정돈된 숲길은 룸비니 동산이라는 이름보다 현재의 정식 명칭인 국제불교사원구역이라는 말이 훨씬 더 잘 어울렸다. 이제 이 안에 있는 한국 절을 찾아 짐만 풀면 오늘 여정은 끝인 건데 곧 도착하리란 조급한 마음과 아침부터 40도는 가볍게 넘겨주는 이 답답한 기온, 거기다 박지성 저리 가라는 무한체력의 아이들까지, 당장이라도 자전거를 내팽개치고 나자빠지고 싶었다. 룸비니 동산에 도착했다는 감흥보다 더위와 피곤이 내 안에서 먼저 일어난 것이다.

가까스로 견디며 한국 사찰인 대성석가사까지 무사히 도착했다. 그런데 그늘 한 가운데서 젊은 스님이 낯익은 잔에 무언가를 마시고 있었다. 곧장 그곳으로 달려간 나는, 무척 낯익은 잔에 눈길과 정신을 사로잡히고 말았다. 그 낯익은 잔이 바로, 누런색을 띠는, 영락없는 양은 사발이었기 때문이다. 게다가 그 안에는 다른 것이라고는 절대 상상할 수 없는 하얀색의 액체, 그 새하얀 색의 액체가 떡하니 담겨 있었다. 가운데 기포까지 올라오는 그 환상적인 자태와 함께 말이다.

"오예!"

대성석가사

며 그릇 한 가운데 일어나는 기포까지, 파전만 없지 영락없는 막걸리 그 자체였다. 게다가 누런 양은 사발에 담겨 있으니, 내가 아니라 우리나라 사람이라면 누구라도 그리 생각했을 것이다. 무엇보다 이때 난 더위로 반쯤 눈이 돌아간 상태였다.

"진짜 아니에요, 인터넷에 정말 올리면 안 돼요! 오해 받아요!"

"진짜, 아니에요? 겉보기엔 막걸리인데."

아쉽게도 그건 분말가루로 만든 우유 같았다.

'하긴 먹더라도 대놓고 먹을 리 없지.'

이 일로 스님은 내게 삐쳐서 절을 떠나는 날까지 단 한 번도 내 인사를 받지 않았다. 정말 마지막까지도 말이다.

'실수할 수도 있지, 수양하러 오신 분이 배포가 작네.'

아무튼 도착하자마자 절을 소란스럽게 만든 나 때문에 옆에 있던 보살님은 함박웃음을 보이셨고 입맛만 다신 나는 이런 작은 오해로 룸비니 동산에 왔다는 소란스러운 신고식을 치렀다. 그런데 진짜 왜 그렇게 더듬은 거지? 생각해 보니 내가 직접 마셔보지도 않았잖아, 혹시? 불현듯 스님의 찌푸린 인상이 떠올라 웃음이 나온다. 설마, 아니겠지? 그래도 막걸리였으면 좋았을 것을! 쩝.

#_21
세계의 사찰들

● "여기에 대해 전혀 모르고 오셨나 봐요?"

대성석가사의 보살님은 의아하다는 듯 이렇게 물으며 나를 빤히 쳐다봤다.

"그냥 한국 절에서 숙박 가능하다 해서 왔는데요?"

그랬다. 내가 한국 절에 온 이유는 숙박이 가능하단 이유, 그저 그것뿐이었다. 당시 룸비니 사원지구에서 숙박이 가능한 곳은 한국 절과 중국 절 두 곳뿐이었는데 자국민만 숙박이 가능한 중국 절과 달리 한국 절 대성석가사는 어느 국적의 여행자나 순례자라도 묵을 수 있게 문을 열어주었다. 그러니 한국인인 내가 이곳에 온 것은 당연한 일이었고 다른 정보를 알 필요도, 알 이유도 없었던 것이다.

룸비니 조성계획도(여전히 진행중이다)

　　아무튼 아침도 배불리 먹었으니 자전거를 타고 본격적으로 길을
나섰다. 나가자마자 홍콩영화에서 나올 법한 붉은색 중국 절이 나타
났다. 이것을 시작으로 발길 닿는 어느 곳을 가든, 각 나라의 고유한
절이 그 모습을 드러냈다. 그중에서도 궁금해 하던 서양 사찰의 모
습, 쉽게 예상되지 않던 그 서양 사찰의 모습이란 확실히 우리의 절과
는 크게 달랐다. 마치 성당 같은 느낌이었는데 상아색을 띤 오스트리
아 절에는 어릴 적 성당에서 본 예수님의 일생 대신, 부처님의 일생이
그려진 큰 그림이 벽면에 순서대로 걸려 있었다. 또한 절에서 느껴지
는 전체적인 분위기도 달랐다. 우리나라를 비롯한 동양의 절들은 대
체적으로 어느 색이든 짙은 채도의 색을 사용하는 반면 서양의 절들
은 대개 엷은 채도가 주를 이뤘다. 그래서 서양 절에 들어가면 온화한

미얀마 절

티베트 절

오스트리아 절

느낌을 받고 동양의 절에선 두려움이 일어 성찰까지는 아니더라도 반성하는 마음으로 들어간다. 어느 할리우드 감독이 말하길, 우리는 일반적이라 생각하는 '권선징악'을 두고 굉장히 인상적인 교훈이었다고 했는데 혹시 동양의 불교사원에서 느껴지는 두려움과 그에 따른 반성이 동양에서 중시하는 권선징악과 관계있는 건 아닐까?

이런 사유와 함께 사원지구를 돌다, 굉장히 눈에 띄는 건축물 하나를 발견했다. 마치 밥그릇을 뒤집어 그 위에 작은 첨탑을 올려놓은 듯하고 안으로 향하는 길도 깔끔하게 나 있어 일반적인 사원과는 겉모습부터 달라보였다. 이것은 사원이 아닌 평화를 기리는 '평화의 탑'이란 건축물로 룸비니 외에 포카라에서도 볼 수 있다. 다만 우스운 것은 평화의 메시지를 담고 있는 이 건축물을, 다른 나라도 아닌, 과거 제국주의를 일삼던 일본이 세웠다는 것이다.

'이런 부조화가 있을까? 혹시 단순

한 보여주기식 일환은 아닐까?'

사원지구에 가장 먼저 들어온 나라도 일본이고 가장 많은 지원을
한 나라도 일본이다. 어쩌면 이 사업으로 일본을 바라보는 세계의 시
각이 우리와는 크게 달라진지도 모르겠다.

"에잇!"

괜스레 욕이 튀어나왔다. 더위 때문인지 아니면 억울해서인지 아
무튼 나도 모르게 튀어나왔다. 자전거에 올라 이곳을 떠나기 전에도
고개를 돌려 영원히 꺼지지 않는다는 평화의 불꽃을 보니 한 번 더 욕
이 나왔다. 물론 이번에도 더위 때문이다. 아니, 아마도 그럴 것이다.
더위란 게 한 순간만 느껴지는 게 아니지 않나.

평화의 탑을 빠져나와 내가 향한 곳은 이곳에 온 모든 이들의 목적

평화의 탑

지, 이곳에 온 이상 꼭 가봐야 하는 곳. 부처님의 탄생지라 전해지는 그곳을 향해 페달을 밟았다. 역시나 탄생지 근처에는 북적거릴 정도의 많은 사람들이 모여 있었고 대부분 인도에서 온 여행객들이었다. 그 많은 인파에 밀려 마야데비 사원으로 들어가니 안에는 표지석이 꽤 안전히 보관되고 있었다. 힌두교의 신 브라흐마가 직접 손으로 받아 세상에 나온 부처님은 하늘에서 내린 따뜻한 물줄기와 차가운 물줄기로 몸은 씻고, 스스로 일곱 걸음을 나아가 오른손으로는 하늘을, 왼손으로는 땅을 가리키며 그 유명한 '천상천하 유아독존'을 외쳤다는데 이때 주민은 이곳의 정확한 위치를 남기려고 큰 돌을 옮겨왔고 지금 내가 보고 있는 이 표지석이 그때 옮겨왔다는 그 바위다. 뭔가 특별한 게 있을 거 같아 나름 심도 있게 봤지만, 잘 모르겠다. 그냥 돌이다. 글이 쓰여 있는 것도 아닌 평범한 돌을 보고 내가 뭘 알 턱이 있나. 별 다른 흥미를 느끼지 못한 채 안쪽으로 나 있는 사원 바깥으로 나갔다. 거기에 연못이 하나 있었다. 복원된 것이긴 하지만 이 연못은 마야 부인이 부처님을 낳고 몸을 씻었다는 곳이다. 그런데 이것도 뭐 우리네 일반 연못하고 다를 바 없다. 잉어도 있었나? 기억 안 난다. 그저 사방을 메운 염불소리를 따라 발걸음을 옮겼더니 우리에게 친숙한 오방 천으로 감긴 나무가 보였고 그 아래에 스님 몇 분과 순례자들이 예불을 올리는 중이었다. 솔직히 말하면 이 모습이 마야데비 사원에서 본 것 중 가장 인상적인 것이었다. 성인의 탄생지라고 해서 기대가 상당했는데 허탈했다. 어쩌면 중요한 의미를 지닌 이곳이 화려하리란 잣대를 들이댄 내 기준이 처음부터 엇나갔는지도 모르겠다.

숙소인 대성석가사로 돌아와, 마음씨 좋은 보살님이 주신 고추장에 밥을 비벼 먹다 말고 보살님의 아침에 한 말씀이 불현듯 떠올랐다.

'이곳에 대해 모르고 왔냐고 물어보았다는 것은 무슨 특별한 사연이 있다는 건가?'

바로 검색해보니 이곳은 단지 룸비니에 있는 한국 절이란 사실 외에도 관심을 끄는 특별한 사연이 몇 개 더 있었다. 아마 룸비니를 돌아본 오늘 하루 중, 가장 흥미로웠던 시간이 아니었나 싶다.

대성석가사는 1995년부터 짓기 시작해 내가 방문한 2016년에도 여전히 공사 중이었다. 이렇게나 공사가 길어진 이유는 거대한 황룡사 9층 목탑을 본떠 만든 이유도 있지만 그보다는 다른 이유가 있었다. 이곳은 사원지구 내의 다른 절과 달리 정부의 지원 없이 진행 중이었는데 그저 부처님 탄생지에 한국 절을 짓고자 하는 불신자의 십시일반 모금이 조금씩 이어져 지금까지 이른 것이다. 당연히 불안한 재정 탓에 공사가 중단된 적도 수십 차례, 거기다 한국식으로 짓다 보니 네팔에서 구할 수 없는 자재 문제로 더욱 완공이 더뎌지고 있다. 그나마 근래에는 조계종의 지원을 받아 나아졌다고는 하지만 오랜 시간 묵묵히 걸어왔을 시간을 떠올리면 '대단하다'라는 말밖에 떠오르지 않는다. 이 고단한 역사는 이곳의 주지스님인 법신스님이 1995년 뱀과 개구리가 들끓는 이곳에 홀로 부임하면서부터 시작한다. 여전히 공사는 이어지지만 올해까지만 해도 무려 20년이 넘는 기간으로, 그 옛날 막막한 마음으로 이곳에 온 스님은 자국어도 못 읽는 까막눈 인부들과 부대끼며 공사를 했단다. 돈은 부족하지만 굶주린 사람들에게 음식을 베풀며 서서히 이곳에 스며든 나머지 이젠 주민들의 존경까지 받는다고 하니 나 또한 존경하지 않을 수 없었다.

'아무리 스님이라는 수행자라도 막막하기만 한 이곳에 홀로 오기가 쉬웠을까?'

스스로를 경전보다 공사하는 쪽에 머리가 트였다는 스님의 담백하고 진솔한 얘기와 자신의 은사이신 도문스님과 그 위 은사인 용성스님부터 이어진 대업을 받들어 이 일을 수행하게 됐다는 인터뷰 기사에 그저 놀라움만 배가 되었다. 그리고 진실 여부와 상관없이 공사비에 보탬 요량으로 이곳 남방불교 방식인, 저녁을 거른다는 스님의 추가 기사에 한 번 더 고개가 숙여졌다. 허나 대성석가사의 고된 여정에 숟가락을 얹으려는 엉뚱한 스님의 기사도 보여 씁쓸한 마음도 일었다.

'그간 무심하던 사람들이, 정치인들처럼……'

본질을 저버린 사람들이 넘쳐나는 2016년 12월, 경전보다는 공사일에 머리가 터져 묵묵히 소임을 다하는 스님이 완공된 절을 바라볼 그날, 과연 어떤 감회가 들까? 나로서는 가늠할 수 없는 일이기에 그 순간을 만날 스님이 마냥 부러웠다.

'내게도 이런 적이 있었나? 혹은 앞으로 있을까?'

분주히 움직이는 인부들 뒤로 아직 공사 중인 대웅전을 바라보며 나는 어떠한지 나 스스로에게 대답 없는 질문을 한동안 되물었다.

#_22
모기와의 전쟁

●"룸비니는 말라리아 예방주사 안 맞아서 안 갈 거야."

"나도 안 맞았는데? 넌 너무 진지해, 아니 그냥 겁쟁이 아니야?"

룸비니에 간다는 내 말에 잉은 바로 말라리아 얘기를 꺼냈다. 아직까지 어떠한 예방주사나 약을 처방받지 않았지만 언젠가 그 상황이 온다면 말라리아가 그 첫 번째가 되리란 것을 나는 알고 있다. 그만큼 나도 가슴 한편에 말라리아에 대한 공포를 갖고 있기 때문이다. 물론 아직 당한 적이 없어 잉에게 쉽게 말했지만 경험자의 이야기를 들어보면 상당한 고통을 동반하고 심하게는 죽음으로까지 이어지는 게 말라리아의 실체다.

룸비니에 말라리아의 위험이 도사린다는 것은 모기가 많다는 뜻으로, 내가 다닌 네팔의 어느 곳보다 모기가 많았다. 대성석가사 터에는 뱀과 개구리가 들끓을 정도로 습하다. 단지 이곳뿐 아니라 사원지구 전체가 모기에게는 극락, 그 자체였다. 그 때문에 사원지구 한가운데를 가로지르는 연못(누군가는 운하라고도 부르는)과 외곽 곳곳의 늪에서 춤판을 벌이는 모기와 벌레를 언제나 볼 수 있다. 이러한 연유로 모기의 대형 도시락이 된 나는 아무 불평 없이 겸허히 그들에게 하루 종일 피를 공급해주는, 불교의 보시를 직접 행했다. 물론 벗어날 길이 없어 '그저 잠들면 끝나겠지'란 생각을 하며 버틸 뿐이다. 그런데 내 예상과는 달리 이날의 보시는 잠자리에서 절정을 이루었다.

예상보다 허무한 사원지구를 둘러본 뒤, 일찍 하루를 마친 나는 한가롭게 휴식을 보낼 생각에 후다닥 씻고 모기장을 펼쳤는데 모기장을 보자마자 내 인내는 바닥을 드러내고 말았다.

'하루 종일 베풂을 실천한 내게 이 무슨……'

펼친 모기장에는 대충 봐도 엄지발가락이 들락거릴 정도의 구멍이 숭숭 나 있었고 방안의 다른 모기장도 모두 약속이나 한 듯 똑같은 모습이었다. 아마 뒤에서 나를 보던 모기가 쾌재를 부르며 얼른 들어가라고 노래를 불렀을 것이다. 나와 함께 이 넓은 도미토리에서 묵을, 오토바이를 좋아한다는 한국 아저씨도 뒤늦게 들어와서는 모기장을 보고 기겁을 했다. 들어간들 소용없겠지만 그렇다고 안 들어갈 수도 없는 이 안타까운 상황에서 남자 둘은 오늘 밤을 어찌 보낼지 마냥 두려워 떨기만 했다.

결국 스스로 만든 가두리양식장에 들어간 우리는 신나게 입장하는 손님 때문에 서서히 신경이 예민해져갔고 끝없이 불어나는 손님의 '윙윙'거리는 날개소리로 가득한 이곳이, 정말로 잠자리가 맞을까 하는 의미 없는 자문까지 했다. 물론 이런 내 상황과는 별개로 입소문을 탄 우리 양식장은 금세 문전성시를 이루어 내 피로 입가가 홍건해진 손님이 꾸준히 늘어났다.

예전 어느 스님은 살생을 하지 않으려고 자신을 물어뜯는 모기도 내버려뒀다는데 혹시 끝없이 몰려드는 모기 때문에 그냥 자포자기한 건 아닐까? 괴로움을 함께하면 반으로 준다는데 함께 있는 아저씨와 나는 정반대로 커져만 갔다. 둘 다 늦은 시각까지 전혀 잠에 못 든 것이다. 그래서 짜증나는 이 상황에서 우리는 그저 소리만 꽥꽥 질러댔다. 사회문제나 불평등 뭐 이런 거창한 일 말고도 먼지만 한 모기 놈 때문에 사람이 이 정도로 분노할 수 있다는 사실을 깨달으며 말이다. 서로의 비명을 들으며 더욱 흥분한 우리는 모기를 잡으려고 애썼지만 밤이면 전기가 끊기는 특성상, 칠흑 같은 공간에서 그들을 잡을 수 없었다. 어쩌다 잡히는 모기도 계속해서 입장하는 모기에 비하면 새 발의 피였으니 우리는 끝없는, 억겁의 굴레 속에서 허우적댈 뿐이었다. 사실 사원지구에 들어오자마자 어느 정도 예견한 일이라 절 마당에 야영을 하려 했지만 사원지구 전체가 야영금지라는 보살님의 말씀에 일찌감치 단념하고 숙소에 짐을 푼 것이다.

'이럴 바에 사원지구 밖에서라도 야영을 하는 건데!'

시간이 흘러 새벽이 되었음에도 그들의 흡혈파티는 전혀 끝날 기미가 없었다. 화들짝 일어나 지금이라도 텐트를 치고 안으로 피신할까 몇 번 고민하다가 문득 잉과 나눈 말라리아 이야기가 떠올라 재빨리 휴대폰으로 다리를 비춰봤다. 그런데 그곳에는 까무잡잡하던 내 종아리와 허벅지는 온데간데없이 사라지고 대신 붉은 소시지 한 짝이 떡하니 내 몸에 달라붙어 있었다.

"이러다 진짜 걸리는 거 아냐?"

잉을 놀릴 때와는 달리 불안한 마음이 들어 우선 텐트 안으로 피신하는 게 급선무였다. 그런데 몸이 말을 듣지 않았다. 등허리가 아주 방바닥에 딱 붙어 미동조차 없었다. 사실, 전기도 안 들어오는 어두컴컴한 방에서 장비를 꺼내 텐트를 친다는 게 쉬운 일도 아니며 이미 세 기도 힘들만큼 뜯겼는데 이제 와서 말라리아를 걱정한다는 게 좀 우습기까지 했다. 거기다 좀만 버티면 해가 뜰 시간이었다.

'이제 와서 텐트를 친다는 게 무슨 의미가 있어? 시간도 모호하고 말라리아에 걸렸다면 진즉에 걸렸겠지, 뭐. 에라, 모르겠다.'

그저 다 귀찮아진 나는 그냥 눈을 팍 감았다. 물론 그러면서도 내 손이 분리돼 알아서 척척 텐트를 쳐 안전한 그곳으로 밀어 넣어주길 바라는, 손 안대고 코 풀고 싶은 마음도 한편에 있었다.

그렇게 누운 채 말도 안 되는 주문을 외우다 드디어 맞이한 동트는 새벽, 그 순간 속담 하나가 머리를 스쳤다.

'절이 싫으면 중이 떠난다.'

곧바로 짐을 챙겨 사원지구를 나왔다. 사원지구 내에는 거의 다 돌아다녔으니 볼거리는 아쉽지 않지만 조용한 사원 내에서 며칠 지내볼까 하던 애초의 바람과는 달리 떠날 때조차 부랴부랴 나선 것이 좀 아쉬웠다. 하지만 그러면서도 페달을 돌릴 때마다 허벅지 비슷한 붉은 소시지 한 짝이 번갈아 붉은 고개를 쳐들 때면 몸서리와 함께 쓴 웃음이 일어, 빠져나오길 잘했다고 고개까지 끄덕여 스스로의 선택에 동조했다. 네팔답지 않은 룸비니의 평지를 달리며 잠깐만이라도 긁어달라는 오른쪽 소시지의 아우성을 뒤로한 채 네팔 친구들을 만나러 '단다Danda'로 페달을 밟았다.

#_23
꿈같은 만남

　●룸비니를 떠난 지 며칠이 지났다. 간만에 비탈길을 달리다 보니
평평한 룸비니에서의 날들이 다시금 떠올랐다. 아마 네팔 여행이 끝
날 때까지 그렇게 편한 길은 다시 못 만날 것이다. 그럼에도 곧 친구
들이 살고 있는 '단다'에 도착한다는 기대가 나를 들뜨게 만들어 지
금 달리는 오르막도 내게는 마냥 신나는 길이다.

　지금 만나러가는 친구들이란, 예전 뜨룽 라 패스를 넘어 트레킹의
마무리 단계인 타토파니Tatopani로 향하다 우연히 만나 친구가 된 두
명의 네팔인을 말하는 것이다. 이 두 명의 친구는 20명가량의 네팔 선
생님들로 이루어진 그룹과 함께 이곳에 놀러온 상태였고 고맙게도
먼저 그들이 다가와준 덕분에 스스럼없이 하루 종일 붙어 다닐 수 있

었다. 그들이 맡고 있는 각각의 과목처럼 다양한 선생님과 번갈아 대화하다 보니 지루할 틈도 없이 '타토파니'의 온천에 도착했고 그중에서도 지구과학 선생님인 마하라와 영어 선생님인 킴과 많은 대화를 나눈 덕에 우린 친구가 된 것이다. 사실 그 둘은 선생님이라는 호칭을 제외하면 아직 애티도 못 벗은 20대 초반의 사회 초년생으로, 그 나이 또래가 그렇듯 하고 싶은 게 많은 꿈 많은 어린 친구들이었다. 당장 그들의 꿈은 새로운 경험과 높은 월급을 이유로 우리나라에 오는 것이었다. 그 때문에 한국어 학원을 다니며 착실하게 시험을 준비 중이었다. 그 당시도 한국어 교재를 챙겨올 정도로 그들의 열정은 대단했는데 이유야 어찌됐든 한국어 공부를 한다는 사실 자체가 내게는 뿌듯함으로 다가와 보다 쉽게 그들과 친해질 수 있었다. 그래서 반나절의 짧은 만남에도 불구하고 훗날의 재회까지 약속하는 사이가 된 것이다. 물론 막연할 수도 있던 이 약속은 내 루트에 그들의 마을인 '단다'가 포함돼 있어 지킬 수 있었다.

다시 돌아와, 얼마를 더 달려 단다에 도착한 나는, 이미 지고 있는 해를 확인하고는 다음날 그들을 만나기로 하고 비교적 조용한 옆 마을 카와소티^{kawasoti}에서 적당한 야영지를 찾고 있었다. 그렇게 한참을 찾다가 내 앞에 자전거를 타고 있는 소녀 한 명이 가고 있는 것을 발견했는데 생일 때 쓰는 화려한 고깔모자가 자전거 앞 바구니에 담겨 있어서 곧바로 흥미를 느낀 나는 재빨리 그 소녀를 따라잡고 나란히 달렸다. 그리고 무턱대고 소녀에게 말을 붙였다.

"안녕?"

"……."

추레한 모습의 내가 불쑥 나타나 대뜸 외국어까지 뱉어내니 소녀
는 당황한 기색이 역력했다. 그래서 우리는 그 간단한 대화조차 못하
고 있었다. 그나마 다행히 현지인의 생일잔치에 참여하고 싶다는 내
마음만큼은 전달됐는지 따라오라고 소녀는 손짓했다. 신나게 소녀
의 뒤를 따른 지 얼마 안 지나 도착한 도로가에는 작은 공터와 함께
흙으로 지은, 옛날 우리 초가집의 분위기를 띠는 작은 가옥이 나타났
다. 그곳에 일가친척이 다 모인 듯 20명 가까운 사람들이 한바탕 이
야기꽃을 피우느라 여념이 없었다. 그런 분위기 속으로 나와 소녀는
자전거를 타고 쑥 들어섰다. 고깔모자 외에 엉뚱한 게 하나 딸려왔다
고 느꼈는지 그들은 놀란 표정으로 한동안 나를 뚫어져라 쳐다봤다.

"저 이상하게 생긴 사람은 누구야?"

"생일잔치에 참여하고 싶나 봐요."

대강 이런 말을 주고받는 듯 했는데 혹시 나 때문에 분위기를 망친
건 아닐까 조심스러워 사정을 얘기했으나 말이 통하지 않았다. 그래
서 좀 걸리지만 어디서나 먹히는 보디랭귀지로 자초지종을 얘기하
던 중 똘똘해 보이는 아이 한명이 우리 앞에 불쑥 모습을 드러냈다.

"어느 나라 사람이에요? 이름은 뭐예요?"

이 아이는 열 살가량으로 맑은 눈망울을 가진 '어니'라는 친구다.
유창한 영어를 구사해 내게 이것저것 많은 질문들을 쏟아낸 후 곧바
로 어른과 친척에게 바로바로 통역을 해준 아주 영특하고 고마운 친
구다. 어니는 내 생각을 집안 어른에게 잘 전달해 줘 생일잔치 참여

비샨티와 어니

뿐 아니라 집 앞 공터에서의 야영까지 모든 것을 한 번에 해결해 주었다. 그 후에도 나를 데려온 소녀 '바샨티'와 영특한 소년 '어니'의 도움으로 많은 이야기를 친척들과 할 수 있었다. 나중에는 말이 많아지다 못해 재미없는 농담까지 스스럼없이 주고받는 사이가 돼 농담의 질과는 상관없이 항상 얼굴에 웃음만 만연했다. 그렇게 대화가 한층 무르익을 때쯤, 드디어 오늘의 주인공이 생일상 앞에 자리했다. 세 살이 된 이 아기는 오늘이 무슨 날인줄 아는지 모르는지 주위 사람을 호기심 어린 표정으로 하나하나 쳐다봤고 그 사이 엄마가 아기에게 고깔모자를 씌움으로써 본격적인 생일잔치는 그 시작을 알렸다. 곧 한 사람씩 아기에게 빈디를 이마에 찍어주며 얼마의 돈을 아기의 작은 손에 쥐어주었다. 내 차례가 됐을 때는 이미 아기의 이마가 수많은 빈디로 그득했다. 나는 꽉 찬 이마에 빈디를 찍어주고 텅 비어 있는 볼에 케이크 크림도 발라주며 아이의 특별한 날을 축하해주었다. 이렇게 의식이 끝나고 간단한 저녁식사와 함께 생일잔치의 끝을 향해 가고 있었는데, 그냥 이렇게 끝날 줄 알았던 이 날의 잔치는 엉뚱한 손님의 등장으로 결말이 아니라 절정을 맞이하게 되었다. 그 엉뚱한 손님이란 바로, 난데없이 등장한 한 명의 거지 아저씨였다.

"노래를 불러야 주지! 노래를 불러줘!"

처음에는 구걸하러 온 거지에게 냉담한 반응을 보이던 사람들도 갑자기 누군가의 한마디에 언제 그랬냐는 듯, 한 마음 한 뜻으로 노래 한 곡 뽑아 달라며 아우성치기 바빴다. 그런 그들의 요청에 거짓말처럼 바로 터져 나오는 노랫가락에 여기 사람들 모두가 환호하고 흥겨운 춤사위까지 곁들여 부지불식간에 이곳은 네팔의 전통노래와 춤이 어우러진 축제 한마당이 되었다. 나도 함께 원을 그리며 제법 형식을 갖췄고 그들과 하나가 돼 즐겼는데, 순간 어릴 적 TV에서 본 한 프로그램이 내 머릿속을 스쳐 지나갔다.

어릴 때 일요일 아침이면 만화와 함께 꼭 챙겨보던 TV 프로그램이 있었다. 유명 인사가 세계 곳곳의 나라로 가, 며칠 동안 그들의 문화를 직접 체험하고 돌아오는 흥미로운 프로그램으로 보통 한 명은 아프리카로, 다른 한명은 그 외의 지역으로 가곤 했는데 당연히 내가 흥미를 가졌던 것은 두말할 필요 없이 원시부족의 삶을 엿볼 수 있는 아프리카 이야기였다. 그 아프리카 이야기를 보다 보면 어김없이 등장하는 단골장면이 있었는데 그것은 광활한 아프리카 대지 위에 등

글게 모여, 독특한 노래에 맞춰 춤을 추는 장면이다. 거의 매주 나오는 단골 장면임에도 봐도 봐도 질리지 않는, 지금까지도 생생히 기억하는 모습이다. 이질감도 들었지만 동시에 언젠가는 꼭 체험하고 싶다는 바람 또한 간절했다. 물론 성인이 된 지금, 지구에 원시부족이 남아 있기나 할까? 하는 회의감을 가지면서 어린 시절 본 모습도 진실성과는 거리가 먼, 연출한 장면으로 치부했는데 오랜 시간이 흐른 지금, 광활한 대지는 아닐지언정 그 흥겨움만은 실제 내 눈앞에 되살아나 펼쳐진 것이다. 어릴 적 상상으로만 존재하던 둥근 원으로 스르르 빠져든 나는 어느 한 축을 담당하며 목석같은 몸을 비틀어 춤을 추기 시작했다. 점점 흥겨워지는 노래에 더욱 신이 난 우리는 소리까지 질러대며 분위기를 한껏 고조시켰다. 타고난 춤꾼 기질을 숨기고 (?) 오늘 하루는 기꺼이 그들의 웃음을 위해 이 한 몸 불사른다는 각

흥겨운 우리들

오로 목각인형이 됐다. 그들의 미소를 보자 이곳에 그들과 존재한다는 사실 자체가 갑자기 감사하게만 느껴졌다.

틸리초 호수를 만난 후 여행을 바라보는 관점이 틀어진 줄 알았는데 그게 아니라 기존 개념에 더해져 확장됐다 보다. 역시 여행의 중심에는 사람이 있었다. 그간 여행을 하며 무뎌진 내 마음은 웬만한 일에도 그저 덤덤했고 처음과 같은 감정은 어느새 사라진 지 오래였다. 그런데 불현듯 다가온 카와소티의 밤에, 삶을 즐기는 훌륭한 사람들 덕분에 여행을 시작한 그때처럼 내 마음은 설렘으로 돌아온 것이다. 끝없이 어두워지는 밤하늘과 달리 우리가 있는 작은 집의 밝은 열기는 길게 길게 아주 길게 밤늦게까지 꺼지지 않고 이어졌다.

#_24
안전한 네팔

● 고개를 들어 바라본 저 높이 있는 언덕은 도로를 점령한 빼곡한 차들 때문에 온통 모래바람 천지였다. 그래서 마스크를 하나 더 쓰는 수고를 해야 했지만 그래도 오랜만에 만난 이 교통체증이 마냥 싫지만은 않았다. 왜냐 하면 늘어난 차의 수만큼 분명 도시, 오늘의 도착지에 가까워졌다는 반증일 테니 말이다. 반가운 마음에 쉬지 않고 페달을 밟아 언덕을 넘으니, 드디어 출발지였던 카트만두의 전경이 단번에 그 모습을 드러냈다. 그 정점에 한동안 서서 카트만두의 시내를 그윽이 바라봤다. 무사히 돌아온 나 자신이 갑자기 대견스러워 신난 마음에 바람을 헤치며 뛰어들듯 내리막길을 내달렸다. 목적지는 당연히 처음 도착한 타멜. 여전히 이곳은 정신없는 도시지만 신기하게

도 트레킹을 마치고 포카라에 돌아온 때처럼 이곳이 편안하게만 느껴졌다. 빨리, 빨리, 더 빨리 내가 묵던 여행자거리 타멜을 보고 싶어 속도를 줄이지 않고 계속 내달렸다. 그렇다고 딱히 반겨주는 사람이 있는 것은 아니지만 마냥 기분이 좋았다. 아니, 어쩌면 반겨줄지도 모를 사람이 생각나 기왕이면 그쪽으로 방향을 잡았다. 정확히 말하자면, 돌아온 나 자신을 보여주고 싶었다. 그래서 타멜에 도착하자마자 숙소도 잡기 전, 그곳으로 먼저 향했다. 그곳이란 카트만두를 떠나기 직전, 마지막으로 들린 길리안 아저씨가 운영하는 한국식당이었다. 네팔에 온 한국인이 한 번씩 들른다는 이곳은 음식 맛도 맛이지만 여행자에게 큰 도움이 되는 길리안 아저씨의 존재감이 무엇보다 컸다. 칠복이 아저씨와 비슷하게 한국에서 십년 넘게 일한 길리안 아저씨는 한국인이 어려움에 처하면 귀찮아하지 않고 환전이나 길 안내 같은 작은 일부터 현지인만 할 수 있는 복잡한 일까지 항상 자기 일처럼 도와주는 따뜻한 아저씨다. 한 번은 무슨 문제인지 고국으로 가지 못하고 매일처럼 길리안 아저씨 가게에서 외상으로 술을 먹는 못된 한국인이 있었다. 하지만 아저씨는 당장의 외상값은 아랑곳 않고 그가 안전히 한국으로 돌아갈 수 있게 물심양면으로 도와주었고 결국 그는 한국으로 돌아갔는데 그새 도움받은 걸 잊었는지 아니면 원래 그런 사람인지 그는 여전히 외상값을 갚지 않고 있다. 아저씨는 대수롭지 않게 생각해 다행이라면 다행이지만 아직도 그런 사람이 있다니 내가 다 창피할 따름이다.

"갈 때도 힘들지만 돌아올 때는 엄청 힘들어, 그냥 버스 타."

"여기까지 자전거를 갖고 왔는데 어떻게 버스를 타요? 나가는 길이나 알려주세요."

"육교를 지나서 순환도로로 빠지지 말고 그냥 직진해, 알았지? 힘들면 돌아올 때라도 버스 타고 와."

처음 네팔 카트만두에 도착해서는 주머니 사정이 안 좋아 값싼 길거리음식 위주로 먹다가 출발하기 직전, 그래도 네팔에서의 첫 주행인데 배를 든든히 채우자는 생각에 우연히 이곳에 들렀다. 그런데 웬걸 현지인으로 보이는 어느 아저씨가 유창한 한국어를 하는 게 아닌가? 보통 외국에서의 한국 식당은 대개 한국인이 주인이라 그 아저씨를 보고도 사장이기보다는 그저 한국말을 잘하는 관리자나 지배인 정도로만 여겼다. 그래서 물어볼 것이 많던 나는 나 혼자 만든 가

지진 피해를 보수 중

상의 한국인 사장을 계속 기다렸다. 진짜 사장인 길리안 아저씨를 눈앞에 두고 말이다. 그러다 더 이상 기다릴 수 없어 길리안 아저씨에게 사장님이 어디 있냐고 어처구니없는 질문을 했다. 나중에 아저씨는 본격적으로 떠날 나를 축복해주고 함께 기념사진까지 찍어 주었으니 자전거를 타고 돌아온 내 모습을 안 뽐낼 수 있나? 한달음에 달려가 복귀사진을 '쾅'하고 찍고 싶었다. 곧 식당에 도착한 내 모습에 깜짝 놀란 아저씨는 '이곳에 오길 잘했다'고 느낄 정도의 칭찬과 환한 웃음으로 반겨주었고 허기진 텅 빈 배를 맛있는 김치찌개로 채워주기까지 했다.

식사를 하며 내가 보고 느낀 네팔을 가감 없이 얘기했고 대화 막바지에, 항상 고마움만 선사해준 네팔에 내가 무슨 도움이 될 수 있을지 아저씨에게 물어봤다.

"지진으로 네팔이 힘들기도 했지만 이제는 줄어든 관광객 때문에 경제적으로 더 힘들어. 지진활동이 끝난 지 한참 지났는데도 불구하고 아직 사람들 대부분은 이곳을 굉장히 위험하다고 생각하거든. 자전거를 타고 여행한 너도 괜찮았는데 트레킹이나 관광하러 오는 사람들은 별 문제 없지 않을까? 네팔을 도와주고 싶다면 그저 사람들에게 이곳이 위험하지 않다는 것을 알려줘, 그것으로도 충분해."

실제로 내가 네팔을 떠나기 전에도 주위 사람이 네팔과 지진을 하나로 묶어 내게 이런저런 말을 해주었다. 어차피 끝난 지진활동이라 정작 나는 신경 쓰지도 않았지만 다른 사람들은 쉽사리 잊을 수 없었나 보다. 비교적 위험에 노출된 자전거 여행을 한 내 경험으로는 지진

직원들과

때문에 여행이 위험하다고 단정 짓기는 어려운 것 같다. 물론 불편한 것은 있었지만 그건 위험한 것과는 엄연히 별개의 문제기 때문이다.

식사를 마치고 처음 네팔에 와서 묵은 한국 숙소로 가려고 짐을 싸는 중이었다.

"없어졌다고요?"

"이사 간다는 말도 있고 정확히는 몰라."

지금 가려는 숙소 사장님과 친분이 있는 건 아니지만, 혼란스럽기만 하던 타멜에서 내게 유일한 안식처를 제공한 그 공간이 사라졌다니, 불과 한 달 전만해도 있었는데……. 일단 확인하고픈 마음에 곧장 출발한 나는 얼마 안 있어 그곳에 도착했고 전과 달리 닫혀 있는 문을 발견하고야 아저씨의 말을 실감할 수 있었다. 닫힌 문을 멍하니

한인숙소 네팔짱에 붙어 있던 현수막

바라보다 아쉬운 마음에 차가워 보이는 철문을 슬쩍 밀었다. 그런데 문이 잠겨 있지 않았는지 '끼익' 소리를 내며 천천히 열리기 시작했다. 조심스럽게 한 발 한 발 밀어 넣은 그곳에는 예전에 본 대나무로 이루어진 휴식 공간이 아니라 철거로 허물어진 대나무 더미가 성을 이루고 있었다.

'아저씨 말대로 줄어든 여행객 때문에 이곳이 사라진 건 아닐까?'

길리안 아저씨의 말이 떠오르며 마당 한쪽 벽에 붙어 있던, 지금은 사라지고 없는 지진피해 복구 현수막이 내 머릿속에 그려졌다.

'내게 고마움을 선사해준 네팔에게 나는 무엇을 해줄 수 있을까?'

한참을 고민한 후에야 그곳에서 나올 수 있었다.

#_25
네팔의
소소한 이야기

1. 북한

　네팔에 한정된 건 아니지만 네팔 여행 중 있었던 일화다. 틸리초로 떠나기 직전, 마낭의 롯지에서 사람들과 틸리초에 대해 이것저것 이야기를 나누고 있었다. 그런데 옆에 있던 현지 세르파가 갑자기 내게 어디서 왔냐고 물어왔다. 당연히 한국이라고 답해야 했지만 나는 그러지 않았다. 왜냐면 피부색이 허여멀건 한 내가 유약해 보였는지 아까부터 틸리초 호수에 오를 수 있겠느냐며 비아냥거린 그에게 한 방 먹이고 싶었기 때문이다. 그래서 그의 질문에 최대한 목소리를 깔고 이렇게 대답했다.

"I'm from North Korea."

순간, 놀란 세르파의 동공이 커졌고 롯지 안은 거짓말처럼 정적이 흐르기 시작했다.

"푸하하하! 농담이야, 농담. 겁먹었구나?"

"……나 진짜 무서웠어."

믿기 힘들겠지만 그는 정말 가슴에 손까지 얹어가며 놀란 가슴을 진정시켰다. 그리고 동시에 얼음같이 얼었던 주위 외국인이 일순간 웃음을 터뜨린 뒤에야 롯지 안은 다시 평화를 찾을 수 있었다. 사실 이건 20대 초반 때부터 자주 사용하던 나만의 방식으로, 군대를 다녀온 뒤에는 한층 더 여유로운 모습으로 구사하기에 이르렀다.

한 번은 카트만두로 돌아온 후, 단다의 친구들이 그리워 자전거를 두고 버스터미널로 향한 적이 있다. 우리나라의 서울역이 그렇듯 수도와 지방도시의 연결고리인 카트만두의 버스터미널에는 별의 별 사람이 다 모여 있었는데, 버스를 기다리는 나를 몇몇 건달 같은 청년들이 다가와 에워싸기 시작했다. 그중에서 한 청년이 내 코앞까지 얼굴을 들이밀어 휘파람을 불어대는 등, 험악한 분위기가 연출됐다. 곧 이 상황이 물리적인 충돌까지 이어지리라는 건 안 봐도 뻔해 보였다. 물론, 말이 좋아 충돌이지 여러 명인 그들에게 얻어터질 것이 분명했기에 그저 눈만 열심히 부라리고 있었는데 고맙게도 그들이 먼저 내게 이런 질문을 해주었다.

"어디서 왔냐?"

'어디서 왔냐고? 너흰 죽었다!'

"난, 북한에서 왔다."

단순하게 말만 뱉은 게 아니라 계속 휘파람을 불어대며 재수 없게 구는 그 녀석을 향해 사격자세로 미간을 정 조준하는 자세를 취하고 경고하듯 대답했다. 그러자 우습게도 신나게 불던 휘파람이 점차 잦아들더니 내 옆에서 불량하게 서성이던 나머지 녀석들마저 짐짓 놀란 기색과 함께 이 상황을 어려워하다 이내 어디론가 모습을 감춰버렸다. 쉽게 받아들이기 힘들지만 우리가 생각하는 북한과 외국인의 인식 속에 자리 잡은 북한은 큰 차이가 있다. 그들에게 북한이란 어느 집단과도 비교할 수 없는 두려움의 대상이다. 비유하자면, IS가 당신을 향해 사격자세를 취한 것과 비슷하다. 당연히 우리 입장에서는 납득이 안 가지만 경험상 외국인이 생각하는 북한은 중동의 어느 테러 집단보다 최소 몇 갑절은 더한 집단이다. 그러니 내 사격자세로 공포에 빠진 청년들 입장에서는 불룩한 내 가방조차 뭐가 들어 있을까 봐 무서웠을 것이다. 북한군 영상을 보면 단도를 막 이리저리 던지지 않나?

아무튼 나처럼 위험한 상황에 빠진다면 한 번쯤 고려해볼 만하다. 물론 결과는 책임 못 지지만.

2. 시간의 차이

현재시각 오전 9시 20분.

카와소티에서 '바샨티', '어니'와 즐거운 하루를 보내고 본래 이곳에 온 목적인, '마하라'와 '킴'을 만나려면 널브러진 짐들을 얼른 싸야만 했다. 9시 반까지 그들이 이곳으로 올 예정이기 때문이다. 하지만무슨 일인지 9시 반이 지나도 그들은 모습을 드러내지 않았고 10시가 넘어서야 저 멀리 여유롭게 걸어오는 마하라와 킴을 발견할 수 있었다. 빠듯한 일정에 쫓기는 한국에서 벗어나 해외에서 여행하다 보면 시간개념이 달라져 30분은 그다지 신경 쓰이는 시간도 아니다. 그래서 오랜만에 만난 우리는 거리낌 없이 한동안 침까지 튀겨가며 주저리주저리 얘기만 해댔고 얼마 후 허기를 느낀 내가 그들에게 밥이나 먹으러 가자고 했는데 그들은 예상치도 못한 답변으로 나를 당황시켰다.

"우리 한국어 시험 보고 와야 해."

"어? 무슨 소리야? 지금 본다는 거야?"

"응, 우리 지금 한국어 시험 봐야 돼서, 걱정 마. 이 근처야. 걸어서 10분밖에 안 걸려."

"몇 시까지 가야 하는데? 밥 먹을 시간 없어?"

"이미 지났어, 10시야."

"응?"

우리가 만난 시간이 이미 10시를 넘겼고 한동안 얘기를 했으니 이때는 더 시간이 지나 10시 반을 넘어설 때다.

"뭐라고? 10시에 시작했다고?"

쉽게 납득이 안 가, 거듭 물어봤지만 내 물음에 그들은 '왜 이리 호들갑이야?' 하는 표정으로 괜찮다는 대답만 할 뿐, 어디서도 불안한 기색을 찾아볼 수 없었다. 듣기론 인도 문화권 사람들이 시간에 구애받지 않는다고 하던데 그래도 이 정도일 줄은 상상도 못했다.

곧 그들은 11시 반에 돌아올 테니 그때 식사하자는 말만 남긴 채 훌쩍 시험장으로 향했다. 이쯤 되면 예상했겠지만, 시간이 흘러 우리가 다시 만난 시간은 그들이 돌아온다고 장담한 11시 반이 아니라 한 시간이나 지난 12시 반을 넘어서였다.

3. 차이

네팔 사람은 보통 하루에 네 끼를 먹는다지만 마하라와 킴은 내게 하루 동안 여덟 끼는 먹인 듯하다. 배가 터질 것 같아 괴로웠지만 선의를 저버릴 수는 없었다.

"왼손으로 먹어도 되나?"

매번 밥을 먹을 때마다 마하라와 킴은 손으로 식사하는 내가 신기한지 빤히 쳐다보곤 했다. 외국인을 쉽게 접할 수 없던 그들 입장에서는 특이할 수도 있겠지만 네팔을 돌아다니다 보면 손으로 먹는 외국인을 생각보다 쉽게 만날 수 있다. '오감을 최대한 활용해 먹으면 음식 맛이 배가 된다'는 말이 있듯이 네팔에 간다면 한 번쯤은 시도해볼 만하다. 한국에선 손으로 먹으면 무조건 불결하다고 치부하는데 따지고 보면 꼭 그런 것도 아니다. 비누칠까지 한 손으로 직접 밥을 먹

는 것과 물티슈로 쓱 닦은 다음, 남이 쓰던 집기로 밥을 먹는 것 중 과
연 뭐가 더 위생적일까? 갑자기 기억나는 인터뷰 하나가 있다.

"손으로 먹으면 더럽지 않아요?"

"다른 사람들이 사용한 수저로 밥을 먹는 게 더 더러운 거 아닌가
요?"

참 착한 답변이다. 저 무례한 질문에 대꾸라도 해줬으니 말이다.

4. 간단한 메뉴

네팔에서는 가스레인지가 없고 실외에 화로를 두고 밥을 짓는다.
특이한 점은 주로 저녁에만 밥을 짓고, 그것도 저녁 한 끼 먹을 양만
만든다는 것인데 그래서 아침이나 점심에 쌀밥이 들어간 요리를 주
문할 때면 여지없이 안 된다는 말을 듣는다. 가끔 운이 좋아 전날 남
은 찬밥으로 볶음밥을 해서 내
어주기도 하지만 실상 아침과
점심은 빵이나 면 요리로 때워
야 한다.

네팔식 백반인 달밧

"좀 다른 건 없나요? 이제 질
렸어요."

"하하, 이 동네는 다른 게 없
어"

"네……."

다른 음식을 먹고 싶어 이따금 주민에게 물어볼 때면 매번 이런 답을 듣곤 했다.

"네팔은 음식 수가 적어 힘들어요."

카트만두에서 만난 나이든 한국 목사님이 해주신 조언도 비슷했다. 내가 한적한 시골에 머문 시간이 많아서인지 아니면 원체 음식 종류가 적어서인지 몇 안 되는 음식 종류가 나를 종종 힘들게 했다. 고수나물만 빼면 거부감이 전혀 없지만 시간이 지날수록 몇 안 되는 음식에 서서히 질려 갔다. 급기야 나중에는 모든 음식에서 풍기는 커리 향만으로도 거부반응을 일으킬 정도였다. 그래서 네팔을 떠날 때도 이러한 이유가 어느 정도 작용해 비슷한 음식이 있는 방글라데시를 뛰어넘기로 했다.

5. 소와 엄연히 다른 물소

소를 신으로 여기는 네팔에서 소는 절대 먹어서도 안 되고 죽여서도 안 된다. 만약 차도에서 낮잠 자고 있는 소를 차로 친다면 사람을 친 것과 같은 처벌을 받는다. 하지만 신기한 점은 일반 소를 제외한 다른 소는 그 숭배의 대상이 되지 않는다는 점이다. 네팔에 온 지 얼마 안 돼, 현지 만두인 모모를 먹다가 하얗고 딱딱한 물질이 계속 나와 하나하나 뱉어가며 먹은 적이 있다. 나중에 알고 보니 그것은 버팔

숭대 대상인 소

로, 즉 물소의 뼈였다. 일반적으로 모모에 들어가는 고기가 물소 고기였던 것이다. 처음 이 사실을 알았을 때 당연히 놀랄 수밖에 없었다. '네팔에서 숭배의 대상인 소를 먹는다고?' 대부분 나처럼 이런 반응을 보이지 않을까? 하지만 그들이 숭배하는 대상은 온통 검은색에 큰 뿔을 달고 한 덩치 하는 물소(버팔로)가 아닌 우리네 시골에서도 쉽게 볼 수 있는 일반적인 소다(그중에서도 특히 암소). 우리가 봤을 때는 비슷하지만 그들 입장에선 엄연히 다른 것이다. 그 둘의 대우가 얼마나 다르냐면 '가디마이'라는 여신을 기리는 축제가 5년마다 열리는데, 그 축제에서 수 만 마리의 동물들을 도살해 그들의 피를 여신에게 바친다고 한다. 그 어마어마한 숫자에는 수천 마리의 물소도 포함돼 있어 그들이 물소를 대하는 자세가 일반 소와는 극명히 다름을 추측할 수 있게 해준다.

이러한 사실을 알고 나중에 한 번 더 캄보디아의 앙코르와트에 간 나는 우리나라에서 발간한 회랑부조 해설집을 보다 의아한 부분을 발견했다. 그 부분은 병사로 보이는 사람들이 물소를 죽이는 장면으로, 책에서는 이것을 당시 지배 세력이 힌두교를 깔보려고 일부러 힌두교의 신인 물소를 죽였다고 기술돼 있었다. 하지만 물소를 도살하고 먹기도 하는 힌두교를 생각하면 쉽사리 납득이 안 가는 대목이다.

그저 내 생각에는, 그들이 물소를 죽인 이유는 '가디마이 축제'처럼 기원 목적이었거나 그저 배고픈 병사의 배를 채우려는, 굉장히 단순한 이유가 아니었을까? 예술작품이란 사실 단순한 의미를 지닐 때가 많기 때문이다.

6. 기원

안나푸르나에서 산만을 바라보며 며칠을 보내자 이내 산 이외에도 다른 것이 눈에 들어오기 시작했다. 척박한 이곳에 사는 사람들과 그들이 일구어 놓은 문화가 바로 그것이다. 추운 날씨 때문에 짧은 의복 대신 야크 털로 만든 두툼한 옷과 털모자를 쓴 이곳 사람들은 대개 관광객을 상대로 숙소나 식당을 운영하지만 전통 생활수단인 차 재배나 야크에서 나오는 털과 젖으로 생계를 이어가기도 한다. 또한 고도가 높은 이곳의 특성상 물건을 옮길 때 어느 정도 높이까지는 사륜차로 운반하고 그 이상일 때는 당나귀 혹은 사람이 직접 운반한다. 그래서 최대한 많은 짐을 가지고 좁은 산길을 오르는 그들만의 운반법이 생겨난 듯하다. 그 운반법이란 바구니를 등에 이고 바구니에 달린 끈을 이마에 고정시켜 운반하는 것으로 트레킹 중에 거의 매일 보이는 아주 흔하디흔한 풍경이다. 이런 풍경이야말로 내가 TV에서 보던 네팔 사람의 모습이었으니 나로서는 꽤나 반가운 장면이 아닐 수 없었다.

마니차

더불어 안나푸르나에서 인상적인 것은 산 아래에는 거의 없는 불교문화다. 네팔은 부처님이 태어난 곳이지만 불교보다 힌두교를 믿는 사람이 많아, 어디서든 힌두교와 관련된 사원이나 행사가 많다. 그에 비해 불교에 관련된 것은 룸비니를 제외하면 거의 볼 수 없어 부처님이 태어난 곳이 맞나? 하는 의문이 들 정도였다. 여담이지만 힌두교에서는 부처님을 자신들의 여러 신 중, 그저 하나의 신이라 여긴다.

어쨌든 안나푸르나에서만큼은 힌두교가 아닌 불교문화가 어디에나 있다. 특히 바람에 나부끼며 힘찬 소리를 내는 불교깃발을 보자면 비장함까지 느낄 정도다. 그중에서도 문자를 새긴 용처럼 기다란 깃발은 부모의 죽음을 기리는 위한 티베트 불교의 문화다. 갑자기 웬 티베트냐고 할 수도 있는데 히말라야는 네팔 말고도 인도, 부탄, 파키스탄, 티베트(중국)를 접한 거대산맥으로, 티베트 불교가 히말라야를 타고 들어와 네팔 영역에 영향을 끼친 것이다. 불교를 비롯한 어떠한 종교도 믿지 않는 나이지만 트레킹 중, 종처럼 생긴 마니차를 만날 때면 경건한 자세로 기도하곤 했다. 히말라야에 들어온 첫날 진지하게 기도하는 잉을 보고 따라한 것이 계기였는데 그 기도 덕택인지 아니면 그저 운이 좋았는지 트레킹 내내 환상적인 경험을 할 수 있었다.

하도 많이 기도해 무슨 기도를 했는지 다 기억 안 나지만 유일하게 기억나는 기도가 하나 있다. 트레킹 마지막 날의 기도다.

'먼 훗날이라도 상관없으니 이곳을 보여주고픈 사람들과 다시 오길 기원합니다.'

미얀마

#_26
비자로
골치를 썩다

●"예? 벌금이 얼마라고요?"

전에 묵던 숙소가 없어져 실망한 나를 보고 길리안 아저씨는 차라리 이곳에 묵으라며 호의를 베풀어 주었고 당연히 마다할 이유가 없던 나는 흔쾌히 받아들여 며칠 동안 이곳에 머물고 있었다. 돈도 돈이지만 여행 초반, 축축한 침대에서 몇 번 잔 후로는 텐트를 고집했는데, 그 때문에 아저씨가 침대를 내어줬음에도 가게 한편에 텐트를 치고 지냈다. 다행히 이곳에는 나 말고도 직원이 숙식하고 있어 지루하거나 심심할 틈은 전혀 없었다.

사실상 네팔에서의 주행을 끝낸 지금 다른 나라로 떠나기 전까지는 한없이 늘어질 생각이었는데 이게 웬걸, 방심하고 있다가 비자 기간이 삼 일이나 초과됐다는 사실을 뒤늦게 알았다. 처음엔 별로 대수롭지 않게 여겼지만 길리안 아저씨를 통해 알아본 결과 초과된 날짜만큼 벌금뿐 아니라 처음 입국 날부터 현재까지의 기간에 해당하는 비자를 다시 구입해야 했다. 처음 계획을 세울 당시 네팔의 산악지형을 얕봤는지, 나를 과신했는지 출발하고 얼마 안 돼 시간이 부족하다는 것을 뼈저리게 느꼈음에도 '될 대로 되라'는 식으로 넘긴 탓에 아까운 경비만 눈앞에서 날리게 된 것이다.

'일주일 가까이 쓸 수 있는 금쪽같은 생활비를 눈앞에서 날리다니……'

울며 겨자 먹기로 금액을 지불한 뒤, 당장 어디로 떠날지부터 정해야 했다. 애초 계획은 부탄, 방글라데시, 미얀마 순으로 가는 것이었지만 부탄의 육로 입국이 여의치 않아 다른 곳을 알아봐야 했다.

'부탄으로 안 가면 다음 여행지인 방글라데시로 바로 넘어 갈까? 아니야. 더 이상 커리는 먹기 싫어.'

기왕 부탄을 못가는 김에 방글라데시도 넘기고 다음 나라인 미얀마로 가기로 결정했다. 부랴부랴 항공권을 알아보고 적당한 가격의 비행기 표를 구입했다. 이제 내가 할 일은 가장 하기 싫은 자전거 포장이었다.

"이거 가져가도 되요?"

"돈 내."

타멜에서 내 자전거에 맞는 큰 종이박스를 구하는 것도 여의치 않았지만 내가 외국인이라서일까? 버리는 종이박스를 가져간대도 돈을 요구하기 일쑤였다. 하지만 벌금까지 낸 상황에 그럴 수는 없어, 작은 종이박스를 여러 장 구해 포장하기로 했다.

'무릇 안에 들어가는 선물보다 포장이 중요하다 했거늘, 내 포장 상태는 정말 가관이구나.'

흡사 쓰레기로 오인받을 만한 포장상태를 보다가 다시 뜯어야 하나 고민했지만 걸인이나 도둑도 근처에 얼씬 안 할 상황이 떠올라 피식 웃으며 '뜯기는 뭘 뜯어, 귀찮아 죽겠는데 그냥 하자'라는 마음으로 끝냈다. 그렇게 끝낸 포장 덕에 비자 문제와 갑작스럽게 떠날 이 모든 상황이 한결 가볍게 느껴졌는데, 불현듯 내 머릿속을 스치는 무언가 때문에 전신을 곧추세우는 것도 모자라 짧은 비명까지 지르고 말았다.

"어? 미얀마 비자 있어야 되나?"

애초 계획대로라면 미얀마 인접국인 방글라데시에 도착해 여유 있게 알아볼 계획이었으나 일정이 뒤틀린 지금, 미얀마 비자에 대해 알고 있는 건 단 한 가지도 없었다.

"미얀마 비자 필요할걸요."

나의 울부짖음에 옆에 있던 한국인 여행자가 툭 던지듯 말했다.

"네?"

"잠깐만요. 음…… 아니구나. 도착비자네요."

"오! 정말 감사합니다. 식겁했어요."

내게 미얀마 비자에 대해 알려준 이 여행자는 트레킹 정보를 얻으려고 몇 시간 전부터 길리안 아저씨를 기다리고 있는, 태국에서 건너

왔다는 한국인이다. 덕분에 막혀 있던 숨까지 토해내며 마음을 놓았지만 방금 전 겁에 질려 비명까지 터트린 내 모습이 민망해 이 상황을 무마하려 나도 모르게 콧노래를 흥얼거렸다. 그러면서도 최대한 자연스럽게 이미 끝낸 포장을 한 번 더 의미 없이 살피며 모든 준비를 끝마쳤다.

다음날, 길리안 아저씨와 직원들에게 아쉬운 인사를 건네고 황급히 자전거를 싣고 공항으로 향했다. 여유가 없는 상황이라 어떻게 비행기에 탔는지도 기억 안 난다. 자전거 때문에 시간이 많이 걸려서인지 이번 여행에서는 항상 비행기를 탈 때마다 이렇다. 한국을 떠날 때와 비슷하게, 어느 순간 정신을 차렸을 때는 이미 경유지인 방콕에 와 있었다. 공항 벤치에 앉아 네팔어가 아닌 태국어로 된 간판을 보니 이제야 정말 네팔을 떠나 미얀마로 향한다는 사실이 믿겨졌다. 그와 동시에 그간의 일들이 주마등처럼 내 앞에 펼쳐졌다. 틸리초 호수, 높은 언덕길, 내게 도움을 준 많은 사람들, 그리고 그들과 보낸 추억들. 어느덧 깊은 감성에 빠져 상념에 젖어들고 있었다.

'다시 돌아와 이 모든 것들과 재회할 수 있을까?'

아마도 힘들 거란 생각에 쓸쓸해진 마음도 잠시, 앞으로 만날 환상적인 미래가 떠올라 가슴이 벅차올랐다.

'그래, 새로운 것들이 날 기다리고 있잖아!'

우스꽝스럽게도 단박에 네팔을 잊고는 미얀마가 어떤 곳인지 상상의 나래를 펴고 있는데 갑자기 울린 휴대폰의 메시지 소리, 그 메시지를 확인하고는 잠시 후 굳은 표정으로 고개를 갸우뚱거릴 수밖에 없었다.

룸비니에서 만난 오토바이 아저씨에게 네팔을 떠나기 직전에 미얀마로 간다는 메시지를 보냈고 방콕공항에 도착한 지금, 와이파이를 켰더니 답신이 수신됐던 것이다.

"미얀마 좋습니다. 근데 며칠짜리 비자예요?"

"아직 안 받아서 모르는데요."

"네? 비자 없이 간다고요? 농담이죠?"

"진짠데요? 도착비자 있다고 하던데."

"제가 저번 달에 갔다 왔잖아요. 도착비자 안 됩니다."

"아니요. 제가 알아봤는데…… 아니 잠깐만요."

바로 인터넷 검색을 해보았다.

'에이, 설마, 그럴 리가……. 어?'

아저씨 말대로 도착비자는 존재하지 않았다. 일순간 머릿속이 새하얘져 아무 말도 할 수 없었고 미련을 버리지 못해 휴대폰을 만지작거리다 결국 노발대발 흥분상태가 되고 말았다. 방금 전까지 네팔과 미얀마를 떠올리며 혼자 영화를 찍고 있던 내게 그야말로 '대. 참. 사.'가 일어난 것이다. 이때가 새벽 6시쯤으로 앞으로 몇 시간만 있으면 양곤^{Yangon}행 비행기를 타야 했다. 아니, 이제는 상황이 바뀌어 타고 싶다고 해야 하나? 뭐든지 간에 상황이 완전 뒤바뀌어 버렸다.

곧이어 어이가 없으려니 너털웃음이 나왔다. 그리고는 잠시 후 허기진 상태도 아니었는데 뭐라도 먹고 싶어 카트를 질질 끌어 지하 푸드코트로 향했다. 아마 정신을 다른 곳으로 돌려야 했나보다. 풀린 눈으로 멍하니 나아가다 정말 나사가 풀렸는지 '간만에 먹을 쌀국수 맛이 어떨까?' 따위를 걱정했고 급기야 '태국 돈이 있나?' 하는 현실적인 의문마저 들었다. 아마 네팔부터 이어진 비자 문제를 어디로든 깊숙이 처박는 대신 쌀국수 살 돈은 꺼내고 싶었나보다. 그래서 휑한 공항 한가운데 서서 커다란 자전거를 실은 카트를 옆에 두고 배낭을 뒤적이며 잠시라도 현실을 부정해야만 했다.

#_27
미얀마로 가다

● 쌀국수 세 그릇을 비우고야 식당을 나섰다. 다시 휑한 복도를
보고 있자니 한편에 넣어둔 비자 문제가 다시금 올라오기 시작했다.

'한심하게도 다른 사람 말을 곧이곧대로 믿다니……'

잘못된 정보를 알려준 그 사람을 원망도 했지만 사실 관계를 확인
도 않고 이 사태를 맞이한 나 자신을 가장 원망했다. 그러나 무심코
확인한 시간은 이런 잡념도 더 이상은 사치라고 넌지시 알려주었다.
곧바로 인터넷으로 알아본 결과, 온라인으로 신청할 수 있는 미얀마
비자가 존재한다는 것을 알게 됐다. 그러나 이마저도 최소 3일은 걸
린단다. 그냥 다 포기하고 공항을 나가 방콕 어딘가에서 그저 방콕만
하고 싶었다.

'우선 여기서 신청해 놓고 무작정 미얀마 도착해서 입국심사를 받지 말고 복도에서 삼 일 정도 버티면 그 사이에 비자가 나오니까 어떻게든 안 되려나? 그렇다고 추방되진 않겠지? 아니야, 그러다 추방되면 방콕으로 돌아오는 시간과 비행기 값만 날리잖아. 아, 망할……. 뭔 방법 없나?'

네팔부터 이삼 일 동안 이어져온 비자문제가 정말 끈질기게도 나를 괴롭히는 중이었다.

"아!"

비자 없이 무작정 가려고 하다가 꽤 괜찮은 생각이 떠올라 당장 온라인으로 비자 신청부터 했다. 그 다음에는 그저 미얀마 시각으로 출근 시각인 오전 9시가 되기만을 기다렸다.

'띵! 띵! 띵! 띵!'

맞춰놨던 알람이 울렸고 곧바로 비자 발급처에 전화를 걸었다.

"긴급 상황이에요. 빨리 비자 발급해주세요. 두 시간 안에 비자 신청 허가 안 되면 공항에 갇혀요! 도와주세요! 긴급 상황이에요! Emergency situation! Emergency situation! Emergency situation!"

그랬다. 직접 전화해서 무슨 엄청난 상황에 빠진 양, 약간의 연기를 덧붙여 직원에게 신속한 업무처리를 강요…… 아니, '부탁'했다. 보통 비자라는 게 하루아침에 뚝딱 나오는 것도 아니고 나 같은 일반인이 해달라고 해서 해줄 리도 없지만 희한하게도 미얀마가 내게 선처를 베풀어주리란 근거 없는 확신이 있었다. 지금도 그렇지만 당시도 내가 공항에 갇히는 게 긴급 상황일 리 있나, 게다가 발급처 직원이 이런 일까지 헤아려줘야 되나? 사실 그쪽에선 알 바 아니다. 그냥 넘기면 되는 일이다. 당돌하게 전화를 걸어 당황시켰을 직원을 생각하면 미안한 마음도 들지만 어쩔 수 없다. 지금 내 코가 석자다. 그저 이해해주리라 믿어야지. 굳이 따지자면 사실관계도 틀리지 않았으니 거짓은 아니다. 다만 숨소리가 좀 거칠었을 뿐이지.

하여간 이제 미끼를 던졌으니 직원의 응답을 기다릴 수밖에. 그 대답을 기다리는 찰나가 너무 길게 느껴져 온몸의 신경이 수화기 너머의 직원에게로 모두 가 있었다.

"……검토 후 답신 보내줄게요 한 시간 정도 기다려요. 뚜뚜뚜 뚜……."

"잠깐만요, 잠깐만요. 된다는 거야, 만다는 거야? 말을 정확히 해 줘야지!"

방귀 낀 놈이 성낸다고 조급한 마음으로 어느 때보다도 긴 3600초를 보낸 뒤, 답신 메일 한 통을 받을 수 있었다.

'허가됐습니다. 신청서를 출력해 공항에 제출하면 비자를 받을 수 있습니다.'

"오, 신이시여!"

정말 기쁜 나머지 주먹을 불끈 쥐며 소리까지 질러댔다. 유창한 영어가 안 돼 막무가내로 'emergency situation'을 외쳐댄 게 먹혔나보다. 한동안 막혔던 속이 뻥 뚫려 전 상황을 잊고는 싱글벙글 양곤행 비행기에 올랐다. 메일에 쓰인 대로 용지를 출력해 미얀마 양곤 공항에 내밀었고 문제없이 비자를 발급받았다. 마침내 네팔부터 계속된 비자와의 전쟁은 대단원의 막을 내린 것이다.

여기서 잠깐! 문제가 된 도착비자를 간단히 설명을 하자면 일반적으로 여행자 사이에서 '도착비자'라 불리는 비자는 사전에 어떠한 신청이나 허가 필요 없이, 공항이나 국경에 도착한 뒤 바로 취득이 가능한 비자다. 예를 들면 여행하려는 나라가 비자를 요구하는 나라임에도 불구하고 아무 준비 없이 무턱대고 가서 여권 보여주고 일정 금액만 내면 취득할 수 있는 비자를 통상 도착비자라 한다. 네팔은 도착비자기 때문에 걱정 없이 입국할 수 있었지만 이번에 문제가 된 미얀마는 도착비자가 아니라 애를 먹은 것이다(어찌 보면 미얀마에서 발급받은 비자도 공항에 도착해 취득한 비자기 때문에 도착비자라 할 수 있지만 흔히 불리는 절차 없이 취득 가능한 '도착비자'는 아닌 셈이다).

긴박하게 입국한 미얀마는 여행자에게 동남아에서 마지막 남은 미지의 땅이다. 나 또한 인접국을 여행하던 과거에 가볼까 말까를 여러 차례 고민했지만 결국 제한지역이 너무 많다는 이유로 매번 발목이 붙잡혀 돌아설 수밖에 없었는데 근래에는 일반 여행자도 거의 전 전역을 누빌 수 있게 되면서 많은 사람이 미얀마로 향하고 있다. 그래서 현재의 모습을 잃어버릴까 두려워, 한시라도 빨리 미얀마로 가야 했다. 게다가 입국도 전에 겪은 우여곡절 때문에 미얀마에 대한 기대치는 한층 높아진 상태였다.

그렇게 앞으로 만날 모든 일을 고대하며 힘차게 양곤 공항의 문을 열어젖혔다.

#_28
실제와 다른 허상

● 미얀마는 세계 최대의 불교국가다. 황금 불교의 나라라는 이름에 걸맞게 인구 중 90퍼센트가 불교신자다. 때문에 미얀마 전역에는 셀 수도 없는 파고다(불탑)가 곳곳에 있어 여행을 마친 지금도 미얀마 하면 가장 먼저 떠오르는 게 삼림 속에 우뚝 솟은 황금빛 파고다일 정도다. 우리에겐 그저 수치 여사의 나라거나 혹은 예전에 벌어진 아웅산 묘역 테러 사건으로만 회자되는 나라지만 미얀마의 현대사는 놀랄 정도로 우리와 비슷해 알면 알수록 흥미로운 구석이 많다.

미얀마의 전 국가명은 버마(연방)로, 사회주의를 표방하는 군사정권이 쿠데타로 들어선 뒤, 현재의 미얀마(연방)란 이름을 갖게 되었다. 물론 많은 사람들은 여전히 옛 이름인 버마로 부른다. 아무튼 이렇게 나라 이름쯤은 단번에 바꾸는 무지막지한 정권이 이번에는 수도가 별로였는지 핀마나^{Pyinmana}의 외곽지역에 '네피도^{Naypyidaw}'라는 새로운 도시를 만들어 양곤이던 수도를 단번에 '네피도'로 옮겨버렸다. 거기다 자신들이 바꾼 국명에 벌써 질렸는지 2010년에는 기존 이름에 '공화국'이란 명칭을 더했고 동시에 국기까지 바꾸는 만행을 저질러 버렸다. 한 나라의 상징인 깃발을 말이다! 정말 호방함이 느껴지는 대목이 아닐 수 없다. 그렇게 창조성이 많은 정권이 정작 국정운영 능력은 없었나보다. 경제는 침체된 지 오래고 끊임없는 내전으로 사회 전반은 파탄이 났다. 그러다 오랜 기간의 가택연금에서 풀려난 수치 여사를 앞세운 야당이 총선에서 압승하며 무능한 군사정권은 드디어 그 막을 내리게 되었다. 그래서 현재는 모든 분야에서 안정화가 진행되어 세계 속의 한 국가로서 자리매김하고자 고군분투 중이다. 이러한 흥미로운 이야기는 곧 좋은 떨림으로 바뀌어, 난 그 분위기에 고취된 채 공항 문을 나섰다. 물론 나오자마자 네팔에서와 마찬가지로 한 차례 선입견 파괴를 겪으며 말이다. 그런데 그것이 나쁘거나 불쾌한 게 아니라 즐거운 파괴였다. 정확히 말하면 흥미로웠다. 왜냐 하면 생각한 것과 다른 모습에 순수한 호기심이 일었기 때문이다. 그간 미얀마를 나타내는 '미지의 나라'라는 말에 익숙해진 탓일까? 아니면 도로 사정이 안 좋던 네팔에 익숙해진 탓일까? 생각보다 훨씬 발달된 공항과 잘 깔린 도로가 내게는 그저 놀라울 뿐이었다. 특히나 길가를 비추는 가로등의 존재는 무척이나 반가워 하마터면 소리를 지를 뻔했다. 그동안 가로등의 존재 자체를 잊은 것이다.

'그 짧은 기간 동안 망각이 일어나다니. 붕어인가?'

망각한 이유를 끄집어내려 머리를 굴리면서도 잽싸게 자전거 조립을 끝냈다. 당시는 밤 10시도 넘은 시각으로, 두 시간여를 달려 시내까지 갈지 아니면 공항 근처에서 하룻밤을 보낼지를 고민하다, '가로등도 있겠다, 무서울 것도 없겠다' 뻐근한 몸도 풀 겸 재빨리 자전거에 올랐다. 불빛만이 가득한 고요한 도로에 바퀴의 마찰음이 낮게 울렸고 바람을 가르는 소리 또한 귓등을 스쳐 청량함만이 이곳을 메워갔다. 끝없이 나타나는 가로등이 도로 위의 유일한 존재인 나만을 위해 존재하는 것 같았다. 시원한 밤공기를 들이키며 텅 빈 도로를 질주하는 게 얼마나 근사한 일인지 새삼 돌아보며 수풀과 어우러진 도로를 지날 무렵, 갑자기 난데없이 번쩍이는 네온사인이 모습을 드러냈다. 그것도 대부분 해외 유명 기업의 간판이 말이다.

'그간 여행자에게 보여주던 폐쇄적인 모습은 관광업에 한정된 것이었나? 외국기업이 이렇게나 들어와 있다니……'

근래의 개방정책으로 들어온 게 아니라 예전부터 함께한 모습이었다. 경제를 포함한 모든 교류에 미진했으리라 여긴 내 판단은 잘못된 추측이었나 보다. 여타 국가처럼 미얀마도 활발한 교류를 해온 것이다. 뿐만 아니라 계속 이어진 광경은 나를 더욱 놀라게 하고 만다. 왜냐 하면 늦은 밤임에도 불구하고 호숫가를 여유롭게 산책하는 사람들과 고가도로 아래의 작은 공터에서 축구하는 아이들, 그것도 따로 설치된 조명 빛을 받으며 뛰노는 아이들의 모습이 드러났기 때문이다. 순간 여기가 미얀마가 맞나 하는 의심마저 들었다.

쉐다곤으로 가는 길

　'미얀마는 사회주의였으니 이거다 선전용 아냐? 미얀마와 경제
규모가 비슷한 나라를 여행하며 저녁녘에 산책하거나 조명이 설치
된 공터에서 취미를 즐기는 이들을 본 적이 있었나?'

　물론 이곳과 수도인 네피도를 제외하면 오늘처럼 빼곡히 설치된
가로등이나 늦은 밤까지 여가를 즐기는 사람은 만나지 못했지만, 그
래도 당시의 광경은 나를 충격에 빠뜨리기에 충분했다. 어릴 때부터
동남아를 이곳저곳 둘러봤다는 이유로 내 입맛대로 그들을 규정한
것이다. 그래서 갓 상경한 촌놈처럼 나는 미얀마를 그렇게 생경한 눈
빛으로 한동안 대해야 했다.

그렇게 놀라움에 빠져 지루할 틈도 못 느끼며 달리다, 어느새 도심 가까이까지 갔다. 그 증거로 저 멀리 파고다의 머리 부분이 드러나 있었다.

양곤의 대표적인 쉐다곤 파고다 Shwedagon Pagoda는 여러 빛깔의 조명을 받으며 밤에도 찬란함을 내뿜고 있었다. 게다가 그 주위에는 많은 건물과 상가가 운집해 있어 쉐다곤의 의미가 단순한 파고다에 그치지 않음을 알 수 있었다.

'가까이서 보면 훨씬 대단하겠는데?'

얼른 가까이서 보고 싶은 마음에 늦추지 않고 더 빨리 페달을 밟았다.

그렇게 파고다에 도달했을 무렵, 내가 알고 있던 황금빛 파고다, 아니 거기까지 갈 필요도 없이 방금 전 멀리서 본 파고다의 모습이 아닌 전혀 다른 파고다가 내 앞에 서 있었다. 여러 조명 빛을 받은 새벽녘 파고다는 흡사 공포감을 조성하려고 탁하고 어두운 빛깔을 드리운 연극 무대 같았다. 그래서 다가갈수록 커지는 거부감에 운전대를 틀어 허무하게도 파고다로부터 멀어졌다. 그런데 산 넘어 산이라 했던가? 어디서 나타났는지 노숙자와 거지가 한편에 모여 있었다. 식겁한 나는 또 다시 방향을 틀어 이 모든 것들로부터 벗어났다. 그렇게 부랴부랴 쫓기듯 들어간 길가의 숙소에서도 예상치 못한 숙박료를 보고 튕기듯 도망 나왔다. 일 초라도 빨리 어디든 들어가고 싶었다. 때마침 저 멀리, 경찰 한 명이 눈에 들어왔다.

"안녕하세요? 여기 괜찮은 숙소가 어디에 있어요?"

"꺼억……. 음, 음 뭐야 너? 왔어?"

'웬 술 냄새? 경찰복을 입고 술에 취하다니……. 진짜 경찰이 맞긴 한 거야?'

곤드레만드레한 경찰의 지독한 술 냄새와 알 수 없는 말을 견디다 못해 대충 얼버무리고는 또 다시 달아나듯 자리를 떴다. 이곳으로 오는 내내 신나기만 하던 내 마음은 그 흔적조차 사라진 뒤였다. 결국 얼마 안 돼, 이곳을 벗어나기로 결정하고 내가 잡은 방향은 그 어디도 아닌 방금 전의 출발지, 양곤 공항이었다. 늦은 시각도 시각이었지만 이곳의 분위기상 적당한 가격의
숙소를 찾긴 글렀다. 야영도 생각해 봤지만 아무리 봐도 도심 한복판에서 야영한다는 게 영 내키지 않았다. 그래서 다음 행선지로 향하다 적당한 곳을 만나면 야영할 생각에 지도를 보던 중, 좀 전까지 머문 양곤 공항이 그 길 위에 있다는 걸 알았다.

'그냥 공항에서 노숙하는 게 낫겠다.'

그렇게 예정에 없던 공항으로의 복귀는 갑자기 쏟아지는 강력한 스콜로 정점을 찍게 된다. 얼마나 많이 오는지 앞이 안 보일 정도로 눈을 덮는 빗물 탓에 주위 네온 사인이 온통 희뿌옇게 보였다. 마치 여러 빛깔이 혼재된 난해한 명화처럼 말이다. 여전히 얼굴을 쓸어내리는 빗줄기 탓에 물에 빠진 듯 숨이 가빠왔지만 페달질만은 절대 멈추지 않았다. 공항 안에 들어가야 이 머피의 법칙을 끝낼 수 있으리라 생각했기 때문이다. 그렇게 한참을 달려 불과 몇 시간 전, 기대감으로 열어젖힌 공항 문을, 그 미지의 공간으로 안내해준 공항 문을, 물에 젖은 생쥐 꼴로 빗방울 흩날리며 다시 들어갔다.

결국 롤러코스터 같던 이 날은 이렇게 끝이 났다. 미얀마 같지 않은 미얀마의 공간에 들어와서 몸과 마음을 가다듬으며 생각했다. '기대에 가득 차 울타리를 나갔다 늑대에 쫓겨 돌아온 어쭙잖은 양 같구나' 하고 말이다.

#_29
가늠할 수 없는
깊이

●"비자 있어요?"

"비자? 비자라면 당연히 있죠!"

전날 새벽, 빗줄기를 뚫고 공항에 돌아온 나는 비에 쫄딱 젖은 채, 공항에서 노숙을 하다 소란스러운 소리에 눈을 떴다. 새벽에는 한 명도 없던 사람이 아침에는 공항을 가득 메울 정도로 들어차 있었기 때문이다. 하지만 뻑뻑한 눈으로 간신히 인파를 확인하고 거지같은 몰골을 하고도 부끄럼 없이 다시 잠들려는 찰나, 경비원인지 경찰인지 모를 사람이 비자를 확인하는 등 이것저것 물어보는 통에 환전하려한 계획조차 잊고는 서둘러 공항을 나섰다.

태양이 빛나는 미얀마의 아침은 전혀 다른 모습으로 나를 맞아주었다.

"뭐야? 어제랑 너무 다르잖아!"

도시를 벗어나 높은 건물이 없는 한적한 마을에 들어섰음에도 안정된 포장도로가 쭉 펼쳐져 있었고 그 도로에 밀짚모자를 푹 덮어쓴 농부가 자전거를 타고 유유히 내 옆을 지나가기도 했다. 게다가 도로 양쪽으로 나 있는 논두렁 너머에는 푸르른 벼들과 농수에 아른거리는 눈부신 햇빛, 거기다 어디를 바라봐도 하나씩은 꼭 들어오는 황금빛의 찬란한 파고다까지. 막상 자전거 여행을 하다 보면 '낭만적인 자전거 여행이란 그저 상상 속에서만 가능한 것이구나' 하는 자조 섞인 생각을 하게 되는데 이 따뜻한 풍경 속을 달리고 있자니 꼭 그렇지만은 않다는 걸 알았다. 당연히 환상적인 기분에 몸을 한껏 낮추고 날아드는 바람을 피해 앞으로, 앞으로, 앞으로, 벅차오르는 에너지를 주체 못하고 더 힘차게 페달을 밟았다.

"안녕하세요? 안녕? 안녕하세요!"

빠른 속도와 함께 가빠지는 심박 수를 느끼며 한층 상기된 얼굴로 밭 메는 농부와 가방을 메고 어디론가 향하는 아이들에게 바보 같을 정도로 크게 웃어 보이며 힘차게 손을 흔들었다.

"안녕하세요! 안녕! 안녕!"

"……."

그런데 이상하게도 별 반응이 없었다. 환호나 호응이 아닌 그저 반작용에서 나오는 '반응'조차 말이다. 내 쪽을 한 번 쓱 쳐다본 뒤에는 아무 일 없다는 듯 다시 하던 일을 했다.

'뭐지?'

생각도 못한 그들의 반응에 처음에는 그냥 날 못 봤나 싶어 재차 인사하기도 했지만 달라진 건 딱히 없었다. 우스꽝스럽게 펼쳐 보인 손바닥을 힘없이 떨어뜨려 원래 있던 핸들 위에 올려놓았다.

'그동안 자전거 여행을 하면서 워낙 많은 호의를 받은 탓에 배가 불렀나?'

부담스러울 정도로 환호해주던 모습과 비교하면 어색한 웃음조차 없는 이곳의 반응은 충분히 낯설 만했다.

'뭐지? 다들 로봇 같아. 짐 보따리를 한 아름이나 짊어지고 달리는 이방인을 보면 신기할 법도 할 텐데……. 도저히 이해가 안 되네.'

더군다나, 전날 젖은 채로 공항에서 노숙한 내 몰골에다가, 자전거 곳곳에 널려 있는 옷과 운동화, 이들이 빚어낸 조화를 저리 쉽게 넘기다니. 호기심이 일 법도 한데, 참으로 이상한 일이었다.

이런 생각을 하다 내 앞을 달리던 자전거와 손만 뻗으면 닿을 듯 가까워졌다. 그 자전거에는 엄마로 보이는 여인과 그녀의 허리춤을 꽉 잡은 아이가 타고 있었는데 순간 아이가 내 인기척을 느꼈는지 슬그머니 고개를 돌려 나를 쳐다봤다. 고개를 돌린 아이는 나를 발견한 순간부터 놀라거나 웃거나 하는 어떠한 기색도 없이 일관된 무표정으로 공허하게 나를 응시했다.

'뭔 애가 이런 표정을 지어?'

보통의 아이에게 나올 수 없는 표정이었다. 정지된 듯 몇 초 동안 고정된 아이의 시선 때문에 머쓱함을 넘어 불편해진 나는 전보다 더 큰 동작으로 인사를 건넸다.

"안녕!"

"……."

역시나 일관되게 쳐다보기만 할 뿐 달라진 건 없었다. 변한 게 있다면 우리 사이의 거리일 뿐. 내가 속도를 줄인 건지 아니면 아이의 자전거가 빨라졌는지 서로의 간극이 벌어지고 있었다. 아이는 자전거와 함께 몸을 들썩이는 와중에도 변하지 않는 무표정으로 텅 빈 눈동자를 내게 고정했고 그렇게 조금씩, 조금씩 내게서 멀어져갔다. 해가 내리쬐는 대낮인데도 아이가 주는 묘한 느낌에 싸늘한 기운마저 들었는데 계속 멀어진 우리 사이의 거리는 나 때문이었나 보다. 내 자전거는 차츰 느려지다 못해 마침내 우두커니 서버렸다. 난 자전거에서 내리지도 않고 다급히 고개를 돌려 주위에 누가 있나 살폈다. 나만이 상황을 이해 못하는 거냐고, 나만 이상하게 느끼는 거냐고, 그렇게 공감을 얻으려고 당황하며 말이다.

결국 아무도 찾지 못하고 앞을 바라보았다. 아이는 바둑알처럼 작아져 그 모습이 사라져 가고 있었지만 아이의 눈빛만은 잔상처럼 남아 내 눈가에 아른거렸다.

'마을에 우환이 있나?'

애써 자신을 속이며 낯선 풍경을 받아들였다. 전보다 한층 무거워진 페달을 밟아 이곳을 나왔고 나오는 내내 마주친 사람들에게 전과 같은 웃음 대신 옅은 미소로 대신했다. '빠꼬Bago'로 기억되는 이곳을 벗어난 뒤에는, 이런 일을 다신 겪지 않았으니 다행이라고 해야 하나? 정말 이 마을에 정말 우환이 있었는지도 몰라 다행이라는 말도 편치 않다. 어느 곳이나 어두운 사람과 밝은 사람은 있다. 하지만 여태껏 봐온 주민과 이들의 결은 확연히 달랐다. 오랜 시간 이어져온 불안한 정치 상황이나 그에 비롯된 내전 때문인지 알 길은 없으나 양곤이나 바간^{Bagan}이 아닌 갓 개방한 지역의 사람들은 나 같은 외국인을 보고 어찌 대할지 난처해 했다. 다르게 생긴 나를 보고 수줍을 수도, 놀릴 수도, 신기할 수도 있을 텐데 아이들조차 그런 반응은 쉽게 보여주지 않았다. 가끔 마을 어귀에서 낮잠을 잘 때도 네팔에서와 달리 사람들의 웅성거림에 잠이 끊긴 적도, 모여들 방해꾼들이 신경 쓰여 잠을 못 이룬 적도, 더 이상 없었다.

이 모든 걸 불안정한 정치상황 탓으로 돌린 채 여행을 하다 여행말미에 '짜이토^{Kyaikto}'라는 마을에서 평소보다 길게 며칠을 보냈다. 그 동안 동네 아이들과 제법 친해져 축구를 하자고 공을 가져오는 아이도 있었고 나를 놀리고 도망가거나 수줍어서 엄마 뒤에 숨어버리는 아이, 혹은 아는 영어가 'Are you happy?'밖에 없는지 하루에도 몇 번이나 나를 찾아와 행복하냐고 묻고는 행복하다고 대답하면 '씨익' 미소를 지은 뒤 양손을 휘저으며 어딘가로 달려가는, 내 행복을 점검해주는 고마운 아이도 있었다. 역시 아이들이란 세상에서 가장 밝은 존재구나 하고 다시금 깨닫는 중, 문득 나를 응시하던 '빠꼬'의 아이가 떠올랐다. 들썩이며 멀어지는 자전거 위에서도 찌푸린 듯 공허한 눈빛만은 흔들리지 않던 아이. 그 아이의 눈동자 깊이를 가늠할 수 없어 그때의 기억을 '짜이토'에서 다시 떠올린 것이다.

'아이들이란 무릇 이렇게 해맑아야 하는데, 지금 그 아이의 표정은 어떨까? 과연 달라져 있을까?'

알려야 알 수 없는 그것을 뒤로 하고 내가 당장 할 수 있는 일은 그저 행복을 바라는 기도밖에 없었다.

#_30
예상불가 미얀마

● 양곤 공항에 도착한 첫째 날, 공항 환전소는 대개 시내보다 환율이 높기 때문에 당장 필요한 소액만 환전했다. 새벽의 양곤시내를 배회하다 다시 오게 된 공항에서 추가환전을 하려 했는데 경비원인지 경찰인지도 모를 사람들에게 취조 비슷한 걸 당하다 깜빡하고 부랴부랴 공항을 나선 것이다.

'아! 환전 안 했지?'

출발하고 다음날이 돼서야 이 사실을 깨닫고 마침 지나는 마을 은행에 들러 별 생각 없이 창구에 달러를 들이밀었다.

"죄송하지만 우리는 환전 안 해줍니다."

"네? 환전이 안 된다고요?"

당시 있던 도시는 큰 도시가 아니라 환전소가 있을 것이란 기대는 안 했지만 그렇다고 멀쩡한 은행에서도 환전이 안 될 줄은 상상도 못했다. 더군다나 이 마을에는 이상하리만치 은행이 많아서 그런 생각은 더욱 할 수 없었다. 그런데 환전이 안 된다고? 불가하다는 직원의 말에 몇 번이나 거듭 물어봤지만 그때마다 돌아오는 답은 안 된다는 말뿐이었다. 창구 옆에 서서 내가 실망한 표정을 보이자 힘을 북돋아 주고 싶었는지 2~3일 정도만 더 가면 환전이 가능하다는 말로 내게 희망 섞인 위로를 해주었다.

'이삼 일? 이럴 수가 당장 먹을 돈도 없어.'

오히려 전보다 더한 수심에 빠져들었다.

무거운 발걸음으로 은행을 나선 나는 초등학생처럼 짤랑거리는 동전까지 전부 모아봤다. 하지만 하루 버티기에도 부족하단 것을 암산도 할 필요 없이 곧바로 알아챌 수 있을 정도로 얼마 안 되는 금액이었다.

'에라 모르겠다, 죽진 않겠지!'

하루 버틸 돈을 잘게 나누면 2~3일 정도는 버틸 수 있다는 게 내 계산이었고, 이런 까닭에 낙관적으로 자전거에 다시 올랐다. 그렇게 얼마나 달렸을까? 아침을 간단히 먹은 상태라 스멀스멀 허기가 올라왔고 시간이 지날수록 너무나 강렬해져 주체하기 힘들 정도가 되었다.

'우선 먹고 볼까? 나중에 돈 없어도 배고픈 사람을 그냥 지나치진 않겠지. 아닌가, 먹지 말까? 그냥 먹을까? 이게 다 망할 환전 때문이

야!'

괜스레 미얀마의 환전체계가 원망스러웠다.

그간 여행할 때면 국과 반찬이 따로 나오지 않는 외국 식문화에 불만이 많았다.

그래서 매번 한 가지 메뉴로는 부족했다. 더군다나 지금은 자전거까지 타는 상황이라 한 끼에 2~3가지는 먹어줘야 포만감 근처까진 갈 수 있었다. 물론 여행 내내 이랬다가는 일정의 반도 못 채우고 빈 지갑을 손에 쥔 채 아사할 게 분명해, 어쩔 수 없이 1~2그릇 선에서 끊는 걸로 위장과 타협을 봤지만, 지금 같은 강제 금식을 해야 하는 상황에 이르니, 이상하게 평소보다 강한 식욕이 마구 날뛰었다. 사람이란 정말 우습게도 안 하는 것과 못 하는 것이 다른가 보다. 돈이 당장 부족해 참아야 하니까, 곧바로 식당으로 뛰어가 뭐든 입에 처넣지 않고는 견딜 수 없었다.

'그래도 좀 참고, 우선 좀 더 찾아보자.'

정말 힘들게, 가까스로 이성의 끈을 잡아, 남은 돈을 탕진하지 않고 우선 은행을 찾는 일에 집중했다. 하지만 지나는 마을의 은행이란 은행을 다 뒤졌음에도, 은행이 폐점하는 시간까지 다 돌아다녔음에도, 환전은커녕 오히려 허기만 더해져 더욱 난감한 상황에 이르렀다.

'에라, 모르겠다!'

결국 본능을 억제하지 못하고 하루 버틸 돈을 식당에 올인하고야 말았다. 시끄럽던 뱃속의 거지는 식곤증에 점차 잠잠해져갔지만 그만큼 불룩해진 배를 만지며 포만감과 동시에 쓰디쓴 후회를 맛봐야 했다.

'아…… 좋긴 한데. 망했네, 하하.'

그때 식당에서 몇 그릇을 먹었는지 정확히 기억은 안 나지만 다 먹고 정신이 돌아온 순간만큼은 또렷이 기억한다. 왜냐 하면 갑자기 들어간 음식 때문에 속이 말썽을 부려 배를 부여잡고 화장실로 달려갔기 때문이다. 그러면서 '이러려고 돈을 다 썼나?'라고 자조 섞인 질책을 몇 번이나 해댔다. 아무리 생각해도 정신이 비정상이었다.

얼마 후 텅 빈 지갑과 잠시 행복했던 위장을 추스르고는 허무하게 자전거에 올랐다. 숙박비야 야영하면 될 테니 상관없었지만 당장 내일부터의 식사가 문제였다.

'내일 걱정은 내일 하자. 어떻게든 되겠지.'

항상 그랬듯 이딴 식으로 얼버무리고는 일단 달리는 일에만 집중했다. 그런데 해가 지고 어둠이 깔렸음에도 나는 여전히 달리는 중이었다. 계속해서 주민들로부터 야영을 거절당했기 때문이다. 늦은 시각까지 달리다 보니 힘도 들고 이틀 전 공항에서 노숙한 피로가 남아 있어 오늘은 더 이상 달리고 싶지 않았다.

'내키지는 않지만 숙소에서 묵을까?'

미얀마에서는 숙박을 하고 싶지 않았다. 그런데도 이 생각을 할 정도니 당시 나는 꽤 지쳐 있던 것이 분명하다. 다행히 숙박비는 문제되지 않았다. 겉치레라도 호텔이라 쓰인 숙소라면 당연히 달러를 받을 테니 말이다. 그보다 문제는 가격이었다. 게스트 하우스도 아닌 호텔에 머문다는 건 당장의 부담을 넘어 며칠 동안 절약해야 한다는 현실적인 어려움을 동반하는 것이다.

얼마 후, 적당한 호텔을 찾아 가고 있노라니 환전, 식사, 야영, 오늘 하루 동안 내 의지대로 된 게 도대체 얼마나 있나 싶어, 괜한 억울함에 젖어들었다. 그런 내 기분을 아는지 모르는지 들어선 호텔 주인장은 당연히 달러를 받는다고 시원스럽게 답했다.

'그래, 오늘의 악연을 여기서 끝내자.'

"하루에 얼마예요?"

"60달러."

"60달러? 이거 맞아요?"

"응, 맞아."

"하루에요?"

"응."

계산기로 찍어서까지 보여줬지만 60달러가 맞았다. 게다가 한술 더 떠 거스름돈을 소액권인 1달러나 5달러로만 준다는 말에(소액권은 고액권보다 환전 시 환율이 떨어져 불리하다) 기가 차고 어이가 없었다. 말이 좋아 호텔이지 게스트 하우스, 아니 여인숙급도 안 되는 이곳에서 저 가격을 받는다고? 말이 안됐다. 훗날 미얀마 여행을 마칠 때까지 경험한 바에 따르면 몇몇 관광지역을 제외하곤 미얀마의 숙박료는 여타 동남아에 비해 터무니없이 높았다. 그나마 북부에 있는 숙소와 유명 도시는 저렴했지만 그 외에는 시설도 별로고 가격까지 높다. 참고로 북부의 숙박시설이 저렴한 이유는 낮은 숙박료로 호객을 한 뒤 숙소까지 데려온 손님에게 자연스레 그 지역의 체험상품을 파는,

소위 돈이 되는 관광 상품을 판매함으로써 손해 본 숙박비를 충당하는 것이다. 어차피 북부를 방문하는 여행자는 고산족 체험이나 트레킹을 목적으로 오는 사람이 대부분이라 숙소까지만 데려온다면 체험상품 구입은 따 놓은 당상이었다.

어쨌든 발길을 돌려 호텔 비스무리 한 곳에서 나온 순간 짜증이 밀려와 오늘밤을 새우더라도 야영할 곳을 찾기로 했다. 그래서 무작정 달리기 시작했다. 가로등도 없는 위험천만한 시골길을 달리면서도 호텔이라 쓰인 아까 그 숙소만큼은 절대로 돌아갈 생각이 없었다. 한 시간을 넘게 달려 어둠이 조금 걷힌, 네온사인이 빛을 발하는 마을에 당도했을 때는 어찌나 반갑던지 등 뒤의 어둠이 내 어깨를 잡아당길까 두려워 더 힘차게 페달을 밟았다. 그렇게 보라색 네온사인이 인상적인 현대식 은행건물 앞에 섰고 마침 보이는 경비원에게 달려가 무작정 사정하며 부탁했다.

"아무 데나 상관없으니 야영 좀 해도 될까요? 숙소는 가라고 하지 마세요."

하루 종일 거절을 당하며 '숙소로 가'라는 말을 들은지라 나도 모르게 숙소는 안 된다는 말이 입에 붙어 있었다.

"여기서 야영은 안 돼. 대신 모나……."

"네, 안녕히 계세요."

"이 근처에 모나……."

"안 가요. 안녕히 계세요."

역시나 거절을 당했다. 그래서 그가 내뱉으려는 숙소 이름을 다 듣기도 전에 인사를 뿌리곤 재빨리 그곳을 나왔다.

그런데 막상 길가에 서서 저 멀리 어둠이 깔린 도로를 보고 있자니 마치 내게 이리오라고 손짓하는 것 같아 등골이 오싹해졌다. 하지만 이때 아니면 언제 달려보겠냐고 자기합리화 하며 '누가 이기나 해보자'라고 기합을 넣고 있는데 갑자기 어둠을 깨며 옆에서 한 대의 스쿠터가 휙 튀어나왔다.

'아까 그 경비원 아저씨잖아? 왜 따라왔지?'

예상치 못한 아저씨의 출현에 혹시나 아까 말을 끊은 내 태도 때문에 보복하러 왔나 의심이 들었다. 하필 도로 위에는 우리 둘밖에 없어 이러한 추측은 더욱 그럴 듯하게 느껴졌다. 어둠이 깔린 도로에서 스쿠터의 굉음은 더욱 강렬히 느껴졌고 스쿠터의 불빛에 희미하게 드러난 아저씨의 하관은 유난히 도드라져 당시 내 망상을 부채질하기에 충분했다.

"이리와! 이리!"

큰소리로 자신을 따라오라 외치며 손짓까지 하는 아저씨 때문에 더 큰 의구심이 들었지만 그렇다고 스쿠터를 탄 아저씨한테 벗어날 수도 없었다. 어찌 할까 고민하다 자세히 들여다보니 악감정이 있는 거 같진 않아 우선 아저씨를 따라가기로 했다. 다행히 그렇게 자의 반 타의 반 따라가다가 이 엉뚱한 오해는 금세 풀렸다. 아저씨가 내 속도에 맞춰 달려주는 것을 보고 안심이 됐기 때문이다. 더불어 나를 도와주러 왔다는 느낌도 받아, 전과 달리 집중해서 아저씨의 뒤를 따랐다. 그렇게 얼마를 달려 우리가 도착한 곳은 다름 아닌 도로 가의 어느 불교 사원. 맞다, 그가 말하려던 숙소의 이름은 '모나스터리^{Monastery}', 바로 사원이었다.

무식하면 몸이 고생이라고 했던가? 부족한 영어실력 탓에 허벅지만 더 탄탄해질 뻔했다.

"여기서 자면 돼. 스님에게는 내가 말해줄 테니 걱정하지 말고 짐 풀어."

말이 안 통하는 나를 위해 아저씨는 직접 나서주었고 그렇게 내 잠자리를 해결한 뒤, 본래 있던 은행으로 소리 없이 사라졌다.

이 날 야영을 시도한 횟수가 족히 스무 번은 됐을 거다. 네팔과 너무 다른 반응에 섭섭함을 넘어 부정적인 마음까지 생겼고 이해 안 되는 숙박료까지 더해져 모조리 다 이상해 보였다. 특히 거절할 때마다 흔드는 미얀마의 독특한 손짓에 진저리가 나 '미얀마 사람들은 다들 그런가?' 하는 냉소적인 시선마저 생겼는데, 알고 보니 이 모든 것의 원인이 미얀마의 법이었다. 미얀마에서 야영은 불법이라 미얀마 주민은 어쩔 수 없이 내 요청을 거절한 것이다. 숙박료가 비싼 이유는 외국인숙박허가증이 있는 숙소에서만 외국인을 받을 수 있는데 일반 숙소와 달리 높은 세금을 떼어가기 때문에 당연히 값을 비싸게 부를 수밖에 없다. 훗날 이 사실을 알고 그간 날 도와준 모든 이들에게 존경심이 일었다. 얼핏 보면 간단한 일이지만 당사자에게는 불편함이나 귀찮음을 넘어 불이익도 감수해야 하는 복잡한 일이기 때문이다. 이 날도 이러한 불편을 감수하고 스쿠터까지 동원해준 아저씨 덕에 흐뭇하게 잠자리를 맞이할 수 있었다. 만약 아저씨가 나타나지 않았다면, 도움을 받지 못했다면 어땠을까? 지금도 그때를 떠올리며 이를 갈고 있지나 않을까? 다행히 아저씨의 등장으로 그런 기억은 남아 있지 않다. 한국에 온 뒤로 한 번도 연락을 안 했는데 갑자기 죄송하다는 생각이 들어 바로 전화기를 들었다.

#_31
미얀마의 절,
그리고 불교

●미얀마는 역시 세계 최대의 불교국가라 불릴 만했다. 어딜 가나 불교 구조물이 눈에 띄었고 동시에 불심으로 가득한 국민도 어디서나 만날 수 있었다. 그래서인지 이 둘 사이에는 독특한 이야기가 하나 존재한다. 그것은 바로 과거 어디에나 있었을 법한 강제노역이 이 둘 사이에는 없었다는 것이다. 불심으로 가득한 백성의 자발적 참여가 언제나 강제노동을 필요 없게 만들어, 이곳에서는 피 냄새조차 느낄 수 없다는, 우연찮게 본 어느 다큐멘터리의 내용이다. 물론 영상만 보고는 믿을 수 없었다. 더욱이 미얀마에 와서는 그런 생각이 훨씬 확고해졌다. 그도 그럴 것이 사원이나 다른 건 차치하더라도 황금빛을 내뿜는 파고다만도 세기 힘들 정도로 많았기 때문이다. 그러니 의심이

많은 내게 그건 쉬이 믿을 수 없는 동화 같은 이야기였다.

어제 나를 이곳에 데려다 준 은행경비원, 위나이 아저씨 덕에 텐트 치는 수고도 없이 사원의 시원한 마룻바닥에서 하룻밤을 잘 보냈다. 그래서 우연히 생긴 이 기회를 살려 여유롭게 빈둥대고 있었는데, 점심때가 되자 사원은 차츰 사람들로 북적이더니 이내 하나같이 법당으로 들어가기 시작했다. 나도 마침 나타난 위나이 아저씨와 함께 법당에 들어섰고 그곳에서 대여섯 명씩 무리지어 식사하는 백여 명의 사람들을 만났다.

'법당에서 식사해도 되나?'

종교의 주 공간에서 식사를 하다니? 게다가 나를 더 놀라게 한 것은 이 사람들 모두 아주 편안해 보인다는 점이다. 누구랄 것도 없이

식사를 마친 법당

웃고 떠드는 그들의 모습은 이곳을 법당이라 느낄 수 없을 정도였다. 그 덕에 나도 부담 없이 어느 무리에 껴 식사를 했고 상에 올라온 여러 찬들을 하나하나 유심히 살폈다. 설마? 순간 내 눈을 의심하게 만드는 반찬을, 그것도 하나가 아닌 여러 개 발견했다.

'아니, 이게 왜 여기에 올라와 있지? 콩으로 만들었나?'

말하자면 절밥을 보고 놀랐다는 것인데 반찬이 우리나라 절에서는 상상할 수 없는 생선이며 닭고기, 게다가 돼지고기까지 육류, 어류 따지지 않고 모두 다 있었다. 내 상식으로는 하나도 올라올 수 없는 반찬이었다. 당연히 이 아름다운 조합을 두 팔 벌려 환영했지만 아무래도 절에서 고기를 먹는다는 게 한국인인 내 입장에서 좀 찜찜할 수밖에 없었다. 물론 그래봤자, 수저 들고부터는 이런 생각을 잊은 채 몇 그릇이나 해치우는 언행불일치를 구사했지만 말이다.

알고 보니 육식은 미얀마를 포함한 상좌불교(소승불교라고도 불리는)에서는 그리 놀랄 일도 아니었다. 기원전 17~18세기에 유목민인 아리안 족이 인더스 강으로 남하해 인도지방을 지배했고 유목민족 특유의 육식 문화 또한 이곳에 자리하게 된다. 참고로 이때 그 유명한 카스트제도가 생겨나기도 했다. 아무튼 시간이 흘러 기원전 500년에 이르러 부처님이 불교를 창시했을 때도 당연히 육식을 즐겼을 테고 탁발이나 걸식을 통해 자연히 들어온 고기를 먹는 건 전혀 이상한 일이 아니었다.

물론 당시에도 삼정육三淨肉(자신의 눈으로 그 살생[도살]하는 장면을 보지 않은 고기, 나를 위해 살생했다고 듣지 않은 고기, 나를 위해 살생했다는 의심이 없는 고기)에 기초하므로 모든 고기를 먹을 수는 없었지만 육식 자체가 불가한 것은 아니었다. 그렇다면 우리나라 불교는 왜 육식을 못하게 한 걸까? 육식을 금하는 불교집단이 새로이 등장해 오늘날까지 이르렀을 텐데, 어쩌다 그렇게 된 걸까? 미얀마에 오기 전에도 궁금했던 사안이다. 개인적인 금욕 때문인지, 아니면 대의적으로 살생을 금하고자 했던 것인지 말이다. 내 생각에는 개인적 금욕보다는 대의적 이유가 있었던 것이 아닐까 싶다. 왜냐하면 이때만 해도 완전히 육식을 금하진 않았기 때문이다.

본래 불교가 중국이나 우리나라, 일본 등으로 유입되며 대승불교가 생겨났고 사계절이 뚜렷한 이 지역의 특성상 혹독한 겨울을 나려고 곡식을 꼭 비축했을 텐데 그러다 보니 보관된 음식이 있어 매일같이 나가 탁발을 할 필요도 없었을 것이다. 그만큼 곡식이 갖는 의미가 굉장했으니 농업의 주요 노동력인 소, 사람과 섭취군이 비슷해 잘 키우지 못했던 돼지, 닭 등의 도살은 당연히 국가 차원에서 권장했을 리가 없다. 그 한 예로 불교가 융성했던 고려 때에는 육식문화가 거의 사라져 고려인이 도살에 서툴렀다는 송나라의 관리, 서긍의 기록에도 잘 나타나 있다.

이 모든 것을 종합해보면 동아시아의 대승불교에서는 육식을 금하는 게 아주 당연한 일이다. 아마 육식문화가 다시 생겨난 것은 고려를 침입한 유목민족, 몽골의 영향이었을 것이다. 그런데 이렇게 보면 미얀마의 불교(상좌불교)가 식문화에서만큼은 꽤나 열려 있는 것처럼 보이지만 꼭 그런 것도 아니다. '오후불식'이라 해서 많은 수의 스님이 오후에는 식사를 하지 않는다.

이 밖에도 우리의 불교와 미얀마의 불교는 많이 달라 내게는 하나하나가 모두 흥미로웠다. 절이라는 공간이 그들에게 경건한 곳이기도 하면서 동시에 편안한 공간임에 틀림없었다. 어느 날, 하룻밤을 묵으려고 찾아간 작은 절에서, 주지스님을 뵈러 법당에 들어섰다, 그곳에서 대자로 뻗어 신나게 코를 골고 있는 아저씨 한 명을 발견했다.

'왜 여기서 잠을 자고 있지?'

보수공사 같은 일을 하다 잠시 잠든 일꾼이라 여겨 한편에서 그 아저씨를 바라보며 '법당에서 자다 스님들한테 걸리면 욕 뒤지게 먹을 텐데……'라고 생각했고 곧 일어날 꾸짖음을 은근히 기대하고 있었는데 마침 밖에서 나를 안내해준 젊은 스님이 뒤늦게 들어와서 뻗어 있던 일꾼 아저씨를 깨우기 시작했다.

'이제 큰일 났다! 호호호.'

하지만 젊은 스님은 아저씨를 나무라는 대신, 내 소개를 아저씨에게 해주었다.

'그러면 저 아저씨가 주지스님? 그럴 리가.'

"여기서 하루 묵고 싶다고?"

그는 당황한 나를 뒤로하고 기지개를 편 후 밖으로 나가 담배까지 피우는 쿨한 주지스님이었다.

'나 또한 이렇게 놀라운데 옛날 우리나라 스님들이 이곳에 유학을 왔다면 얼마나 놀랐을까? 아마 기절초풍했겠지?'

불교를 대하는 방식이 확연히 다른 미얀마 사람들은 더위를 식히

하루를 묵은 절

려고 도시락을 싸들고 와서 돗자리를 펴고 잠들기도 한다. 쉽게 상상이 안 가겠지만 젊은이들은 데이트를 하러 절에 오기도 한다. 그것도 아주 빈번하게 말이다. 만약 우리나라 연인이 절에서 데이트를 한다면 어떨까? 여자가 따라가 주기나 할까? 그런데 미얀마에서 보니 생각보다 그림이 괜찮다. 이곳의 절은 절대로 엄숙만을 요하는 공간이 아니기 때문이다.

남아시아의 상좌불교는 개인의 수행으로 얻어지는 깨달음을 중시하고 우리의 동북아 대승불교는 대중의 해탈과 구원을 중시한다는데 왜 내 눈에는 개인의 수행을 중시하는 미얀마의 상좌불교가 더욱 대중과 가까워 보일까? 돌로 된 차가운 절 바닥에 붙어 휴식을 취하던 무더운 어느 날, 일행과 대화하며 휴식을 취하다가도 어느새 머리를 조아리며 경건히 기도하는 미얀마 사람들을 보고 나서, 난데없이 부처를 위해 파고다를 자발적으로 세웠다는 그 믿을 수 없는 이야기를 이젠 사실로, 진실로 받아들일 수 있었다. 그냥 그들의 모습을 보고 있자니 응당 그랬으리라 느껴졌다. 지금도 방식은 다르지만 그 것을 이어가고 있다.

가장 많은 기부(도움, 봉사, 기부)를 하는 나라는? 부자 나라인 미국, 일본? 선진국인 유럽? 우리로서는 예상도 안 되는 GDP 70위의 미얀마다. 그것도 14년부터 16년까지 꾸준히 1위를 지키고 있다. 그들은 예전 같은 노역을 하지는 않지만 여전히 부처를 위해 뭔가 하는 중이다. 미얀마에서 불교란 종교나 철학 같은 난해한 무언가가 아닌 자신 속에 두고 살아야 할 생활지침서인 것이다.

그리고 중요한 이야기는 아니지만 우리나라의 기부 순위는 미얀마에 비해 한참 떨어진 75위에 불과하다.

#_32
개떼들과 춤을

● 나는 개를 사랑한다. 전혀 무섭지 않다. 아니 무섭지 않았다. 어릴 때 동네를 어슬렁거리는 개에 물릴 뻔한 적은 있지만 나를 나쁜 사람으로 오해해서 그랬으리라 여겼다. 미얀마에서 겪게 된 이 사건 전까지는 말이다.

여행 전, 자전거수업에서 돌발 상황에 어떻게 대처하는지를 배웠는데 그중 한 가지가 바로 개들의 습격이었다. 강의에서는 우산이나 텐트 지지대 같은 막대기를 이용해 개들의 위협에서 벗어나라고, 그것도 PPT의 몇 페이지나 할애해 대형 모니터로 수업을 해주었다.

'자전거를 타고 가는데 이유 없이 개들이 왜 나를 공격해? 그리고 자전거를 타고 있는데 우산이나 텐트 지지대를 꺼내 맞서라고?'

여러모로 어불성설이라 생각했다. 더군다나 아시아의 남쪽에서 내가 본 개들은 하루 종일 주구장창 잠만 자기 일쑤여서 죽은 건가 의심이 들 정도였다. 설사 깨어 있더라도 축 늘어진 몸으로 터덜터덜 걷는 모습에 '삶의 의욕이 있기는 하는 걸까?' 하는 생각까지 들어 위협적인 존재로는 절대 볼 수 없었다. 그리고 인류의 친구인 개가 사람인 나를 공격하다니, 그런 일은 있을 수 없고, 아예 생각해본 적도 없다. 그냥 피식 웃어넘겼다. 다시 한 번 말하지만 그 일을 겪기 전까지는 말이다.

미얀마의 '통구Toungoo'라는 도시 근처, 여유를 부린 탓에 못 다 채운 거리를 채우려고 무리해서 달리는 중이었다. 해는 이미 오래 전에 자취를 감춘 뒤였고 더 시간이 흘러 오후 9시가 돼서야 후덕한 인상의 주인장이 운영하는 식당 옆에서 야영을 할 수 있었다. 그렇게 늦은 저녁을 허겁지겁 때우고 있는데 갑자기 주인장이 다가와 미안한 표정으로 어찌 할 바 몰라 하며 어렵게 말을 꺼냈다.

"그게…… 경찰이 왔어."

"여권이랑 비자 보여줘!"

두세 명의 경찰은 순식간에 나를 에워쌌다. 이전에도 야영을 하다 경찰한테 쫓겨나 곤혹스러워한 적이 몇 번 있어, 크게 당황하지는 않았지만 그렇다고 기분이 좋을 리도 만무했다. 난 이미 텐트도 쳤고 샤워까지 마쳐서, 먹던 음식만 먹고 잠들면 끝이었는데, 여기 있는 것을 어떻게 알았는지 이렇게 후다닥 들이닥친 것이다.

단호하게 숙소로 가라는 그들의 말에 어쩔 수 없이 텐트를 걷어 널브러진 짐을 모두 챙겼다. 이전에 이런 상황에 놓였을 때는 숙소에 가지 않으려고 밤새 달릴 각오를 하며 자전거에 올랐고 오토바이를 타고 쫓아오는 그들이 내게 뭐라 말을 걸어도 그저 묵묵히 앞만 보고 페달만 밟았다. 그렇게 두 시간여를 달리다보면 알아서 떨어져나갔고 이미 깊어질 대로 깊어진 밤이 돼서야 야영할 곳을 급히 찾아 대충 몸을 텐트에 꾸겨 넣어 잠들곤 했다. 물론 경찰로서는 당연한 임무겠지만 늦은 밤에 지친 몸으로 다시 야영지를 찾아 다시 야영하는 것은 여간 귀찮은 일이 아닐 수 없었다. 그런데 여기서 또 경찰을 만나다니. 여러 번 일을 겪다보니 드러누워 버티지는 못하고 그저 혼자 갈 테니 더 이상 신경 쓰지 말라며 약한 저항을 해볼 뿐이었다.

"나 돈 없어! 그래서 숙소도 못 간다고!"

반은 맞고 반은 틀린 사실로 으름장을 놓았지만 더 찰거머리처럼 달라붙는 경찰에게 난 말도 안 되는 소리로 분위기를 반전시켰다.

"경찰신분증 보여줘, 그리고 영장도 없는데 왜 나를 맘대로 해?"

경찰신분증? 영장? 당연히 이 상황에서 그게 필요한 건지 내가 알 턱이 있나? 그저 예전에 경찰이나 공무원들이 뇌물을 달라 괴롭힐 때면 이렇게 소리쳤고 그러면 어물거리다 물러났기 때문에 이번에도 혹시나 하고 뱉어본 것이다.

'상황이 다른데 이런 말이 먹힐 리 없지.'

그런데 감사하게도 경찰들이 어물쩍거리는 게 아닌가? 급기야 자기끼리 무슨 말을 하더니 말다툼까지 해댔다. 이때다 싶어 둘러싸인 사람들 틈바구니서 몰래 빠져 자전거에 올랐다.

"어디가?"

하지만 눈치 빠른 경찰들에 가로막혀 저지당하고 말았고, 괜한 화살이 내게로 당겨져 이번에는 나와 실랑이가 이어졌다. 전보다 과열된 양상 탓에 계속 관객은 몰려들어 지금 이곳은 완전 핫 플레이스가 된 지 오래다.

'아…….오늘 잠 다 잤다.'

점점 길어지는 소모전에 겉으론 최대한 평정심을 유지했지만 속으론 이미 몇 번이고 울음을 터뜨린 뒤였다. 이 지루한 싸움을 그만두고 싶어도 흥분한 경찰들 때문에 그럴 수도 없었고 아주 미칠 노릇이었다. 하지만 다행히 얼마 후, 경찰도 이내 지겨웠는지 숙소가 아닌 '어느 안전한 곳으로 가자'고 내게 제안했고 그런 그들의 말이 썩 내키진 않았지만 그렇다고 이곳에 있다간 정말 넋이 나갈 것만 같아 못이기는 척 받아들였다. 그래서 머리도 식힐 겸 그들의 오토바이를 따라 나서게 됐는데,

'도대체 어디로, 어디까지 가는 거지?'

그렇게 칠흑 같은 밤길을 한 시간여 달렸을까? 점점 불안감이 들기 시작했다. 몰래 도망이라도 가고 싶었지만 앞뒤로 에워싼 경찰들때문에 그럴 수도 없었다. 끌려가듯 삼십 분쯤 더 갔을까? 잠깐 휴식을 취하다 출발했는데 어쩌다 보니 나 혼자 먼저 출발하고 경찰들은 나중에 뒤따라오기로 했다. 어차피 직선도로라 헤맬 리도 없었고 서로를 못 찾을 리도 없어서 별 생각 없이 홀로 길을 나섰다. 잠깐 혼자가 되었지만 직선도로인 이곳에서 도망갈 곳도 마땅히 보이지 않았

다. 게다가 금세 따라올 그들이 신경 쓰여 그럴 엄두도 나지 않았다. 야영하다 걸리면 또 짐을 싸야 했으니……. 정말 그것만은 어떻게 해서든 피하고 싶었다. 그냥 상상조차 싫었다.

그런데 한참을 달렸는데도 뒤 따라 온다던 경찰들은 그림자도 보이지 않았다. 한동안 멈춰 서서 기다리기도 하고 천천히 달려도 봤지만 여전히 그들은 코빼기도 비추지 않았다. 나중엔 아예 자전거에서 내려 그들을 멍하니 기다렸다. 어두운 밤길에서 얼마나 기다렸는지 점점 공포와 불안이 일기 시작했다.

'뭐야? 이러려면 처음부터 내버려 두든가!'

도저히 안 되겠다 싶어 그냥 야영하기로 했다. 하지만 자정을 향해 가는 시각이라 불빛이 보이는 인가를 찾기도 쉽지 않았는데 그래도 죽으란 법은 없는지 얼마를 더 달리다 문을 닫고 있는 술집 하나를 가까스로 발견했다.

"야영 좀 해도 될까요?"

"미안……. 안 돼."

절실한 내 바람과는 달리 주인은 곤란한 표정을 지어보였다. '이제 어쩌지'라는 생각과 함께 오늘 겪은 일들이 주마등처럼 지나갔다. 야영하려다 제지당하고 막상 그들을 따라나섰는데 이 꼴을 당하다니! 나를 데려가겠다고 큰소리치던 그들은 대체 어디에 있는 거야? 나를 골탕 먹이려는 수작인가? 아니면 그새 날 잊은 거야? 오히려 더 위험한 상황에 빠졌잖아, 망할 것들! 자연스럽게 북받치는 짜증과 함께, 다시 자전거에 오르려는데 아까부터 이빨을 드러내며 짖어대던 개 한마리가 아예 이번엔 내 앞을 막아서며 전보다 더 신나게 짖어대고 있었다.

"고놈 참, 이방인으로부터 집을 잘 지키려는 거구나. 너를 보고 있자니 우리나라의 진돗개라는 충견이 떠오르는 구나"라고 고전 영화처럼 오글거리는 대사를 하고 그 자리를 떴으면 좋았으련만, 내 잘못된 선택으로 이 날의 백미를 장식하게 될 줄은, 정말로, 정말로, 상. 상. 도. 못. 했. 다.

성난 개를 향해 그간 쌓인 화를 용트림하듯 뿜어대며 정말 별의별 짓거리를 다했다. 큰소리로 욕설을 하는 건 기본이고 발로 땅을 차면서 위협도 하고, 어디서 들은 건 있어서 놓여 있지도 않은 돌을 땅에서 집어 개에게 던지는 시늉까지 해서 개를 위협했는데 내 우스꽝스러운 짓이 다행히 효과가 있었는지 이빨을 보이던 똥개는 주눅이 들어 뒤꽁무니가 빠져라 도망갔다.

"이 자식이, 안 그래도 짜증나 죽겠는데 까불고 있어!"

이제 좀 시원해진 마음으로 전보다 가볍게 야영할 곳을 찾으러 떠나려는 찰나, 어디서 나타났는지 개들 십여 마리가 나를 향해 달려오기 시작했다. 처음에는 그러다 말겠지 하며 대수롭지 않아 했는데 갈수록 이게 장난이 아니었다. 결국 '걸음아 나 살려라' 하는 신세로 자전거와 한 몸이 돼 부리나케 도망쳤다. 왜냐면 그들이 어느새 들개를 넘어 광견의 모습으로 변해 큼지막한 이빨을 드러내며 내 아킬레스건을 향해 달려들고 있었기 때문이다.

"으악! 대체 오늘 왜이래!"

당황하면 한국말이 나온다는데, 정말이었다. 괴성을 지르며 식은 땀에 젖은 나는 정신 나간 사람처럼 온갖 난리법석을 떨며 질주해댔다. 그렇다고 속도를 최대로 높일 수도 없었다. 한치 앞도 안 보이는 어두컴컴한 지금, 무작정 달리다가는 돌부리에 걸려 바닥에 고꾸라질 게 분명했기 때문이다. 고꾸라지면 아파서? 그게 아니라 저 광견들에게 물어 뜯겨, 죽는 게 무서워서다. 물론 최대로 달린다 해도 벗어날까 말까라 계속 이렇게 달리다가는 내 발 어느 한쪽을 조만간 땅바닥에서 볼 운명이었다. 그래서 페달을 밟다가도 개들의 주둥이가 두려워 일정하게 발길질을 해댔고 그렇게 닿지도 발을 몇 번이나 휘두르며 달아나길 얼마, 개들도 지쳤는지 더 이상은 쫓아오지 않았다.

'죽다 살아났다. 후하, 후하……..'

등 쪽으로 땀에 전 옷이 느껴졌다. 다행히 넘어지지도 않았고 발목도 건사했다. 놀란 가슴이 점차 진정되자 괜히 방금 전 상황이 창피하게 느껴졌다.

'별것도 아닌 것들이 참나, 진짜 이것들이 까…… 까불고 있어.'

괜한 허세가 흘러나왔다. 그렇게 꺾인 자존심을 세우려고 한동안 나 자신에게 주저리주저리 변명을 해대며 여전히 달리고 있었는데, 그렇게 한 10초나 흘렀을까? 맙소사, 정말 믿을 수 없고 믿고 싶지 않은 현실이 내 눈에 펼쳐졌다. 6월 22일이던 이날은 그냥 꼬일 대로 꼬인 그런 날이었나 보다. 조금 전의 한바탕 소란으로 소문이 났는지 아니면 방금 전 물러났던 개의 작전인지 이번엔 다른 무리의 개들이 앞에서 진을 치고 있었다.

'망할, 이제 무슨 전쟁이냐, 무슨 진을 치고 있어?'

이 말도 안 되는 현실이 너무나 비현실적이라 생각할 겨를도 없었다. 그 때문에 생각의 흐름도 거치지 않은 비명 아닌 괴성이 미친 듯이 내 몸에서 발사됐다. 동시에 반쯤 눈이 뒤집혀 그들에게 돌진했다.

"으야와악!"

울부짖으며 될 대로 되라는 식으로 무작정 페달을 밟았다. 그렇게 개들과 부딪히기 직전, 개들이 잽싸게 내 자전거를 피하더니 아까 그 개들보다 더 위협적으로 달려들기 시작했다. 이번 녀석들은 발목뿐 아니라 자전거에 매달린 가방이며 짐받이며 뭐든 다 물어뜯을 기세였다. 당연히 내 눈에는 녀석들이 광견 이상, 괴물처럼 느껴져 돌부리에 걸려 뜯겨 죽든 말든 우선 살자는 심정으로 전속력을 다해 내달리기 시작했다. 즉각 각성상태에 빠져 초인적인 힘까지 나왔다. 그래도 아까는 체면 좀 챙기며 달렸는데 이번엔 턱도 없었다. 할 수 있는 건 다 했다. 발길질에다 몸까지 사방으로 흔들어대며, 마치 풍선인형이 된 것 같았다. 영화에서는 이렇게 추격당하다가도 순간적으로 브레이크를 밟아 따돌리기도 하던데, 그건 진짜 말도 안 된다. 그랬다간 내 발목은 이미 여러 번 삭제됐을 거다.

그렇게 몇 시간 같은 몇 분을 보내자 초인적인 힘 덕분인지, 아니면 그간 부처님께 기도를 드린 덕분인지 그들에게서 벗어나는 데 성공했다. 그래서 아까의 일을 교훈삼아 진정할 틈도 없이 마침 눈에 띈 어느 인가로 미끄러지듯 쑥 들어갔다. 그러곤 마당 침상에서 자고 있는 주인을 무작정 깨워, 하루만, 단 하루만 묵게 해달라고 애걸복걸

했다. 예의? 자존심? 그딴 거 개나 줘버려라! 그저 마당에 놓인 의자든 어디서든 알아서 잘 테니 제발 자게 해달라고 울며불며 매달렸다. 그런데 전생에 미얀마 개들이랑 무슨 연이 있는 건지 이번엔 그 집 개들이 나를 보고 짖어대기 시작했다.

'이러다가 아까 그 광견들이 소리 듣고 또 몰려오는 거 아냐?'

이런 생각에 더 미친 듯이 집주인에게 부탁했다.

"한국 사람인데 여행 중이에요. 오늘 하루만 여기서 잘게요. 네? 괜찮죠? 하루만 잘게요. 제발요."

잠에서 덜 깬 그는 멀뚱멀뚱 나와 내 자전거를 번갈아 보다 강요 아닌 강요에 못 이겨 얼떨결에 승낙해줬다.

곧장 도로 쪽으로 나가 주위를 살펴봤다. 날 쫓던 개들이 찾아오지는 않을까 불안했다. 물론 그러면서도 내게 경계를 늦추지 않는 이 집의 똥개에게는 도발하지 않고 아껴둔 비상식량을 꺼내들었다.

'처음부터 이럴 걸 왜 괜히 화풀이를 해대서……'

그 집 개들이 음식에 정신이 팔려 잠시 후 진정되고 나서야 나도 의자에 앉을 수 있었다. '정말 죽을 뻔 했구나.' 다시 태어난 듯 삶 자체에 감사함이 느껴졌다. 그동안 힘없이 잠만 자던 이곳 개들은 낮에만 순한 양이고, 밤만 되면 늑대로 변하는 무서운 족속이었다. 결국 이 날은 마당에 있는 작은 의자에 기대 선잠으로 시간을 보내다, 이내 불안한 마음을 이기지 못해, 태양도 뜨지 않은 이른 새벽에 다시 자전거에 올랐다.

이 후, 내 자전거 앞주머니는 언제나 빵빵했다. 왜냐 하면 언제 광견으로 변할지 모를 이 개들에게 줄 먹고 남은 고기 뼈를 쟁여두었기 때문이다. 그래서 어두운 밤길에 개들을 만날 때면 두말 않고 주머니에서 뼈를 던져주었다. 그리고 지네들끼리 싸우는 틈에 나는 유유히 그 자리를 떴다. 여행 중 개들의 위협을 받으면 나 또한 위협을 가할 것이 아니라 타협해야 한다는 것을 배운 셈이다.

#_33
어설프기만 했던
시작

● "미안한데 좀 늦을 거 같은데……."

닥치는 대로 알바를 하며 여행비를 모으던 터라 후배와 국내여행을 떠나기로 한 전날 밤에도 잠자리에 드는 대신 밤샘알바를 하러 출근을 했다. 문제는 이 밤샘알바를 마친 뒤, 곧바로 떠나야 하는 일정이었다. 그래서 출근할 때 아예 야영도구를 포함한 갖가지 짐들과 포장까지 끝낸 커다란 자전거를 이끌고 지하철역으로 낑낑대며 들어갔다. 애초에 직접 자전거를 타고 가면 자전거 짐받이에 짐도 실을 수있어 더할 나위 없이 편했겠지만 군이 이렇게까지 한 이유는 해외여행을 대비한 일종의 모의고사 같은 것이었다. 주렁주렁 달린 감나무처럼 많은 짐이 내 발걸음을 힘들게 했고 그럴 때면 나는 더욱 느릿느릿한 굼벵이가 되어갔는데 이런 상황을 어느 정도 예견한 터라 평소보다 훨씬 일찍 나왔건만 이 정도로는 어림도 없다는 것을 깨닫기까지 그리 오랜 시간이 걸리지 않았다. 그 때문에 지하철을 타자마자 전화로 지각을 알린 것이다.

다행히 나와 교대할 알바생이 내 많은 짐을 보고는 상황을 이해해주었고 그 덕에 별 문제없이 밤샘알바를 마친 뒤, 가볍고 들뜬 마음으로 여행에 나설 수 있었다.

내가 사는 곳은 서울이지만 지하철 최남단 역인 신창역이 이번 국내여행의 출발점이다. 이렇게 결정한 까닭은 스쿠터 여행을 했을 당시의 악몽과도 같던 옛 기억 때문이다. 서울 외곽부터 수도권까지 이어지는 국도는 모래바람을 뿜어대는 화물차의 경주로와 같아서 스쿠터를 타는 내내 내가 여행을 하는 건지 고행을 하는 건지 혼란스러웠고 그때의 상처가 영향을 끼쳐 이번에는 수도권을 빠져 나와 아예 신창역부터 여행을 시작한 것이다.

우리나라를 함께 달릴 후배와 신창역 앞 벤치에서 어설픈 준비가 한창이었다. 점심쯤 만난 우리는 첫날인 걸 감안해 40킬로미터만 달려 홍성에 있는 교수님의 관사로 갈 예정이었다. 처음 하는 자전거 여행이지만 몇 달 전부터 일부러 차도 타지 않고 하루에 30~40킬로미터씩을 꾸준히 달려온 터라 40킬로미터쯤은 누워서 떡 먹기였다. 그래서 얼른 주행을 마치고 만끽할 여유로운 저녁만이 내 머릿속에 가득했다. 그러나 실상은 우습기만 한 이유로 출발도 못한 채, 자전거에 오르지도 못하고 있었다.

"형, 이거 안 되는데요?"

후배가 땀을 뻘뻘 흘리며 짐을 싣다 말고 내게 말했지만 당시 나도 누구를 돌봐줄 상황이 못 됐다. 아니 그보다 훨씬 심했다. 왜냐 하면 국내여행에서 후배와 공동으로 사용할 짐들은 곧바로 혼자 떠날 해외여행을 대비해 내가 다 짊어지기로

겨우 조립을 마친 뒤, 신창역으로 들어와 휴식 중

한 상태였기 때문이다. 그러니 몇 개의 짐으로도 후배가 낑낑댔는데 난 오죽했을까. 아무 일도 아닐 거라 여긴 짐 싣는 일이 이렇게 어려울 줄이야. 알았다면 큰 바구니라도 설치했을 것이다. 더군다나 집에서 부랴부랴 나오느라 대충 챙겨온 끈은 알고 보니 리본을 만들 때 쓰는 포장용 끈이었다. 안 그래도 될까 말까한 상황에 노란색 예쁜 끈까지 더해져 나를 매우 힘들게 만들었다. 후배의 질문에 그저 가벼운 웃음으로 이것도 과정 중 하나라며 충고하듯 내뱉었지만 이내 타는 속을 달래려 차디찬 음료수를 힘차게 들이부어야 했다. 결국 성인 남자 두 명이 굵은 땀방울을 흘리며 한 시간 넘게 한 일이란, 수분을 보충하려고 사 둔 음료수 한 통을 후딱 비운 게 전부였다.

"안 되겠다. 그냥 가자."

짜증이 나 허술하게 묶인 끈을 뒤로하고 무작정 출발했다. 당연히 얼마 못 가, 흘러내린 짐을 차양도 없는 땡볕 아래서 몇 번이나 다시 쌌다. 그렇게 어찌어찌해서 불안하게라도 달리긴 했는데, 자전거 여

행이 처음이던 우리에게, 눈앞에 보이는 모든 것은 난관 그 자체였다. 짐을 싣는 방법이며, 길을 찾는 방법 등이 배낭여행에서의 그것과는 너무나 달라, 그만큼 시간도 지체될 수밖에 없었다. 그래서 40킬로미터라 별 걱정하지 않은 도착지에 다다른 시각은 해가 지는 저녁을 넘어 별이 환히 비추는 한밤중이 다 되어서였다.

첫날 묵을 곳인 교수님의 관사로 들어서자 몇 시간 전부터 우리를 기다리다 먼저 벌건 얼굴로 담소를 나누는 교수님과 교수님의 지인 분들, 그리고 우동면발만큼 비대해진 짬뽕과 짜장면이 우리를 열열이 맞이하고 있었다. 이런 자리를 마련해준 그분들에게 감사하기도 했지만 솔직히 늦게라도 첫 주행을 마쳤다는 사실에 더 큰 감동을 받았다. 두 시간이면 족할 거리를 여덟 시간 넘게 달렸으니 충분히 그럴 법도 한데, 이 날은 이상하게도 풍광이나 경치, 하다못해 감정까지, 주행하며 느낀 기억이 하나도 없다. 대신 출발 전과 도착 후, 중간 중간 재정비 때문에 애먹은 기억만 고스란히 남아 있다. 그래서인지 자전거 여행의 첫째 날 치고는 꽤 괜찮은 하루였고 지금도 지하철 역 앞의 벤치에서 고개를 푹 숙인 채 짐을 매만지던 우리의 모습이 떠올라 괜스레 '씨익' 웃음이 나기도 한다. 이 날의 40킬로미터는 단순한 수치가 아닌 첫 자전거여행 첫 기록이기 때문이다.

#_34
네피도

● 군대라는 테두리 안에서는 여행의 그리움이 더욱 커질 수밖에 없었다. 그래서 매달 오는 여행 잡지가 내게는 한줄기 빛과 같았다. 그 한 달이란 기다림 끝에 잡지를 손에 넣을 때면 잡지 앞면에 찍힌 '허가필'이란 도장을 보고 구독을 허락해준 대장님께 몸 둘 바를 모를 정도로 감사하기만 했다.

"아무개 상병님 혹시 미국 수도가 어딘지 아십니까?"

"참나! 나 무시 하냐? 그, 있잖아 아! 쥬욕, 쥬욕이잖아. 까불래?"

워싱턴과 워싱턴DC가 같은 곳인지, 만약 다르다면 어느 곳이 수도인지 궁금하던 내가 잡지를 보다 말고 같이 있던 선임에게 혹시나 하고 물어본 것이다. 그런데 선임의 입에서 터져 나온 답은 뉴욕도 아닌 '쥬욕.' 당시 유행하던 브랜드 명을 과감히 외친 선임은 그저 구수한 하동청년이 아니라 패션에 민감한 청춘이었나 보다.

선임의 이 엉뚱한 대답에 터져 나오는 웃음을 억지로 참은 기억, 이 오래된 기억을 다시 꺼낸 건 미얀마의 수도인 네피도에 다다를 때쯤이었다. 미얀마에 대한 정보가 없던 시절에도 주워들은 건 있어서 양곤이란 도시 이름을 어렴풋이 기억하고 있었고 으레 그곳이 수도인 줄만 알았는데 미얀마에 와서야 처음 들은 '네피도'가 수도인 것을 알게 되었다.

그런데 따지고 보면 수도를 모른 것이 꼭 이상한 일도 아니다. 그건 현재 수도인 네피도가 2005년이 되어서야 탄생했고 동시에 수도로 지정됐기 때문이다. 그것도 불과 몇 개월 만에 이루어진 단행으로, 이 짧은 시간이 문제였는지 수도 이전에 여러 설이 난무한다. 이때 미얀마의 국정도 샤머니즘이 대세였던 걸까? 무당의 권유라는 말도 있고, 사회주의 국가라 견제가 한창이던 미국과의 전쟁에 대비해 수풀이 울창한 네피도(당시의 지역명은 핀마나)로 옮겼다는 설, 마지막으로 군부정권에 대한 반감 때문에 혹시 모를 봉기가 두려워 인구가 많은 양곤에서 벗어났다는 설까지, 많은 이야기가 돌아다니지만 황당무계하게도 가장 신빙성이 높은 설은 바로 무당이 관여했다는 설이다. 이 얼토당토 않는 무당 설은 기묘하게 설득되는 정황까지 있어 더욱 그럴듯하게 보인다.

그 정황인즉, 수도 이전 당시 11월 11일 오전 11시에 군용트럭 1100대를 이용해 11개 대대급 병력과 11개 정부 부처의 공무원들을 신고 양곤에서 현재의 네피도로 출발했다는 내용이 그것인데 좀 우습긴, 아니 많이 우습긴 하지만 계속해서 등장하는 '11'이란 숫자가 무당 설과 맞물려 그쪽에 힘을 실어주고 있다. 어쩌면 무당 설로 몰아가려는 군부의 책략인지는 모르겠으나 우주의 기운을 받아 나라를 운영하던 어느 나라를 빗대보면 그리 이상한 일도 아니다. 오히려 그럴 듯해 보인다.

하여간 여러 설이 난무하는 네피도 중심지로 들어선 내 앞에, 엄청난 수의 차선이 펼쳐졌다. 그간 미얀마를 달리며 네팔에는 없던 고속도로를 봤고 그 때문에 도로 등 기반시설에 대한 인상이 좋았지만 활주로라 느낄 정도의 드넓은 도로를 보고 있자니 뭔가 이상해도 단단히 이상하구나 싶었다. 아마 16차선 정도나 되는 이 널따란 도로의 아이러니는 다녀야 할 차가 거의 한 대도 보이지 않는다는 이상한 점이었다. 텅 빈 도로에 황량한 기운만이 맴돌아 정말 비행기 활주로인가 싶어, 나도 모르게 고개를 돌려 혹시 비행기가 달려오진 않을까 하는 걱정을 하기도 했다.

'뭐 이리 쓸데없이 넓지? 그런데 웃기게도 이 넓은 도로를 고작 삼십만 원짜리 자전거가 독점하고 있다니, 뭐 나야 땡큐지!'

어쩌다 지나가는 오토바이나 차가 보이기는 했지만 다 합쳐 봐도 몇 대 안 돼, 전세라도 낸 듯 이리저리 도로를 휘저었다. 이렇게 한동안 가슴 뚫리게 시원히 활주로를 내달리다, 어느새 상점이 늘어선 길가로 들어섰다. 쭉 보이는 상점 건물이 아주 화려한 건 아니었지만 그동안 미얀마에서 볼 수 없던 현대식이었고, 상점이라기보다 중소기업 사무실 같은 그것의 외관에 신기해하며 한동안은 시선을 빼앗겼다.

'근데 왜 이리 사람이 없지?'

아까의 도로처럼 이번에도 역시 연극을 마친 무대처럼 상점 거리는 텅 비어 있었고 간헐적으로 보이는 사람들이 도시가 죽지 않았다는 걸 간신히 알릴뿐이었다. 이어 골프장과 고급호텔이 보이기는 했지만 그것도 똑같이 삭막한 기운을 내뿜는 통에, 분위기는 여전했고 오히려 전에 없던 비장함마저 감돌아 불길한 예감을 높여갔다.

마치 온기가 온 적 없는 모델하우스에 발을 들인 듯, 영화세트장을 방불케 하는 이 도시의 백미는 따로 있었다. 상점도 모습을 감추고 이제는 수풀과 논밭만이 보이는 도로를 달리고 있었는데, 정말 뚱딴지처럼 거대한 마트가 턱하고 튀어나왔다. 그것도 옹기종기 모여서 세 개나 되는 건물이 말이다. 그 모습은 마치 컬트영화의 한 장면처럼 너무나 강렬해 차라리 한옥집이였으면 어땠을까 하는 의문이 들 정도였다.

어안이 벙벙해 몇 번이나 그것들을 번갈아 보았다. 결국 이상한 호기심에 이끌려 그 중 가장 큰 마트로 들어간 나는 얼마 후 내 자신이 이상한 나라의 앨리스가 되었다는 걸 본능적으로 느낄 수 있었다. 마트라는 이름과 달리 작은 백화점에 가까운 이곳은 다양한 상점이 가득한 1층과 마트만 존재하는 2층으로 이루어져 있다. 1층에는 간간히 손님이 보인 반면 2층에는 물건만 가득해서 정작 있어야 할 손님은 보이지 않았다. 때문에 팔리지 못해 썩어문드러질 가판대 과일을 걱정스럽게 쳐다보다, 이상한 구매 전략에 낚여 1봉지면 될 과일을 2봉지나 샀다.

더 낚일까 두려워 재빨리 마트를 빠져나와 아까 봐둔 야영 장소로 발길을 돌렸다. 그곳은 큰 마당이 딸린 양옥집으로, 네피도의 기괴한 광경에 놀라면서도 '이곳이야말로 야영에 안성맞춤일 거야'라고 생각했다. 울타리가 쳐 있고 너른 마당에 잔디가 깔린 여유로운 양옥집 말이다. 밀림이던 이곳으로 수도를 이전할 당시, 오기 싫다던 공무원을 회유하기 위해 몇 배나 연봉을 올려줬다고 한다. 아마도 그때 이런 좋은 거주지도 함께 마련해 주었나 보다. 마치 서양 영화에 나오는 마을처럼 마당 있는 양옥집이 죽 나열해 있었고 나는 그저 이들 중 아무 데나 골라 들어가기만 하면 오늘 일정은 '끝'인 것이다.

평소와 달리 오늘 야영에 대한 자신감은 나름 이유가 있었다. 그것은 한 시간 전에 만난 어느 아저씨 때문이다. 근사한 검은색 자동차를 몰던 그 아저씨는 내 옆을 지나다 말고 내 여행에 호기심을 느껴 한동안 우린 길가에서 대화를 나눴었다. 그런데 이 과정에서 놀란 것은 그의 유창한 영어실력도 아니고 멋들어지게 입은 그의 정장도 아닌, 외국인을 대하는 그의 태도였다. 그는 안나푸르나 트레킹 중 만난 여행자처럼 나를 자연스럽게 대한 첫 미얀마 사람이었다. 대화를 마치고 시원한 소리를 내며 멀어지는 그의 차를 보고 있자니 문득 이런 생각이 들었다.

'마당이 딸린 저 집에는 저런 신사 아저씨가 살겠지? 마당에서 야영 좀 한다고 하면 바로 들어주겠는걸? 그래, 오늘은 헤맬 필요

없어.'

혼자 이렇게 결론을 내린 나는 정말 아무 집이나 골라 달려갔다. 그런데 그렇게 어느 집에 다다랐을 무렵, 멀리서는 따뜻하게만 보이던 집이 조금은 다르게 느껴졌다. 집을 둘러싼 철문과 울타리들이 하염없이 높아 보이더니 급기야 '아까 그 영국신사 같던 아저씨가 정말로 저 안에 살까?' 하는 의문마저 들었다. 이내 서로 붙어있지도 않은 집들이 일렬로 늘어선 탓에 마치 하나의 큰 장벽처럼 느껴져 이에 대한 거부감은 절정으로 치달았다. 어느새 문 앞까지 도달했지만 끝내 두드리지 못하고 방향을 틀어 다른 곳으로 이동했다. '내가 소심한 걸까?' 막상 그 앞에 서자, 이상하게도 두드릴 수가 없었다.

도시라는 게 사람들이 살아가면서 화려하든 수수하든 자연스럽

친절한 집 주인 가족

게 시장도 생기고 길도 생기고 하다못해 움막이라도 생기는 건데 이곳은 반대로 모든 게 계획 하에 만들어져, 어디에나 조금씩은 있을 온기조차 느껴지지 않았다. 나 또한 이러한데 250년이라는 역사가 담긴 양곤을 버리고 당시 말라리아가 창궐하던 벌목지, 핀마나로 향한 공무원의 심정은 오죽 했을까?

야영할 곳을 찾다 전원주택들 사이로 난 작은 골목길에서, 나는 네피도의 이전 도시, '핀마나'의 '원'주민을 만날 수 있었다. 그들은 내가 봐온 미얀마의 모습 그대로였다. 반나절밖에 안 됐는데도 다시 만난 이들과 미얀마의 모든 것이 그저 고마웠다. 우여곡절 끝에 어느 친절한 주인을 만나 야영뿐 아니라 저녁식사와 모기장까지 얻어 평안히 오늘을 마칠 수 있었다. 그렇게 시원한 야외 평상에 누워 다시는 볼 수 없을 이 신기한 도시를 곱씹으며 생각했다. 도시가 우리에게 어떠한 의미로 다가오는지, 네피도가 아닌 핀나마의 밤소리는 어떻게 느껴지는지.

홀로 그것을 느끼며 어두운 밤하늘과 함께 잠들어 갔다.

#_35
숲은
친절하지 않았다

● 자전거로 이곳 네피도에서부터 북쪽의 바간으로 가는 길은 크게 두 가지로 나뉜다. 갈래 없이 죽 달릴 수 있지만 언덕이라 몸이 좀 피곤한 길 하나와 평지라서 몸은 좀 편한 대신 빙 돌아가고 많은 갈림길로 헤맬 수 있는, 조금은 복잡한 길이 나머지 그 하나다. 물론 익숙한 길에서라면 상관없지만 초행길에서 만난 갈림길이란, 매번 나를 시험하던 녀석인데, 그다지 만나고 싶지 않은 녀석이다. 한번은 갈라진 어느 길로 들어섰다가 한참 후에야 잘못된 길이란 걸 알았을 때의 그 허무함이란……. 그때는 재빨리 잘못을 인정하고 방향을 트는 게 맞지만 막상 그 상황에 놓이면 온 길이 아까워 앞으로만 더 나아가고, 그러다 결국 더 심한 상황에 빠져 전보다 더한 허무함에 괴로워해

야 했다.

'좀 더 가다 보면 두 갈림길을 잇는 샛길이 나올 거야, 그러면 원래 길로 돌아갈 수 있겠지'는 개뿔! 처음 갈림길에서의 미세한 각도차이가 달릴수록 기하급수적으로 벌어져 나중엔 내가 어디 있는지, 어딜 가고 있는지, 대체 뭘 하고 있는지 몰라 결국 길바닥에 자빠져 멍하니 하늘만 바라보다 돌아온 적이 한두 번이 아니다.

이런 이유로 네피도부터 바간으로 향한 길은 몸이 좀 힘들더라도 갈래 없는 언덕길을 택했다. 아니 택했었다. 내가 굳이 '택했었다'라고 쓴 이유는 사실 바간으로 향한 것이 오늘이 처음이 아니라 어젯밤에 이미 출발했었기 때문이다. 전날 울타리로 싸인 양옥집을 두드리지 못한 채 잠잘 곳을 찾아 헤매던 나는 어두운 밤인데도 불구하고 홧김에 이곳을 떠나 다음 목적지인 바간으로 방향을 잡았다. 한 시간 정도 달리면 길가의 식당이나 인가에서 야영할 수 있으리라 믿었기 때문이다. 어차피 네피도도 양곤처럼 가로등이 깔려 있어 야간주행은 걱정하지 않았고 휴대폰 배터리가 떨어져 음악이 끊어질까 하는 시답잖은 근심 정도만 있을 뿐이었다.

곧 도심을 벗어난 나는 신호등을 기다리며 본격적으로 펼쳐진 오르막을 응시하고 있었다. 언덕 수준이라 가파르진 않았지만 미얀마에서 처음 달릴 오르막을 보며 네팔에서의 산길을 잠시 떠올리고 있는데, 갑자기 앞에서 느껴지는 이상한 기운에 내 몸은 순간적으로 바싹 얼어붙고 말았다. 가로등으로 언덕 초입은 환했지만 그 다음부터 펼쳐진 길은 불빛 없는 어둠만이 깔려 있었다. 일대가 온통 칠흑바탕

인 것이다. 뭐든 집어삼킬 것 같은 시꺼먼 거대 물고기가 아가리를 벌린 채 날 기다리고 있는 것 같았다. 주위는 마침 인가나 다른 건물도 없어, 울창한 수풀이 이 음산한 분위기를 더욱 그럴 듯하게 만들고 있었다.

'뭐가 이렇게 불쾌하냐?'

급기야 초입을 밝혀주는 불빛마저 나를 낚는 미끼로 보여, 찝찝한 마음에 돌아갈까 했지만 여기까지 왔는데 그럴 수도 없어, 여전히 움직이지도 못하고 바뀌어버린 신호등의 파란불만 쳐다보았다.

'그냥 가자.'

똥 씹은 표정으로 초입부의 가로등에 들어간 나는 얼마 안 가 어둠의 구역에 들어섰다. 평소보다 두 배는 커졌을 동공을 이용해 주위를 살피며 조심스럽게 나아갔다. 대충 아래에서 봤을 때보다 15배의 공포가 나를 억눌렀고 급기야 이어폰까지 귀에서 뽑고 모든 감각을 총동원해 경계태세를 이루었다. 한동안 바람을 가르는 소리와 바퀴의 마찰음만이 내 귓속으로 파고들었다. 그렇게 백여 미터쯤을 달렸을까? 어떤 건물 벽면에 XX재단이라 쓰인 동판이 박혀 있는 게 보였다. 그 아래에 설치된 두 개의 누런 할로겐 조명이 그 동판을 비추고 있었는데 이 광경이 어찌나 무섭던지 등골이 오싹해진다는 말을 이때 평생 처음 뼈저리게 느꼈다. 정말 어떤 놈이 쉬지 않고 전기충격기를 등에 대고 찌르는지 등골의 쩌릿함은 멈추지 않았다. 결국 전신은 땀범벅이 됐고 얼굴은 울상이 된 지 오래였다.

"으악! 뭐야?"

안 그래도 무서워 죽겠는데 갑자기 숲에서 뭔가 튀어나왔다. 다행히 귀신은 아니고 웬 아저씨였는데 서로 놀라 아저씨는 엉덩방아를 찧었고 나는 균형을 잃어 운전대를 전후좌우 정신없이 흔들어댔다. 넘어지거나 땅에 발을 디뎌 중심을 잡으면 끝날 일이지만 절대 그럴 수 없었다. 왜냐면 잠시라도 이곳에 멈췄다간 아저씨가 아닌 정말 뭔가가 나를 덮칠 것 같았기 때문이다. 그래서 취권의 성룡처럼 쓰러질 듯 하다가도 끝까지 버텨내 마침내 미끄러지듯 쭉 나아가며 다시 중심을 잡았다. 하지만 상황이 나아진 건 하나도 없었다. 식은땀이 어느새 내 몸을 초가을로 물들였음에도 여전히 나는 어둠속을 달리고 있었다. 그래서 괜한 억울함에 소리라도 지르고 싶었으나 침묵을 깰 용기가 없어 그저 쥐죽은 듯 닥치고 달렸다.

'제기랄! 이 모든 게 다 지도 때문이야.'

외길이라던 지도와 달리 여러 갈래로 죽죽 나 있는 길 때문에, '조금만 더 참자, 조금만 더 참으면 끝나'라고 다그치며 여태까지 참아왔건만 언젠가부터는 방위조차 잡을 수 없어, 더듬이 빠진 개미처럼 이리저리 헤매는 중이었다.

'무슨 소리지?'

달리는 길이 언덕길이다 보니 주위는 온통 울창한 숲이었는데 방금 전까지만 해도 잠잠하던 이곳에 바람을 타고 기괴한 나무소리가 서서히 울려 퍼졌다. 이미 겁에 질린 나는 이 소리를 듣고는 정말 패닉 상태에 빠져, 잴 것도 없이 곧바로 유턴을 해서 달아났다. 출발한 도심까지는 바라지도 않고 그저 도로를 비추는 가로등이라도 나오길 빌며 죽어라 페달을 밟았다. 수도가 되기 전 밀림이던 '핀마나'의 명성에 걸맞게 곳곳에 나무가 빼곡히 차 있어서 그것이 야밤에 시각적으로든 청각적으로든 내게 완벽한 공포를 선사한 것이다.

예전 어느 공포영화 소개 글에서였나, 인간에게 가장 강력한 두려움을 주는 것은 귀신이나 괴물이 아닌 늦은 밤 걷는 울창한 숲이라 했다. 글쓴이 자신이 북유럽의 어느 숲에서 겪은 이야기를 덤덤히 써내려간 글이었는데 낮에는 마냥 푸르고 평온하기만 하던 숲이 밤이 되자 온통 어둠이 깔려 나무 하나하나에서도 공포가 느껴진다는 내용이다. 결정적으로 나무에 스치는 바람소리가 그렇게 소름 돋을 수 없다며 황급히 도망쳐왔다는 그의 글을 읽고는 당시 그저 '무서웠겠구나' 하며 외국영화에 등장하는 나무귀신 정도만 떠올렸다. 내가 생각하는 정도는 딱 그 정도였다. 광견들에게 혼쭐이 났지만 그건 너무나 특수한 상황이고 보통은 딱히 무서울 게 없는 나였다.

아무튼 나아가는 걸 포기하고 출발한 도심으로 돌아가는 그 길은, 말이 좋아 길이지 나무에 둘러싸여 있어, 일반 숲속과 다를 바 없었다. 나무 하나당 족히 수십 개는 넘을 가지가 도망치는 나를 낚으려고 바람을 타고 그렇게나 몸부림쳐댔다. 또한 나무에 스치는 예리한 바람이 내 귓속을 파고들어 정말이지 혼비백산이 되고 말았는데 어둠과 바람 그리고 나무가 빚어내는 조화가 이렇게 강력할 줄이야. 그저 불빛이 보이는 곳을 향해 힘차게 내달렸고 얼마 후 가로등이 비추는 공간에 들어와서야 살았다고 혼잣말을 토해내며 가슴을 쓸어내렸다. 그렇게 잠시 후 신호등까지 다다라서, 혹시나 하는 마음에 힐끔 뒤를 보게 되었는데, 바보같이 그 공포의 공간을 왜 또 쳐다봤는지, 또 다시 공포에 휩싸인 채 대형마트가 있는 도심까지 미친 듯 질주했다. 결국 무사히 도착한 대형마트에서 정신을 추스르다, 퇴근하는 직원이 친절을 베풀어 순식간에 잠자리를 해결했다. 내가 방금 전까지 뭣 때문에 밤길을 달렸는데, 평소에는 아무리 찾아도 없더니, 참으로 기가 찼다. 고진감래라도 알려주고 싶었던 건가?

아무튼 아늑한 집에 들어와 땀에 전 티셔츠를 빨며 '공포의 숲' 글쓴이를 떠올렸다. 나한테는 자전거라도 있었지, 산책하러 갔다 허겁지겁 내뺐을 그를 생각하니 내 상황과 맞물려 나도 몰래 웃음이 나왔다. 그래서 옆에 있던 친절한 주인 부부와 딸아이에게도 웃음을 전해주고 싶어 내 따끈따끈한 이야기를 손발까지 이용해 들려주었고 내용을 이해했는지 모르지만 그래도 한껏 웃어주는 그들의 모습에 나 또한 한바탕 더 웃어젖히며 따뜻하게 하루를 마무리할 수 있었다.

#_36
위대한 하늘

● 다음날, 여전히 썰렁한 마트에 들러 음료와 과일을 사들고는 서둘러 바간이 있는 북쪽으로 다시 향했다. 아침에 인도의 부다가야 Bodh Gaya 사원을 본떠 만든 미얀마 판 부다가야를 갔다 왔더니 이미 해는 중천에 걸려 있었다. 날이 훤해 무서울 게 없음에도 언덕길이 아닌 우회하는 평지를 택했다. 뜻대로 되는 건 아니지만 앞으로 야간주행은 없었으면 한다. 특히 밤에 산 속을 달리는 건 절대로 말이다.

출발 전, 지도에서 구부러진 길을 보며, 그만큼 오래 시간이 걸릴 거라 걱정됐지만 막상 자전거에 올라 달리고 나서는 언제 그랬냐는 듯 싹 잊고 역시 평지가 제 맛이라며 상쾌한 기분으로 죽죽 나아갔다. 비단 평지라서 좋은 게 아니라 탁 트인 경치가 내 마음을 시원하게 해준 것이다. 시야 아래쪽엔 푸르른 논밭과 삼림이 있었고, 좀 올려다 보면 빨랫줄에 대롱대롱 매달린 빨래집게처럼 누런 파고다가 지평 선에 걸려 하늘과 땅의 경계를 알렸다. 그리고 마지막으로 위쪽에는 명화 천지창조를 연상케 하는 낮은 하늘이 이 모든 것과 어우러져, 하 나의 장관을 이뤘다. 특히 파란 하늘에 가득한 구름이 변화무쌍하게 모습을 바꿀 때면 '이렇게 역동적일수가' 하는 말이 자동적으로 튀어 나왔다. '역동적이다'라는 말 외에 미얀마의 하늘을 더 잘 표현할 수 있을까? 주위에는 시야를 가릴 만한 거대한 산이나 높은 빌딩도 없 어 굳이 고개를 들지 않아도 하늘과 땅을 한눈에 넣을 수 있었다. 특 히, 석양이 내릴 때는 그저 자전거에 의지해 자연의 변화를 받아들이 기만 하면 됐다. 사그라지는 노을 한 편은 내 가슴 한편을 따스하게 해주었고 덤으로 은은한 미소까지 피웠다.

'내 인생에서 노을을 이렇게 온전히 다 본 적이 몇 번이나 있었지?'

그래서 미얀마의 오후만 되면 언젠가부터 노을을 기다렸다. 나도 모르게 태양이 꺼지는 쪽으로 곁눈질을 하며 달리다, 혹시나 거대 나 무가 내 감상을 방해하지는 않을까 노파심에 떨었던 것도, 파블로프 의 개처럼 해질녘을 반긴 것도, 미얀마의 하늘아래였기에 가능했을 것이다.

물론 나같이 자전거를 타지 않아도 외국의 하늘을 보고, 감탄하거 나 칭찬하는 사례는 널렸다. 푸르게 탁 트인 하늘을 보고 놀라지 않 는다면 그것 또한 이상한 일이지만 그러면서 한편으론 우리나라의 하늘이 떠올라 아쉽기도 하다. 우리의 하늘이 못나서 아쉽다는 게 아

니라 제대로만 보면 대단하기에 아쉽다는 것이다. 어차피 미의 기준
이 제각각이라 어찌 재단할 수 있겠냐마는 사계절이 뚜렷한 우리나
라의 하늘은 여러 색으로 이루어져 있고 채도까지 진해 어느 곳보다
도 멋들어진 풍경을 자아낸다. 그럼에도 우리 하늘을 보고 감탄한 경
우가 얼마나 있을까? 우리는 우리 하늘을 제대로 못 본 건 아닐까?
일상 중, 저 높이 있는 하늘은 고사하고 고개를 들어 조금이라도 위
쪽을 볼라치면 지하철 천장이나 고층 빌딩의 방해로 다시 고개를 내
리 깔아야 한다. 그나마 이러한 것도 독서실이나 사무실에 들어가기
전 이야기니, 하늘을 볼 기회가 얼마나 있을까.

　이름도 처음 듣는 어느 시골에서 군 생활을 시작한 나는, 비로소

우리 하늘을 제대로 보았다. 가을쯤에 모습을 드러낸 보랏빛의 황혼은 나와 선임의 발길을 시도 때도 없이 붙잡았고 졸린 눈으로 조우한 어느 날의 새벽하늘에서는 수많은 별들이 머리 위로 쏟아져, 늦은 나이에 별이 쏟아진다는 말을 비로소 이해할 수 있었다. 그 때문에 짧은 휴가에도 일부러 광화문에 들러 몇 번이나 별자리 서적을 찾았다. 물론 여전히 별자리는 볼 줄 모르지만 대신 내가 알던 탁한 하늘은 우리의 하늘이 아니었다는 것은 확신하게 되었다. 과거에 알던 그것은 그저 문명의 하늘이었고 이후론 우리 하늘이 어떤 하늘보다 매력적으로 느껴져 국외여행을 가서도 하늘 때문에 마음이 동한 적은 거의 없었다.

그런데 이곳 미얀마에서, 예전 군대에서 그랬듯 멍하니 경이로운 만남을 가졌다. 특히 미얀마에서는 아침, 점심, 저녁의 하늘뿐 아니라 새벽, 즉 동트기 전의 하늘까지 여러 번 접했는데 그 이유는 별 다른 게 아니라 미얀마 사람의 부지런함에 있었다. 더운 날씨의 영향으로 이른 시각부터 준비하는 식당이 대부분이라 대여섯 시면 이미 가게 문은 거의 다 연 상태였고, 그중 어느 가게는 4시에 문을 열기도 해, 이른 손님을 뺏어갈 정도였는데 보통 식당 옆에서 야영을 하던 나로서는 종업원과 똑같이 네다섯 시에 일어나 멍한 눈으로 차를 들이켜야 했다. 그렇게 첫 손님의 영광을 차지하고 고양이 세수로 이른 새벽을 달릴 때면 가끔 만나는 화물차 외에 나를 방해하는 것은 아무것도

없었다. 그저 밤의 도로처럼 고요하기 그지없었는데, 단 하나, 다른 시간대에 없는 단 한 가지가 새벽하늘을 독특하게 구별 지었다. 그것은 옅은 남색으로 젖어드는 하늘의 변화로, 동틀 시간에 찾아와 하늘을 진한 파란빛으로 적셔 묘한 분위기를 만들어낸다. 그래서 이때가 되면 알아서는 안 될 우주의 비밀을 알게 된 듯, 이상하리만치 가슴이 쿵쾅거려왔다. 생명의 탄생을 선포하듯 웅장하게 진행되는 이것은 어느새 까만 대지마저 푸른빛으로 물들였고 그러면 어두운 대지 속의 듬성듬성 빛나는 인가의 약한 불빛과 스멀스멀 사라지는 굴뚝의 연기가 하늘의 푸른빛과 조화를 이뤄 고흐의 '별이 빛나는 밤'처럼 몽환적인 정취를 풍겨냈다. 이어 조명에 아른거리는 파고다까지 등장하면 이 환상적인 풍경을 두고 찬란하다는 말 외에는 어떠한 표현도 가당치 않았다. 그저 자연의 위대함을 목격했다는 사실에 감동하며 이 경건한 의식을 조용히 지켜보는 것으로도 나는 영광이라 믿어 의심치 않는다. 왜냐 하면 미얀마를 여행했다고 해서 누구나 볼 수 있는 건 아니기 때문이다. 다행히 난 그 안에 있었다.

#_37
어쩌다 촬영

"자전거타고 여행한다고? 구멍 나면 때울 수는 있어?"

"그거야……. 당연하지! 그걸 설마 모르겠냐?"

몰랐다, 그런 거. 주위에 자전거 수리점이 널렸는데 그걸 안다면 그게 더 이상한 것 아닌가? 다행히 자전거 수업에서 때우는 방법을 익혀 연습은 했지만 실전 상황이 아니다 보니 손에 확 들어오는 느낌 없이 어느새 다가온 국내여행을 떠났다. 도로가 잘 깔린 우리나라지만 갓길에 굴러다니는 철사나 나사 때문에 펑크가 나기 일쑤였고 며칠 동안은 튜브 때우는 일로 많은 시간을 보내야 했다. 그나마 흉내라도 낼 수 있는 내가 처음부터 끝까지 함께한 후배 한 명과 며칠을 함께한 다른 후배 한 명까지 총 세 대의 자전거 튜브를 때우다 보니 짧은 시간에도 실력이 부쩍 늘게 되었고 이후 네팔에서도 꾸준하게 이어진 땀질로 미얀마를 달릴 쯤에는 비로소 까다로운 일이 아닌 그저 귀찮은 일로 탈바꿈해 있었다.

"외국인 맞아요? 정말 외국인 맞죠?"

한 번은 바간과 만달레이^{Mandalay}를 넘어 시골 마을의 허름한 식당에서 예상치도 못한 외국인을 만났다. 나도 외국인이지만 이런 곳에서 외국인을 만나다니. 너무 놀란 나머지 몇 번이나 되물었다.

'간만에 대화할 수 있겠구나.'

그동안 현지인과는 언어가 달라 대화다운 대화를 못한지라 자전거를 탈 때면 유체이탈을 해 나 자신과 끊임없이 대화를 이어갔었다. 나중에는 아예 논쟁까지 하다가 내가 나한테 성질을 낸 적도 있는데, 잠시나마 그 해괴망측한 짓에서 벗어난다고 생각하니, 당연히 기쁠 수밖에 없던 것이다.

나와 다를 바 없는 남루한 복장의 이들은 프랑스 연인으로, 나처럼 자전거여행 중이라 유명 관광지도 아닌 이 시골 마을에 들어온 것이다. 호주에서 넘어온 이들과 이것저것 얘기하다 미얀마의 도로 시설을 칭찬하는 그들의 말에 나 또한 공감하며 고개를 끄덕였다. 하지만 한편으로는 호주나 프랑스의 도로 시설이 어떠해서 저런 말을 하는 건지, 그냥 으레 하는 건지, 아니면 이곳의 수준을 너무 낮게 본 건지, 헤어지고 나서야 뒤늦게 의문이 들었다.

아무튼 그들의 말처럼 이곳은 달리기에 꽤 괜찮은 길이다. 단순히 포장이 잘됐다는 의미를 넘어 주행에 거슬리는 이물질이나 장애물이 없는 아주 깔끔한 길이라는 말이다. 잦은 사고 흔적으로 날카로운 금속류가 많은 우리나라의 길이나 험한 네팔의 길보다 훨씬 펑크 주기가 길었다.

그날도 여전히 네피도 근교에서 북쪽으로 노을을 감상하며 달리는 중이었다. 어느 순간 속도가 느려져서 뒤쪽을 슬쩍 봤는데 그곳에 맥없이 굴러가는 바퀴가 있었다.

"참나! 눈치 없이, 한창 감상 중인데 협조를 안 해주네."

말은 이렇게 했지만 미얀마에서 처음 접한 펑크라 귀찮음보다 반가운 마음이 컸다. 그래서 망설임 없이 빠른 동작으로 때울 준비까지 금세 마쳤다.

말 나온 김에 간단한 개요만 설명하자면 우선 튜브를 때울 때는 구멍 난 곳을 찾아 펑크패치로 아주 꽉, 오래 눌러서 튜브와 패치를 하나로 만드는 게 중요하다. 이 과정은 임시방편이 아니라 잘 수행한다면 나중에 튜브를 교체하지 않아도 괜찮다. 그러니 귀찮더라도 몇 번 더 꽉 눌러줘야 한다. 그럼 튜브를 막았으니 이제 끝? No! 가장 중요한 순서가 남았다. 바로 구멍을 낸 이물질을 찾아 제거하는 작업이 그것이다. 보통 펑크란 날카로운 이물질이 바퀴(타이어)에 꽂혀 바퀴 안의 튜브를 구멍 내는 것으로 후에 이물질이 알아서 빠지는 경우도 있지만 그렇지 않은 경우도 있어 꼭 이물질의 잔여 여부를 확인해야 한다. 그런데 문제는 이게 생각보다 찾기 어렵다는 것이다. 그래서 '이미 빠졌나?' 하고 대충 넘긴다면 아직 박혀 있는 이물질이 또 구멍을 내, 지금까지 설명한 일을 한 번, 혹은 무한대로 해야 할지도 모른다.

어쩌다 한 번이야 휴식 겸 한다지만 똑같은 일을 반복하면 열불 터져 화가 치민다. 여행 초반 나도, 땡볕에서 이 짓을 연속으로 네 번이나 했다. 그래서 지금은 이물질을 찾으려고 바퀴 안쪽을 미친 듯이 훑곤 한다.

다시 이야기로 돌아와, 간만에 한 땜질이지만 금세 마쳐서 아직 노을은 한창이었다. 그렇게 다시 나만을 위해 상영되는 노을 영화에 홀려 물 흐르듯 달리고 있었는데 고요한 도로의 정적을 깨고 트럭들이 하나둘 지나가기 시작했다. 해가 질 무렵이라 귀가하는 모양이었다. 트럭의 짐칸에 농부와 교복 입은 학생들이 여럿 타고 있었고 고맙게도 그들은 내게 손까지 흔들며 웃어주었다. 그렇게 몇 대의 차들이 더 지나가고, 이번엔 썽태우Songtaew(태국이나 동남아 등지에서 트럭을 개조해 버스처럼 운행하는 교통수단) 형태의 작은 트럭이 내 옆을 지나갔다. 그런데 멀어질 것 같던 그 작은 트럭은 불현듯 급정거를 해, 길 한복판에 떡하니 멈춰 섰고 트럭 뒤 칸에 있던 하얀 교복의 여학생이 갑자기 내게 손짓하기 시작했다. 마치 힘들게 달리지 말고 함께 타고 가자는 듯이 말이다.

'힘들지만 트럭을 타고 갈 순 없지……. 훗, 폼 나게 거절할거야.'

떡 줄 사람은 생각도 않는데 김칫국부터 마신다고 이런 망상과 함께 내달린 나는 그들과 점점 가까워지고 있었다. 그런데 갑자기 여학생과 짐칸에 있던 두세 명이 다 같이 내리더니, 이어 운전석에 있던 아저씨까지 뒤따라 내렸고, 나를 기다리듯 그곳에 그들은 멀뚱히 서 있었다.

뭔가 수상쩍었지만 어느새 그들 앞에 다다랐고 그런 내게 그들은 밝은 얼굴로 불쑥 자기소개를 시작했다.

"안녕하세요. 우리는 미얀마 TV에요. 당신을 취재하고 싶은데 괜찮을까요?"

말이 끝나기 무섭게 조수석에선 카메라를 든 청년이 나와, 마이크를 설치했다. 예상한 일은 아니었으나 딱히 마다할 이유도 없었다. 오히려 반가웠다. 더군다나 그날은 주행 중에 안 끼던 렌즈까지 착용해 내심 쾌재를 부르기도 했다.

"그럼요. 저는 상관없어요. 그런데 저는 미얀마어는 아예 못하고 영어도 잘 못하는데 괜찮을까요?"

"괜찮아요. 우리도 잘 못해요."

말만 그런지 알았는데 정말 영어를 못했다.

인터뷰

"어느 나라를 거쳐 왔나요?"

"한국을 한 바퀴 돌고 네팔에 갔다가 미얀마에 왔어요. 양곤부터 달려서 얼마 전에 네피도를 지났고 북부 지역까지 달릴 예정이에요."

"그렇군요. 그럼 전에 있던 나라는 어디에요?"

"네?"

대화가 안 돼, 인터뷰가 매끄럽진 않았지만 계속 진행하는 걸로 봐선 잘 편집하리라 믿었다.

결국 동문서답으로 일관한 인터뷰는 이렇게 끝이 났고 선임으로 보이는 어느 인상 좋은 아저씨가 추가 촬영을 제안했다.

"추가촬영? 좀 더 깊이 인터뷰하자는 말이에요?"

"아니, 아니. 이렇게, 달리면서."

운전하는 시늉으로 봐선 내 주행하는 모습을 원한 것이다. 나로선 당연히 땡큐다!

그래서 마라톤 선수를 따라가며 자동차가 촬영하듯 내 앞, 옆, 뒤를 왔다 갔다 하며 분주한 촬영은 계속됐고 그들의 노력에 맞춰 나 또한 고독한 하이에나가 되어 광야를 달리듯 석양을 지그시 바라보며 최선을 다했다. 원래도 작은 눈을 더 닫고는 그윽이 하늘을 바라보며 오글거리는 뮤직비디오를 한창 찍고 있는데 이상하게도 조금씩 페달 밟기가 힘들어졌다. 설마? 경험상으로 이건…… 펑크였다.

"이런! 뭐야? 또 펑크 난 거야?"

아마도 아까 구멍 났을 때 이물질을 완전히 제거되지 않아 또 다시 펑크가 난 것이다.

"멋있는 거 좀 해보려니까 협조를 안 해주네!"

앞에서 나를 찍고 있는 사람들에게 미안했는지, 아니면 내 욕심을 채우려 그랬는지 순간적으로 화가 나 사람도 아닌 자전거에게 윽박을 질러버렸다. 구멍이 나더라도 순식간에 바람이 빠지는 게 아니라 이제야 느껴진 것인데 우선은 한창 찍는 중이라 산통을 깨기 싫었다. 하지만 그것도 잠시, 점점 벌어져가는 썽태우와의 거리로 촬영을 중단할 수밖에 없었고 투덜대며 도로가에 멈춰 섰다. 땜질을 준비하며 한편으로는 '찍을 거리가 생겨 오히려 잘된 게 아닐까?' 하고 추측도 했는데 다행히 선임 아저씨도 그런 눈치였다. 카메라맨에게 이것저것 주문을 해, 땜질을 하려고 바퀴를 분리하는 나를 전보다 더 흥미롭게 촬영했다.

'역시 이거 때문이었어!'

튜브의 구멍을 막기도 전에 바퀴에 박힌 이물질부터 제거했다. 찾기 힘든 이물질을 제거했으니 나머지는 사실상 끝난 것이었다.

'이런 적이 한 번도 없었는데 대체 어디 있는 거지?'

그런데 희한하게도 튜브에 난 구멍이 도통 보이지 않았다. 처음 겪는 일이나 당황까지 해서 지루한 시간은 더욱 계속되었고 결국 어두워지는 날을 이기지 못해 비상용 튜브를 꺼내야만 했다. 그렇게 나의 뮤직비디오 촬영은 여기서 끝났다. 하지만 아쉬운 나와 달리 그들은 만족한 상태였고, 우리는 마무리 인터뷰를 하고자 방송국 근처의 어느 식당으로 향했다.

한 시간여를 달려 도착한 식당에서, 못 다한 인터뷰도 하고 이야기를 나누며 며칠 뒤 방송국에 들러 촬영 본과 작은 선물을 받아가라는 부탁까지 받았다. 하지만 방향도 안 맞고 일정에 여유도 없어 우리의 만남은 더 이상 이루어지지 않았다. 기회가 되면 내가 나오는 방송을 TV로, 그것도 미얀마에서 직접 보고 싶었지만 본인들을 미얀마 TV 관계자라고만 밝힌 그들의 채널이름을 알 턱이 없었다. 더군다나 내가 있을 당시의 미얀마에는 케이블을 포함한 채널수가 엄청나게 많았다. 채널은 그렇다 하더라도 방송 시간조차 몰라 그냥 특별한 체험을 했다는 사실로 만족했다.

나중에 알았지만 미얀마에는 오직 두 개의 공중파 채널만 존재한다. 국영방송과 국군방송이 그것인데 그중 국영방송의 이름이 바로 '미얀마 TV'였다. 미얀마 TV라는 게 채널 이름일 줄은 상상도 못했다. 거의 매일 미얀마 사람들과 TV를 봤지만 단 한 번도 '미얀마 TV' 채널을 본 일이 없었기 때문이다. 항상 유럽축구 아니면 할리우드 영화, 그리고 한국 드라마만 고집했기 때문에 미얀마 TV를 채널 이름

촬영을 마치고 마지막으로

으로 생각할 수 없었다. 그냥 미얀마에 있는 TV 방송국 중 하나라고만 여긴 것이다. 물론 채널을 알았다 해도 시간을 모르는데 볼 수 있나? 폼 잡고 있는 내 모습이라……. 상상만으로 오글거린다.

그런데 이런 것들을 따지기 전에, 더 중요한 것은 방송자체가 안됐을 수 있다는 사실이다. 근래에는 아니라지만 두 공중파 방송은 우리나라의 80년대처럼, 아니 현재의 우리나라 일부 방송처럼 편향적이어서 어용방송이라는 말이 지배적이다. 그런데 인터뷰 당시 입 발린 소리가 아닌 쓴 소리를 해댔으니 그게 방송이 되었을까? 그저 내가 보고 느낀 것을 얘기한 것뿐이지만 그들이 봤을 때는 그렇지 않았을 것이다.

"미얀마는 여행하기 어떤가요?"

"하늘도 멋있고, 곳곳에 있는 파고다도 정말 좋아요. 물론 자전거 타기도 좋은 곳이고요. 하지만 숙소가 근처 나라에 비해 비싸고 경찰들이 피곤하게 해요. 왜 이렇게까지 하는 거죠?"

당시 미얀마의 숙박 시스템을 잘 몰랐기에 마이크에 대고 주저리 주저리 떠든 것인데 이게 방송에 나갔을까? 달리는 모습이라도 나갔으면 다행이다. 여하간 방영 여부는 알 길이 없지만 한국에 와서 사람들에게는 방송 탔다고 말한다. 늦은 밤까지 촬영했는데 그 정도면 그리 말해도 된다. 혹시 아나? 정말 방송을 타서 나도 모르는 새에 미얀마 판 보쳉과 브루노(2000년대 '한국이 보인다'라는 방송에 출연해 인기를 얻은 중국인과 이탈리아인)였을지도……

#_38
누구도 모르는
위험한 곳,
바로 파출소

●"무슨 바람이 이렇게 불어? 설마 비까지 오는 거 아냐?"

시계 반대 방향으로 우리나라를 여행하다 막바지인 삼척에 방금 버스를 타고 도착했다. 웬 버스냐고? 자전거가 박살난 것도, 도난당한 것도 아니다. 버스에 아주 잘 싣고 왔다. 그저 우리 계획대로 안 됐을 뿐이다. 자전거 여행이 처음인 우리가 머리로만 짠 일정은 단지 이론에 지나지 않았다. 그래서 최종 도착지인 평창의 어느 산장에 도착하려면 기일이 얼마 남지 않았고, 하는 수 없이 중간은 뛰어넘어야 했다. 하지만 그 와중에도 동해안 도로는 포기할 수 없어 동해를 바라보는 도시, 이곳 삼척에 온 것이다. 뭔가 억울하고 아쉬웠지만 누굴 탓하랴 내 자신을 탓해야지.

이유야 어찌됐든 이런 언짢은 상황에, 며칠 전부터 이어진 강풍으로 우리 여행은 고난의 연속이었다. 거리의 물건이 허공을 휘저을 정도로 강한 바람이 불었고 버스에서 내리자 빗방울까지 내리치는 무자비함이 계속됐다.

"망할……."

4월의 동해안 밤은 여전히 추워서 한시라도 빨리 숙소나 야영 터를 잡아야 했다. 처음이라 거리에 대한 착오도 있었고 금전적인 부분에도 오산이 있어서, 주머니까지 한창 쪼그라든 상태였다. 그래서 숙소로 향하지도 못하고, 화난 하늘 때문에 야영도 못한 채, 한동안 길에서 우물쭈물만 해댔다. 그러다 해외여행 때 우연히 소방서에서 잔기억을 떠올려 무작정 근처의 파출소로 향했다. 얼마 후, 비바람을 뚫고 부둣가를 등진 파출소에 다다랐고 문에 달린 종을 번뜩 깨우며 아늑한 그곳으로 분주히 들어갔다. 당연히 경찰들은 멀뚱한 표정으로 우리를 맞이했는데 그도 그럴 것이 국내여행 막바지라 걸인과 다를 바 없는 행색이었고 비바람까지 맞은 탓에, 우릴 반갑게 맞이했다면 그게 더 이상한 상황이었을 것이다.

"저희가 자전거 여행 중인데 주머니 사정이 여의치 않아서……. 혹시 소파에서라도 하룻밤 보낼 수 있을까요?"

"그럼요, 추운데 어서 들어오세요"라고 했으면 얼마나 좋았을까? 가장 나이 많아 보이는 늙은 경찰이 우리를 곱지 않은 시선으로 힐끔 보다가 한껏 찡그린 얼굴로 대답했다.

"음……. 그게 모르나 본데, 파출소는 굉장히 위험한 곳이에요. 그러니 여기 있으면 안 됩니다. 나가세요. 저기로 나가면 모텔이 있어요. 그곳으로 가면 돼요."

'우리 부탁이 부담스러울 수도 있지만 내쫓는 이유가 너무 구차한 거 아니야? 파출소가 위험하다니. 범죄자 때문에 위험하다는 건가? 그러면 신고하러 오는 사람은 이 위험한 곳에 어떻게 온다는 거지? 게다가 도심에 모텔이 널렸다는 걸 누가 몰라서 여기까지 왔겠어?'

순간 욱 하는 감정이 일었지만 애써 참으며 한 번 더 부탁했다.

"그러면 혹시 밖에 있는 뒤뜰에서라도 야영하면 안 될까요?"

"참나! 이곳은 위험한 곳이라니까요. 이곳 말고 다른 곳으로 가세요!"

파출소에서 자는 게 불법인지는 모르지만 이런 유의 말을 들을 줄은 상상도 못했다. 차라리 공무 때문에 안 된다고 하면 시원하게 물러났겠지만 늙은 경찰의 촌스러운 거절에 어이가 없었다. 순간 옆에 있던 젊은 경찰은 도와주려는 듯 의자에서 엉덩이를 뗐다가 늙은 경찰의 단호함에 놀라 곧바로 주저앉았다. 당시는 11시도 넘었고 앞서 말한 대로 비바람이 강하게 부는 중이었다. 게다가 이곳은 바닷가라 아까보다 바람이 더욱 심해 터미널에서 오는 내내 사고가 나지나 않을까 초조했다. 파출소에 있던 그 잠깐도 유리 현관문을 통해 보이는 바깥 풍경이 너무나 매서워, 우리의 청이 먹히지 않을까 예상한 것인데 오산이 너무나 컸나 보다. 씨알도 안 먹힌다. 따지고 보면 숙소도 아니니 더 이상 뭐라 할 수도 없는 노릇이었다.

낙담하며 파출소에서 쫓겨난 우리는 해안가를 따라 이곳저곳 배회하다, 아직도 불이 환한 민박집 하나를 발견했다. 늦은 시각까지 손님을 못 받아 곤란해 하던 아주머니와 주머니 사정이 어려운 우리의 상황이 잘 맞아 조화로운 방값을 이끌어냈고 더 이상 헤맬 필요 없이 늦은 하루를 여기서 마치게 되었다.

훗날 포카라에서 어느 한국 아저씨를 만나 비오는 날 네팔 막걸리인 창을 기울이며 한국 여행에 대한 이야기를 했다. 낚시를 좋아하는 그 아저씨는 밤낚시를 하다 비가 오는 날이면 근처 파출소에 가서 사정을 말하고 잠시 눈을 붙이기도 했다는데 그 이야기를 듣고 그럴 리 없다고 내가 겪은 일화를 말해주었다. 그랬더니 아저씨는 불같이 화를 내며 112에 그 늙은 경찰을 신고해야 한다고 오히려 나를 닦달했다. 물론 신고라기보다는 불만접수의 의미였겠지만 노발대발 하는 아저씨의 모습을 보고 있자니 그때 우리의 부탁이 그렇게 어려운 부탁이었는지 다시금 곱씹어 보았다.

반면 미얀마 경찰의 태도는 집요할 정도로 책임감이 강했다. 다만 내 야영을 방해한 이유로 흥을 좀 보긴 했지만 따지고 보면 본인의 임무를 다 했을 뿐 틀린 건 없다. 한 번은 내가 끝까지 고집을 피워 야영을 한 적도 있는데 다음날 시찰까지 와서 내 안전 여부를 확인하고 돌아가기도 했다. 그럴 때는 미안한 마음에 서로 피곤하지 않게 다음번에는 반드시 따돌려 주리라 굳게 결심하며 텐트를 걷었다. 물론 고마운 마음도 당연히 있었다. 그들에 대한 고마움은 한국에서 나 몰라라 우리를 내쫓던 누구 덕분에 더 커졌지만 말이다.

#_39
미얀마의
소소한 이야기

1. 바가지

영광스럽게도 난 미얀마 시골 사람이 만난 최초의 외국인이었다.
그래서 그들은 이방인인 나를 대할 때마다 서투를 수밖에 없었는데
이것은 비단 시골뿐 아니라 미얀마 전역 어디에서나 느낄 수 있는 현
상이었다. 심지어 도심에서조차 가끔씩 일어나곤 했다.

양곤에서 다시 공항으로 돌아가기 전, 허기진 배를 채우고자 늦게
까지 하는 포장마차에 잠시 들렀다. 놓여 있는 음식을 보다 먹음직스
럽게 생긴 닭다리 하나를 골라, 어려 보이는 직원에게 물었다.

"얼마야?"

"2000짯."

당시 환율로는 우리나라의 원과 미얀마의 짯이 거의 1대1 정도였으니 닭다리 하나에 2000원이라는 말이다.

'2000짯이면 거의 우리 돈으로 2000원인데, 뭔가 이상한데? 맥주는 800원인데 그 두 배도 넘는다고? 닭이 귀한 나라인가?'

휴대폰에 숫자를 찍어 보이며 재차 물었다.

"2000짯, 이거 맞아?"

"응……."

선뜻 자신 있게 말하지 못하는 그를 보고, 나는 그저 우리의 대화에 오해가 끼었을 것이라 생각했다. 그런데 마침 우리를 이상히 여겼는지 좀 떨어져 있던 사장이 다가왔다.

"왜, 무슨 일이야?"

"닭다리 하나 사려는데 얼마예요?"

"이거? 500짯."

'뭐야, 2000짯이라며? 바가지 씌웠던 거야?'

단순히 언어소통의 문제란 내 짐작과 달리 바가지를 씌운 뒤 사장 몰래 삥땅치려다 재수 없게 걸린 것이다. 내가 자초지종을 말하지도 않았는데 전과가 있었는지 사장은 말없이 그를 쏘아봤고 그는 쭈뼛쭈뼛 게걸음을 치며 달아나기 바빴다.

'바가지를 씌우려면 자연스럽게 하지, 뭐가 저리 어설퍼?'

그 어설픈 행동이 당시는 그저 특정 사례에 불과하다 여겼다. 그런데 다른 곳은 다른 의미로 심했다. 양곤 도심은 그래도 어설프게 나마 바가지라도 씌웠지, 외국인을 처음 접한 농촌사람은 바가지는 생각도 못하고 그저 나를 어떻게 대해야 하나 고민하기에 바빴으니 말이다. 그런 어색함을 뚫고 내게 한마디라도 건네 준 그들 덕에 미얀마 여행은 특별할 수 있었다. 기회가 된다면 그 젊은 직원의 바가지 기술이 얼마나 늘었나, 확인해보고 싶다. 아차, 혹시 잘린 건 아니겠지?

2. 미얀마의 한국

"그 많은 버스가 어디로 갔는지 알아?"

"아니, 왜?"

"궁금하잖아. 한두 대도 아니고 멀쩡하던 버스들이 한꺼번에 사라졌다는 게."

십여 년 전, 녹조라떼를 만들어낸 바리스타 대통령이 서울 시장이었을 당시, 대대적인 시내버스 개편이 있었다. 그 개편으로 정말 모든 버스의 번호가 변해버린 나머지, 새 번호를 일일이 알기 귀찮아 한동안 버스 말고 지하철만 이용하기도 했다. 비단 버스번호뿐 아니라 버스 자체를 새 것으로 교체하는 이 큰 개편에 내가 궁금해 한 것은 전에 달리던 버스의 행방이었다. 지금이야 중고품이 바다 건너 해외로 나가는 게 일상적이지만 당시만 해도 버려지는 물건은 폐공장이나 고물상으로 간다고 알고 있을 때다.

아무튼 당시의 의문점은 훗날 이곳저곳을 여행하며 풀리긴 했지만 미얀마에 와서 다시 이 생각을 한 건 다른 곳보다도 우리나라 버스가 이곳에 월등히 많아서다. 버스 수에 국한된 게 아니라 버스번호라든지 정류장 이름, 심지어 버스 내부와 외부에 부착된 광고까지도 예전 모습 그대로 미얀마를 질주하고 있다. 대도시에서는 쉽게 볼 수 없었지만 지방에는 널린 게 한국버스여서 어쩔 때는 아침에 서울버스 보고, 낮에는 부산버스 보고, 저녁엔 속초버스를 본다. 그리고 결정적으로 우리 동네 마을버스를 보고 나서는 '내가 지금 있는 곳이 미얀마가 맞나?' 하는 알면서도 바보 같은 질문을 하곤 했다. 참고로 버스 외관이 바뀌지 않은 것은 태국의 썽태우처럼 암묵적으로 정차지가 정해져 있거나 탑승 시 구두로 정차지를 정해서 새로운 버스번호나 정류장 이름이 필요치 않았을 것이다.

우리나라 버스가 들어온 것만 봐도 그간 듣던 금단의 나라, 미지의 나라라는 말은 오직 사람에게만 국한된 얘기였다. 작은 도시에서도 외국계 기업은 어딜 가나 볼 수 있었고 한국 기업에 대한 정보를 쭉 읊어대는 주민과 한국 드라마에 빠진 부인 때문에 다른 걸 못 본다는 남편의 치기 어린 푸념까지, 이 모든 것을 보고는 폐쇄는커녕 활짝 열린 미얀마의 민낯을 몸소 느낄 수 있었다. 미얀마는 그렇게 오래전부터 살아 있던 것이다.

3. 물 항아리

"이 안에 뭐가 있어요?"

오며가며 봐온지라 대충 물
이 들어 있을 거라 가늠하면서
도 마침 항아리 앞에서 무언가
를 마시던 아주머니에게 물었
다. 그런 내게 아주머니는 직
접 확인해 보라는 듯 말없이
웃는 얼굴로 잔을 건넸다.

'진짜 물이네. 근데 이걸 누가 관리하지?'

미얀마 어디를 가도 볼 수 있는 게 몇 가지 있는데 그중 하나가 이
물 항아리다. 미얀마를 여행하는 이상 절대 이 물 항아리에서 벗어
날 수 없다. 절대! 어디를 가도 따라다닌다. 마치 마니또와 같다. 그
래서 곳곳에 놓여 있는 항아리를 볼 때면 미얀마 사람들의 온정을
느낄 수 있지만 한편으론 여행을 마친 지금도 솔직히 이해 안 가는
부분이 많다.

'어떻게 항아리를 곳곳에 비치하지? 게다가 꾸준히 물을 채우는
건 누구야? 돈을 주나?'

정부에서 물을 채울 법도 한데 아니었다. 이건 전적으로 마을 주민
들의 자발적인 참여로 이루어진 것이다(사찰을 통해서도 이루어지지만
연결고리만 다를 뿐 결국 그들 스스로 행하는 것이다). 알지도 못하는 누군

가를 위해 매일 같이 항아리를 채우는 그들에게서, 따뜻한 마음씨를 진하게 느낄 수 있다.

일반 수돗물이 들어가는 이 항아리 안에는 간단한 여과장치가 있다. 물론 그것이 미세한 이물질까지 걸러주지는 못하지만 육안으로 보기엔 아주 맑다. 물맛도 일반 식수와 똑같다. 누구는 외국인이 이 물을 먹으면 100퍼센트 설사한다는데 죽는 것도 아니고 설사야 살면서 몇 백번도 더 한다. 한 번 더 한다고 죽나? 고로 난 먹어 보길 권한다. 이 물을 매일 마신 나는 미얀마에서 물을 산 적이 단 한 번도 없다. 설사를 했냐고? 음…… 기억 안 난다. 하지만 기억 안 나는 거보니 그 때문에 고생하지 않은 건 확실하다. 한 번은 오히려, 무심코 열어본 항아리에서 수면에 떠다니는 푸르른 나뭇잎을 보고 안심한 적도 있다. 타는 갈증으로 허겁지겁 뚜껑을 열었지만 잔잔하게 부유하는 그것을 보니 마시기도 전에 기운뿐만 아니라 기분까지 올라갔다.

가끔 깊은 산속을 지나다 '뭐 이런 곳에까지 있어?'라고 생각하며 물을 뜰 때면 '그런데 한적한 이곳에 누가 이걸 채워놨지?' 하는 뒤늦은 의구심으로 혼자 오싹해져서는 쓸데없는 휘파람까지 불며 재빨리 이곳을 벗어나는, 창피하고 우스꽝스러운 일도 있었다.

그런데 요즘 현대화되는 과정에서 물 항아리뿐 아니라 식수문화 전체에 변화의 움직임이 있다고 한다. 그러니 정수기 회사나 생수 회사가 괜찮은 전망이라 보는데 잘 알아보시라. 어쩌면 그 덕에 떼돈을 벌지도 모르니.

다나카

4. 다나카와 론지

"오! 나도 해볼게요."

모나스터리(종교사원)를 못 알아듣던 나를 포기하지 않고 절로 안내해준 경비원, 위나이 아저씨의 집에 초대받았을 때 다. 처음 방문한 미얀마의 전통 가옥이었다. 이곳의 전통가옥은 축축한 지반에서 오는 여러 불편함 을 극복하고자 나무 기둥을 대고, 그 위에 집을 높이 짓는다. 그래서 땅과 높이 지은 집 사이에 빈 공간이 있어 그곳에 잡동사니를 보관하 거나 닭을 키운다. 아저씨의 집도 다를 바 없어서 계단을 타고 그 공 간은 넘어서면 자그마한 방으로 들어갈 수 있다. 그렇게 아저씨의 집 에 들어갔더니 입구 근처에 한 뼘 정도의 누런 나무토막이 여러 개 놓 여 있었다. 굉장히 가벼운 그 나무토막은 바로, 천연 선크림 '다나카' 다. 미얀마 사람 대부분이 얼굴에 노랗게 칠하는 분의 본래 모습이다. 껍질을 이미 벗겨서 누런색으로 보이는 이 '다나카'를 거친 돌판 위에 놓고 먹 갈 듯 물을 조금씩 넣어 갈면 얼굴에 바를 수 있는 노란색 분, 다나카가 만들어지는 것이다. 그렇게 즉석에서 만든 천연 선크림을 그냥 바르기만 하면 끝이다. 바르는 방법? 그런 것 없다. 그냥 자기 맘대로 바르면 된다. 한쪽 뺨만 바르는 사람, 특정 부분만 바르는 사 람, 전체에 덕지덕지 다 바르는 사람, 바르는 방법도 다들 제각각이다. 본래 용도는 선크림이지만 누런색인 이 다나카로 자신을 표현하는 것이다. 그래서 다나카는 남녀노소 할 거 없이 미얀마 사람들에게 없어서는 안 될 필수품 중 하나다.

또한 미얀마에서 볼 수 있는 특징이 하나 더 있다. 예전 미얀

위나이 아저씨와 다나카를 바르고

마를 다녀온 누군가가 미얀마 여자들은 거친 막노동을 한다며 대단하다고 감탄하며 자신의 블로그에 사진과 글을 올린 것을 본 적이 있다. 하지만 아쉽게도 그녀는 '그녀'가 아니다. 물론 누런색 다나카를 바른 얼굴과 치마를 입은 모습에 여자라 오해할 만하다. 그럼에도 '그녀'는 남자다. 스코틀랜드만 남성이 치마를 입는 게 아니다. 미얀마 남자도 치마를 입는다. 이 옷은 남녀노소 따지지 않고 미얀마 사람 누구나 즐겨 입는 전통복장 '론지'다. 시대에 맞게 위에는 셔츠나 티를 걸치지만 하의는 꼭 이 론지를 입는다. 도시나 젊은 사람은 밝고 화려한 색을 선호하는 반면, 농촌이나 나이든 사람들은 어두운 색을 선호하는 경향으로 나뉠 뿐, 결국 미얀마 사람 모두가 이 론지를 애용한다. 심지어 교복도 론지다.

어디서나 볼 수 있는 이 치마 때문에 그들의 행동이 우리의 상식과는 다를 때가 많다. 도로를 달리다 보면 길가의 잔디에 쭈그려 앉아 뭔가를 하는 남자를 심심치 않게 볼 수 있다. 처음엔 유심히 보지 않

론지를 입었다

아 그저 약초를 캐거나 밭일에 관련된 일을 하나 보다 생각했는데 알고 보니 그건 쉬야를 하는 것이었다. 발목까지 내려오는 론지의 특성상 자신의 중요 부위를 가릴 수 있다는 특징 때문인지 노상방뇨에 대해 이렇게 거침없다. 그렇다고 해도 우리가 생각하는 노상방뇨와는 다르다. 어두운 골목 어딘가에서 비틀대는 등판으로 작은 물줄기를 만들어내는, 내게로 흘러올까 피하게 되는 그런 노상방뇨가 아니다. 방뇨되는 족족 흙 밟인 지천에 흡수되기 그럴 걱정 없다. 게다가 앞서 말한 대로 다소곳하게 앉은 모습에, 인상을 찌푸릴 일도 전혀 없다.

이렇게 여러모로 편한 론지를 나도 절에 갈 때 몇 번 입었다. 모든 절에서는 아니지만 특정 절에 들어갈 때는 꼭 론지를 입어야 한다. 개인 론지가 없어도 대여해주니 걱정할 필요 없다. 아! 그리고 특정 절이 아닌 모든 절에 들어갈 때 지켜야 할 것이 하나있다. 그건 바로 신발을 벗고 들어가야 하는 것이다. 정확한 이유는 모르지만 아마 예절이라 여기는 것 같다. 만약 미얀마에 갔다가 심신이 지친다면 시골 마을의 절에 가보시라. 미얀마 절 자체가 우리의 절과는 달라 꽤 이색적인데다 다나카를 바른 채, 론지를 입고 시원하게 맨발로 유유자적 둘러보면 여행하다 지친 심신 정도는 금세 회복돼 있을 것이다.

#_40
뒤통수의 추억

●'천년고도 바간', 혹은 '세계 3대 불교'. 이 두 가지가 바간을 칭할 때 쓰이는 가장 유명한 수식어이다. 그렇다. 내가 드디어 바간에 다다른 것이다. 양곤에서부터 오직 북쪽으로만 달려, 빠야지^{Byet Gyi}, 타에꼰^{Thu Htay Kone}, 통구, 네피도, 메잇떨라^{Meiktila}를 지나 드디어 고대도시 바간에 들어간다! 최대 관광지이기도 한 명성에 걸맞게 직선으로 깔끔하게 난 길이 나를 맞이했고 그 덕에 고지가 코앞이라는 사실을 더욱 실감할 수 있었다. 길가 오른편에는 거대한 기차역과 버스터미널이 있어 많은 인파를 수용하려는 그들의 노력 또한 알 수 있었다.

'뭐지? 왜 갑자기 이렇게들 히치하이킹을 하는 거야?'

그간 보지 못하던 외국 여행자도 눈에 띄었다. 그런데 무엇보다 눈에 띈 건 바간에 가까워질수록 도로가에서 히치하이킹을 하는 여행자들이 많다는 것이다. 한두 명도 아닌 사람들이 히치하이킹을 하는 모습에 궁금함이 일기도 했지만 바간을 기대하는 마음이 더 커서 그저 앞만 보고 내달렸다.

"밍글라바(안녕하세요)."

신난 마음에 그들을 향해 던지듯 인사를 하고는 이어폰을 꽂은 채 휘파람까지 불어대며 들뜬 마음으로 점차 속도를 높여갔다.

"스탑!"

'뭐야? 왜들 그래?'

방금 전, 경비실 비슷한 간이 건물을 지났는데 그 안에서 밥 먹다 말고 급히 튀어나왔는지 볼이 불룩한 직원이 힘겹게 소리치며 내게 달려왔다.

"표 사야지! 어디 가?"

"엥? 표?"

그랬다. 표가 필요했다. 유원지나 유적지에 들어가기 위한 표 말이다. 약간 다른 게 있다면 이곳은 일반입장권이 아닌 도시 '바간'으로 들어가는 데 필요한 '도시입장권'이었다.

'그래, 정당한 금액은 당연히 지불해야지.'

"얼마에요?

"25000짯, 달러로는 20달러!"

20달러, 기한은 5일. 앙코르와트와 비교하면 적은 금액이지만 미얀마 현지 물가에 적응된 내게, 갑자기 내놓으라는 20달러는 적잖은 금액이었다. 평소에도 협상을 즐겼으니, 이번에도 은근슬쩍 깎아보려 했지만 가차 없이 거절당했다. 하긴 여기서 될 리가 없지……. 미얀마 화폐인 25000짯보다 20달러가 조금이라도 유리한 것 같아 달러를 꺼내려고 판매처에서 나왔다. 그리곤 자전거에 꽉 매달린 가방에 손을 집어넣고는 한참이나 낑낑대고 있는데 차들이 내 옆을 쌩쌩 지나갔다.

"엥? 저들은 왜 안 잡아요?"

직원이 말하길 그들은 내국인이라 무료란다.

'아, 그래서 다들 히치하이킹을……'

그 이유를 앎과 동시에 무릎을 탁치며 깊은 한탄을 내뱉어야 했다.

또 다른 3대 불교성지 중 하나인 캄보디아의 앙코르와트와 마찬가지로 내국인은 무료인 이곳에 아까 그 히치하이킹 족들이 내국인 차를 얻어 타고 공짜로 들어가는 꼼수를 부린 것이다.

아까운 생각이 들어 안 그래도 꺼내기 힘든 달러가 이젠 정말 꺼내기 싫어졌다. 하지만 어쩔 도리가 있나, 결국 값을 지불하고 표를 받아 바간으로 들어갈 수밖에.

그렇게 입성한 바간에서 식사를 하며 인터넷을 뒤져보니 갖가지 방법으로 이곳에 들어왔다는 사람들 천지였다. 내국인 차를 얻어 탔다는 사람, 시내버스를 탔다는 사람, 택시를 탔다는 사람, 급기야 마차를 탔다는 사람까지, 다들 기상천외한 방법으로 경계를 뚫은 것이다. 그런데 난 그것도 모르고 신나게 페달을 밟아댔으니……. '그저 잊어야지'라고 다짐하며 지냈지만 지갑을 열 때마다 보이는 입장권

탓에 머릿속은 복잡해져만 갔다. 그래서 나중에 시골에서 만난 프랑스 자전거 여행자에게도 내가 겪은 일화를 들려주며 나름의 조언을 해주었다. 물론 이런 내가 구질구질하고 소심한 줄은 알지만, 더군다나 한국과 비교하면 더욱 얼마 안 되는 돈인 줄은 알지만, 당시는 틈만 나면 잔머리를 굴려 어떻게든 이 상황을 만회할 생각뿐이었다. 그러다가 바간을 떠나는 날 기막힌 방법이 떠올랐다. 내 입장권은 아직 오늘을 포함해 3일이나 남아 있었기 때문이다.

'그래, 팔자!'

하면 안 되는 일이지만 오히려 스릴까지 느낀 나는 얼굴에 화색을 띠며 도시 밖으로 나갔다. 출입구인 판매처를 지나 좀 더 달렸더니 역시나 몇몇 무리가 히치하이킹을 하고 있었다.

"안녕? 너희들 바간 들어가지? 나한테 표 살래?"

"아니, 우리는 그냥 공짜로 들어갈 거라서 괜찮아."

그래 이놈들에겐 이것도 사치다. 목표물을 변경했다. 입장권을 구입할 사람들로 말이다. 당연히 표를 사려는 사람들은 판매처로 모일 테니 재빨리 그곳으로 갔다. 그렇게 땡볕에서 기다리다 지쳐 판매처로 들어가 직원들과 이것저것 농담을 하고 있었다. 그렇게 한 5분을 더 보냈나? 창밖으로 돈을 꺼내는 한 쌍의 서양 커플이 보였다.

"즐거웠어요. 이제 난 갈게요. 안녕!"

직원들에게 잽싸게 인사하고 나왔다.

"안녕? 표 사려고? 내 표 살래? 3일이나 남았어. 어차피 그 안에 다 볼 수 있으니 기간은 넉넉해."

사실 예전만 해도 서양인은 '무조건 도덕적이다'라는 착각에 빠져 있었다. 그러나 히치하이킹으로 꼼수를 부리는 서양인을 보고는 인간 다 똑같다는 생각에 내 표도 분명히 살 거란 확신이 있었다.

"그래? 얼마인데?"

'그래, 그럴 줄 알았다.'

이럴 때일수록 애써 친절한 표정을 지어보이면 안 된다. 태양이 작열하는 날씨에 맞게 한껏 찡그린 얼굴로 손부채질까지 해가며 귀찮은 듯 최대한 별 일 아니라고 말해야 한다. 물론 속으로는 음흉한 웃음을 지으며 말이다.

"15000짯에 팔게. 어차피 3일 안에 다 볼 수 있어. 만약에 기한 넘더라도 날짜는 확인 안 하니까 괜찮아. 아니다, 그냥 10000짯에 가져가. 안 사면 난 가고, 아 덥다."

"아냐, 살게. 돈 여기 있어."

입장권을 사려고 꺼낸 돈 중 10000짯을 부리나케 나에게 주었다.

'OK! 됐다!'

"Thanks, bon voyage!"

바로 인사를 하고 자전거에 올랐다. 페달을 밟기 전 혹시나 하는 마음에 판매처 쪽을 봤지만 다행히 그들은 이쪽은 신경도 안 쓴 채 잡담에 여념이 없었다. 그렇게 안심하며 고개를 돌리려는 찰나, 이럴 수가, 출근하는 길인지, 판매처 쪽으로 가던 직원이 우리를 보고는 이쪽으로 다가오는 게 아닌가! 사실 내 입장에서는 돈도 받았겠다, 이미 자전거에도 올랐겠다, 페달만 밟으면 끝이었다. 하지만 서양 친구들이 남아 있어 그럴 수 없었다. 그래도 그러면 안 되는 거니까.

결국 자전거에서 내릴 수밖에 없었다. 다가온 직원은 판매처 직원들까지 불러 모아 우리 앞에 섰다.

'아…… 돈 좀 아끼려다가 개망신 당했네.'

더군다나 판매처 직원은 방금 전까지 나와 수다까지 떤지라 하나같이 어안이 벙벙한 표정으로 나를 쳐다봤다. 할 수 없이 창피함을 느끼며 돈과 입장권을 다시 교환한 후 각자 제 갈 길을 떠났다.

출발한 나는 최대한 속도를 내, 일 초라도 빨리 도망가고 싶었으나 괜히 속도를 내 줄행랑쳤다가는 창피해 보일까 봐 아무 일 없다는 듯 평소처럼, 아니 평소보다 더 여유롭게 페달을 밟았다. 판매처를 등진 채 넓은 직선도로를 벗어나는, 그 짧은 거리를 달리는 동안 뒤통수가 유난히 뜨거웠던 건 비단 작열하는 태양 때문이 아니라 직원의 눈초리를 느끼는 내 양심 때문은 아니었을까? 그렇게 한참을 달려서야 조심스럽게 고개를 돌려 작아진 판매처를 보며 해방된 느낌을 가질 수 있었다.

#_41
천년의 땅,
바간

● 미얀마에 도착해 바간까지 오는, 보름이 안 되는 기간 동안 대부분을 야영으로 보냈지만 나머지 3분의 1정도는 절에서 보냈다. 위나이 아저씨 덕에 절에서도 숙박이 된 다는 사실을 알았기 때문이다 (원래 나와 같은 관광비자로는 불가하다). 그래서 야영하기 힘든 상황에 놓이면 눈에 띄는 절에 들어가 사정을 얘기한 뒤, 별 문제없이 짐을 풀곤 했다. 마침 이곳, 바간에서도 야영이 어렵다는 것을 느낀 나는 여지없이 절로 페달을 밟았다.

"주지스님이 안에서 기다립니다. 들어오세요."

"네, 감사합니다."

보통 절에 들어가 하룻밤을 묵어도 괜찮은지 물을 때면 형식적으로라도 이렇게 주지스님을 만날 때가 있는데 이상하게도 이번엔 전과 다른 느낌이 감지됐다. 역시, 아니나 다를까 방에 들어서자 왕처럼 가운데 주지스님이 앉아 있었고 좀 아래에는 그보다 서열이 낮아 보이는 스님 두 분이 양쪽에 마주앉아 무거운 분위기로 나를 맞이했다. 그래서 그 옛날 외국의 사신이 그랬듯 주지스님 앞에 무릎 꿇고 앉아, 이곳에 머물러도 되는지 정중히 여쭈었다. 그들은 한동안 미얀마어로 대화를 하더니, 굳은 얼굴로 단호하게 답했다.

"안 돼."

"네? 왜 안 돼요? 다른 절에서는 됐는데."

"안 돼."

'깐깐하게 왜 이래? 한 번도 이런 적 없었는데…….'

그간 법당에 대자로 누워 코고는 스님, 날 만나지도 않고 그냥 허락해준 스님, 족구 비슷한 걸 하는 와중에 '알았으니까 우선 공부터 차봐'라고 한 스님들뿐이어서 이런 결과는 무척 당혹스러웠다. 바간이라는 유명 불교 성지에 위치했다는 이유 때문인가? 아무튼 스님들은 내 부탁을 단박에 거절해, 들어오기도 전에 느낀 불안감은 적중하고야 말았다.

'다른 방법 없나?'

단호한 거절에도 쉽게 물러서지 않고 머리를 굴리다 우선 야영이라도 괜찮은지 재청했다. 그런데 안타깝게도 캠핑이나 텐트라는 말이 전달 안 돼, 소통에 문제가 있었다. 급한 대로 손짓 발짓까지 해가며 전달하려 애썼지만 그마저도 여의치 않아 스님의 미간만 깊어 갔다.

"잠깐만요!"

휴대폰에 저장된 야영 사진을 보여주려고 뒤지던 중, 운 좋게도 더 좋은 수가 떠올랐다.

'나 천재 아니야? 이거면 아마 일주일도 머물겠는데?'

내 휴대폰을 건네받을 때만해도 여전히 심드렁하던 스님의 얼굴은 곧 흥미로운 표정으로 바뀌었고 이윽고 내게 질문까지 했다.

"너 룸비니 갔다 왔어?"

"네, 룸비니 갔다가 미얀마 온 거예요."

난 텐트 사진을 찾다가 부처님의 탄생지, 룸비니 사진을 보고는 바로 이거다 싶었다. 텐트 사진? 그딴 사진을 왜 보여줘? 내가 미쳤었나 보다. 사람도 많이 들락거리는 바간의 절에서 야영이라니……. 이제라도 정신이 들었으니 다행이다. 바보같이 애초에 왜 이 생각을 못했을까? 룸비니 동산의 아기부처상을 보여주면 끝인데. 왜냐고? 여기는 세계 최대의 불교국가 미얀마, 그중에서도 세계 3대 불교 유적지 중 하나인 바간이다. 게다가 이들이 누군가? 스님들 아닌가? 안 해주면 그게 더 이상한 거다.

"이곳에 얼마나 있으려고?"

"아직 모르겠어요. 5일은 안 넘을 거예요. 만약 바뀌면 말해 줄게요."

"그래, 알았어. 근데 룸비니에는 얼마나 있었어?"

'하하하, 그동안 기도를 했더니 뭐라도 오긴 오는구나.'

불교신자는 아니지만 그간 절에서 묵을 때마다 인사 차원에서 짧

바간의 사원

게 간단한 기도를 드렸는데 그게 먹혔는지 스님의 안내를 받아 방을
아예 통째로 쓰게 되었다. 방 안의 시설은 별로였지만 8명 정도의 순
례자가 이용하던 옆방이 나와 같은 방이라는 걸 감안하면 내 입장에
선 분에 넘치는 대우였다.

 비로소 바간에 안착하게 되었기에 곧바로 자전거를 타고 여행자
거리로 나섰다. 우선 바간은 크게 세 지역으로 나뉜다. 올드 바간, 뉴
바간, 냐웅우 Nyaung-U가 그것들로서 유적지가 몰려 있는 올드 바간에
나를 포함한 대부분의 여행자가 머물고 있다. 그러니 이곳에도 당연
히 여행자 거리는 존재한다. 양곤을 떠나 처음 보는 여행자가 낯설면
서도 반가워, 마지막 하루 정도는 이곳에 묵으며 '간만에' 여행자들
과 부대껴볼까 생각도 했지만 얼마 안 가 바간의 신비로움에 빠져, 이

런 고민은 금세 잊어버렸다.

　내가 처음으로 향한 곳은 아난다 사원Ananda Temple이란 곳으로 이곳은 히말라야의 거대 동굴 사원 난다물라Nandamula를 본떠 만든 곳으로 유명하다. 바간에서도 인기 있는 이곳을 찾은 이유는 단 하나, 사원에 있는 불상의 얼굴을 직접 보고 싶어서다. 이게 무슨 말인가 하면, 아난다 사원의 문은 총 네 개로 되어 있어 그곳으로 들어가면 각기 다른 거대 황금 불상을 만날 수 있다. 그런데 신기하게도 불상 모두 거리에 따라 표정이 다르단다. 가까이에서는 꾸짖는 얼굴을, 멀리서는 인자한 얼굴을 보인다는 것이다. 그 이유는 옛날 불상 가까이 올 수 있던 지배층과 가까이 오지 못하고 멀리서만 봐야 하는 피지배층에게 각기 다른 부처님의 얼굴을 보이고자 한 이유 때문이다. 그래서 나도 이 특별한 불상을 보려고 한달음에 사원으로 달려왔다.

　도착한 아난다 사원에는 불상을 카메라에 담는 사람, 기도를 드리는 사람, 옆에서 그림을 파는 사람, 그저 휴식을 취하는 사람들로 인산인해를 이루고 있었다. 그 틈바구니에 껴, 나도 할 일을 했다. 불상의 얼굴에 눈을 고정한 채 5~6미터 정도 거리를 앞뒤로 왔다 갔다 하는 작업 말이다.

　'소문대로 달라지는 것 같기도 한데, 확연한 차이는 모르겠네. 좀 더 폭을 넓혀 볼까?'

　전보다 거리를 넓혀 거의 끝에서 끝까지 움직여 몇 차례를 반복할 때쯤 나 혼자만 이 우스꽝스러운 확인 작업에 심취해 있다는 것을 알았다.

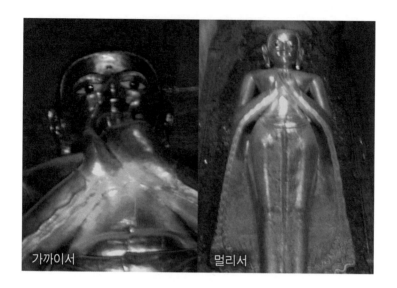

가까이서　　　　　　　멀리서

'왜 나 혼자만 하지? 달리 보이는 불상의 표정이 유명한 게 아니었나?'

여행자들은 나를 신기하게 쳐다봤고 나중에는 아예 날 위해 길을 터주기까지 하며 내 행동을 기이하게 여겼다.

'이게 아닌데……. 맘 편히 볼 수가 없네.'

여전히 시선을 고정한 채 움직이곤 있었지만 쏠리는 눈빛 때문에 부담은 커져만 갔다. 하긴 생각해보면 많은 인파 속에서 고개를 쳐들고 왔다 갔다 하는 꼴이 우습긴 했을 거다. 그래서 우선 이 난감한 상황에서 벗어나기로 했다. 최대한 자연스럽게 불상 앞으로 나가는 척하다, 오른쪽으로 나 있는 길을 향해 태연히 직각보행으로 몸을 틀었고 그렇게 통로를 지나 다른 쪽 불상 앞에 서서는 여전히 풀리지 않은 의문을 풀려고 또 다시 앞뒤로 몸을 움직여댔다. 결국 이렇게 네 개의

문 앞에서 모두 움직여본 다음에야 아난다 사원을 나왔다.

'중간에 이상한 일을 겪긴 했지만 그래도 나름 자세히 봤는데 확연한 차이를 도통 모르겠는데…….'

시력과 눈썰미가 동시에 안 좋은 건지, 무감각한 건지, 불심 자체가 없는 건지, 큰 차이를 느끼지 못한 채, 이곳저곳을 정처 없이 돌아다녔다. 당시는 아난다 사원 외에 '바간에서 어떤 걸 봐야지' 하는 계획 같은 건 전혀 없었다. 아난다 사원 하나 때문에 이곳을 찾은 것은 아니었지만 그렇다고 뭔가를 더 볼 요량으로 이곳을 찾은 것도 아니었기 때문이다. 그래서 밖으로 나와 이곳저곳을 돌아다니다 오히려 예상치 못하게도 바간의 진면목을 제대로 알게 되었다.

바간은 역시나 세계적인 불교 성지답게 2500여 개의 불탑(파고다)이 있었고 그 옛날에는 이 몇 배나 되는 10000여 개의 불탑이 있었다고 한다. 그러니 내가 핸들을 어느 방향으로 잡아도 항상 파고다가 있었고, 정글 같은 삼림 속에 들어가도 오래전부터 자리한 파고다를 만나는 건 전혀 놀랄 일이 아니었다. 숲에 가려 도시가 온전히 그 모습을 다 드러내지 못할 때도 하늘을 찌르는 파고다의 뾰족한 지붕이 무엇보다 자신을 먼저 알렸다. 그런 신비로움에 빠져 다른 듯 비슷하게 이어진 풍경을 바라만 봐도 나는 마냥 기분이 좋아졌다. 그래서 이곳저곳을 정처 없이 주마간산하던 중, 길도 제대로 안 난 모래밭을 지나, 외로이 서 있는 사원 하나를 발견했다. 아난다 사원이 여타 종교의 사원처럼 일반적인 형태를 띤 반면 이름 모를 이 사원은 피라미드와 같이, 바간에 있는 사각뿔 형태의 쉐지곤Shwezigon 사원과 비슷했다.

꽤 높은 이 사원에 올라 아래를 내려다보니, 시원스레 펼쳐진 잔디와 나무, 거기다 듬성듬성 보이는 파고다가 푸르른 바다를 만들 듯 생경한 풍경을 자아냈다. 게다가 하늘에는 무게감 있는 구름이 가득해 이 모든 걸 한 눈에 담자, 태초에 와 있는 듯 착각을 불러일으켰고 급기야 저 멀리 보이는 수평선에서부터 수많은 공룡이 몰려오는, 말도 안 되는 망상에 사로잡혀 잠시나마 현재를 잊기도 했다.

'바간은 천년고도라는데 내 눈엔 왜 그것보다 훨씬 오래전의 지구가 그려지는 걸까?'

그렇게 몇 시간을 가만히 멍하니 바라보기만 했다. 가끔 누군가가 오기도 했지만 워낙 구석에 있는지라 거의 안 온다 해도 무방했다. 그나마 오는 이도 물건을 파는 아이들이 다라서, 나처럼 엉덩이를 붙이고 있는 사람은 단 한 명도 없었다. 그래서인지 눈에 들어오는 이 모든 것이 다 내 것 같았다. 당연히 이곳에 매료된 나는 입구에 세워둔 자전거도 잊은 채, 일몰까지 보기로 결정했다. 일출과 달리 일몰은 맨 정신으로도 볼 수 있다는 장점 때문에 훨씬 선호하는 편이지만 일몰을 제대로 보기 시작한 건 그리 오래된 일이 아니다. 십여 년 전 바간과 함께 세계 3대 불교 유적지인 동시에 7대 불가사의 중 하나인 앙코르와트가 그 시작이었다.

낮 동안, 따가운 태양과 함께 거대한 앙코르와트를 둘러본 나는, 해가 질 무렵에 구석 어딘가에 처박혀 휴식을 취하고 있었다.

'여기서 나중에 시원한 음식이나 팔아볼까?'

이런 잡념에 사로잡혀 시간을 보내다, 조금씩 몰려드는 사람들 틈

바구니에 껴 우연히도 일몰을 보았다. 애초에 온전한 일몰을 본 것도 처음이지만 다른 곳도 아닌 앙코르와트에서 봤으니 장관이라는 말 외에 어떠한 표현도 대신할 수 없었다. 워낙 문외한이라 유적지나 그 밖에 어떤 것보다 대단했다. 은은하면서도 그 강렬한 자태에 매료된 난 그저 빠르게 사그라지는 태양을 보면서 그 아름다움이 너무나 아쉬워, 카메라를 드는 그 단순한 행위조차 할 수 없었다. 그 후로 여행이 아닌 일상에서 일몰과 마주칠 때면 자연스럽게 멈춰 섰지만 도심 속에서 일몰은 호락호락 자신을 드러내지 않아 전과 같은 느낌은 더 이상 받을 수 없었다.

　이곳 바간에서, 그때의 첫 일몰과 견줄 정도의 일몰을, 그러면서도 결이 다른 일몰을 바랐지만 기대가 크면 실망도 큰 법이라 노심초사하던 차에 하필 비가 쏟아져 내 기우에 불을 지폈다. 일몰 시간이 다가왔는데도 빗줄기는 잦아들지 않아 낙담에 빠진 데다, 비를 맞고 돌아갈 생각에 기분만 더 착잡해져 갔다. 그런데 정말 거짓말처럼 비가 뚝 그치더니 아까보다 더 맑은 하늘이 나타났고, 곧이어 생경한 바간이 그 모습을 드러내더니 앙코르와트의 일몰이 아닌 바간만의 경이로운 일몰을 펼쳐보였다. 때마침 도착한 두세 명의 사람도 웅성거림 없이 침묵의 석양을 바라봤다. 그간 주행 중에 본 역동적인 미얀마의 하늘이 태양과 함께 사라져갔는데 그것은 애잔함을 품고 쓸쓸히 퇴장하는 기존 석양이 아닌 금방이라도 용이 튀어나올 듯, 탁한 남색으로 변해가며 태초의 시작을 알리는, 그런 찬란한 의식이었다. '찬란함', 누차 말했지만 이 단어보다 미얀마의 풍경을 잘 표현하는 말은 없는 듯하다. 수평선 아래로 질주하는 태양이 이지러져 보일 때 그 기묘함에 매료돼 아쉬움이 가슴속을 파고들었다. 되돌릴 수 있다면 어딘가로 달음질치는 태양을 끌어올리고 싶어 다음날에도 난 이곳에서 고요히 치러지는 하늘의 의식을 관망했다. 일몰의 빛깔이 파랄 수도 있다는 것을 처음으로 깨달으며 말이다.

#_42
곡테익철교와
불안한 미얀마

● 미얀마에 대한 정보는 전무했지만 미얀마를 소개하는 다큐 하나는 확실히 보고 온 나였다. 대개가 그렇듯 지루한 내용이 가득한 영상 속에서도 오직 하나, 곡테익^{Gokteik} 협곡을 가로지르는 '곡테익 철교'가 내 눈길을 끌었다. 이 철교로 말한 것 같으면 길이가 689미터에 높이는 102미터로, 지어질 당시 세계에서 제일 높은 철교로 이름을 올렸다. 현재는 미국의 '킨주나^{Kinzuna}' 철교에게 그 자리를 내주긴 했지만 그래도 여전히 세계에서 두 번째로 높은 철교로 명성이 자자하다. 이런 배경 중에도 내 관심을 끈 건, 지금으로부터 100년도 전인 1901년에 이 철교가 세워졌다는 사실이다. 물론 당시, 미얀마를 지배하던 영국의 기술이 한몫했을 것이라 추정된다.

그래서 바간에서부터 더 북쪽으로 올라가 만달레이 주의 주도인 동명의 도시, '만달레이'까지 온 것이다. 만달레이는 미얀마를 여행하는 사람들에게 흥미로운 도시로 유명하지만 나는 예전부터 별 관심이 없었다. 그런데 실제로 당도해 보니 역시나 더욱 매력이 없었다. 그저 얼른 100년 전! 그 100년도 더 전에 지어진 곡테익 철교만이 내 유일한 관심사였다.

"오전 4시? 그거밖에 없어요?"

"네, 그리고 자전거 실으려면 3시까지 오세요!"

'새벽 3시, 이럴 수가……'

참고로 곡테익 철교를 보려면 기차를 타야 한다. 곡테익 철교 관광을 위해 특별히 만든 기차는 아니고 그냥 곡테익 철교를 지나는 일반 기차다. 그래서 바간에서 기차를 탈 수 있는 가장 가까운 곳인 만달레이까지 온 것인데, 새벽 출발이라 적잖이 부담이 됐다. 하지만 결국 곡테익 철교를 지나 바로 내릴 수 있는 핀우린^{Pyin Oo Lwin} 행 기차표를 예매하고 말았다.

어릴 때만해도 전 세계는 비슷한 흐름 위에 있다고 생각했다. 우리가 불황이면 지구 반대편도 불황이고 호황이면 모두 다 호황인, 그런 단순한 세상인줄 알았다. 독립을 외치던 1900년대엔 우리처럼 피지배국은 아니라도 다 같이 불안해하던, 그런 암울한 시기인 줄 안 것이다. 평화의 시대라 일컫는 21세기에도 어딘가에선 누군가가 끊임없이 외치고 있는데 말이다. 이러한 사실을 알고부터는 특정 연도의 우리나라와 타국을 비교하는 습관이 생겨 일제침략기도 오지 않은

1901년에 가장 높이 세워졌다는 곡테익 철교를 보고만 싶었다.

'새벽 3시라…… 지금 숙소 들어가기도 모호한 시각인데…….'

해 지기 직전인데 어디 가서 묵기도 아깝고 일어날 자신도 없었다. 어쩔 수 있나? 만달레이 이곳저곳을 둘러보며 어찌어찌 3시까지 버티기로 했다.

곡테익 철교를 보는 법은 간단하다. 기차를 타고 가다 곡테익 협곡에 들어서면 곧 등장할 철교를 창문으로 보면 끝! 곡테익 철교가 보일 즈음에는 기관사 아저씨가 눈치 있게 속도를 줄여주기도 한단다, 가 아니라 아마도 그럴 거다. 다큐에서도 그랬으니까……. 확신 없는 이 말은, 그러니까, 난 어두컴컴한 새벽 3시까지 잘 버텨내 핀우린으로 가는 열차에 잘 올랐다. 일찍 와서 자전거도 잘 실었다. 하지만 마냥 기대하던 곡테익으로 가는 열차에서 그저 눈 한 번 깜빡 했을 뿐인데, 새벽까지 못 잔 탓에 잠시 눈을 붙였을 뿐인데, 눈을 떠보니 드리워진 햇살이 느껴지고 있었다.

'뭐야? 벌써 아침이네. 낮인가?'

이때까지만 해도 상황 파악 못하고 '곡테익은 대체 언제 나타나는 거야?' 이런 생각이나 하고 있었다. 더군다나 이에 그치지 않고 '얼마나 더 자야 될까?' 하는 안일함으로 현재 위치를 확인하려는데, 곧 쓰나미 같은 황당함이 나를 덮치고 말았다. 왜냐면 이 열차는 이미 곡테익 철교를 지나 도착지인 핀우린까지 지난 뒤였기 때문이다.

'망했다.'

믿기지 않는 현실을 부정하려고 창문 밖으로 철교를 찾았지만 그게 보일 리 있나? 결국 현실을 인정하고 어리벙벙한 상태에 빠졌다. 소리 지르고 뭐 그런 일은 없었다. 그저 멍한 상태로 있다가 이번에 정차하는 역에 스멀스멀 내렸다.

'여기가 대체 어디지?'

가뜩이나 정신없어 죽겠는데 숙소를 안내하는 호객꾼들까지 달려들어, 도저히 이대로는 정신을 차릴 수 없었다. 그래서 무작정 어디로든 내달렸다.

이런 어이없는 까닭으로 도착한 이곳은, 트레킹을 목적으로 여행자들이 많이 찾는 '시뽀^{Hsipaw}'라는 작고 조용한 마을이다. 트레킹이나 여러 상품을 팔기 때문에 숙박료도 싸고 시설도 괜찮았다. 그래서 미얀마에서 처음이자 마지막으로 숙소를 잡은 나는, 내일이라도 다시 곡테익 철교를 보러 기차를 탈까 했지만 이상하게도 철교가 더 이상 궁금하지 않았다. 그래서 기차에서 자던 잠을 이어서 그냥 자버렸다.

원래 핀우리에 도착해 출발지인 양곤으로 버스나 기차를 이용해 돌아갈 계획이었으나 일정에도 없던 이곳에 와보니 어디로 가야 할지 난감하기만 했다.

'온 김에 북쪽으로 좀 더 가볼까?'

그간 달린 미얀마와는 달리 산세가 있던 이곳을 좀 더 볼 생각으로 북부 지역의 또 다른 마을인 '라시오^{Lashio}'로 방향을 잡았다.

"라시오로 가려면 얼마나 걸려?"

"너 거기 가면 안 돼."

"왜? 거기 무슨 일 있어?"

"거긴 아직도 내전 중이야."

"내전? 미얀마에서 내전은 끝난 거 아냐?"

"아니, 몇몇 지역은 여전하지."

한 숙소 직원이 위험하다며 이렇게 주의를 줬는데 옆에 있던 다른 직원은 '아마' 끝났을 거라며 확신 없는 정보로 나를 헷갈리게 만들었다. 마치 틸리초 호수에 가기 전, 마낭의 롯지에서처럼 말이다.

'에라 모르겠다. 외국인인데 뭐 괜찮겠지.'

라시오를 달린 나는 결과적으로 아무 일 없이 잘 도착했다. 오히려 가는 길이 너무 고요한 탓에 불안함까지 느낄 정도였다. 그런데 마을에 도착해 주민에게 물어보니 정말로 북부는 여전히 내전 중이었다. 하지만 웃기게도 간담을 쓸어내리기보다 못내 아쉬운 마음에 짧은 탄식이 나왔다. 가려진 미얀마의 민낯을 볼 수 있는 절호의 기회였으니 말이다. 내전 중이라고 계속 총을 쏴대는 건 아닐 테니 그저 주둔한 그들을 만나봤으면 했다.

미얀마에 애당초 관심 있는 사람도 드물지만 간혹 관심 있는 사람들이나 미얀마를 여행한 사람들도 내전이나 감추어진 사실에는 그다지 관심이 없었다. 아니 그런 것이 존재하는지조차 모른다. 그들의 이야기 속에서 미얀마는 그저 순수하고 평화롭게 보이는 불교국가였으니 말이다. 그래서 인터넷의 다른 여행자의 이야기와 내 미얀마 이야기는 많이 다를지도 모르겠다.

현재 미얀마의 평화에 일조한 수치 여사는 우리에게도 꽤 친숙한 인물로 미얀마 내에서도 굉장한 지지를 받고 있다. 하지만 예전 군부가 개정한 헌법 탓에 현재는 나라의 지도자가 될 수 없다. 외국 배우자나 외국 자녀를 둔 국민은 대통령이나 부통령이 될 수 없다는 조항이 있기 때문이다. 수치 여사는 영국인과 결혼해 영국 자녀까지 두었으니 당연히 이 법에 저촉되지만 그녀는 한 나라의 지도자가 아닌 대통령의 지도자가 되었다. 그녀의 최측근인 비서이자 운전사, 틴 쩌가 대통령이 된 것이다. 사실 말만 운전사지 그의 이력을 들여다보면 대통령이 되기에 전혀 부족함이 없다. 그렇다면 이제 남은 내전도 끝나는 걸까?

미얀마의 영웅 아웅산 장군이 독립에 이바지 했듯, 그의 딸인 수치 여사가 아버지의 뒤를 이어 미얀마를 새롭게 만들길 바랄 뿐이다.

#_43
자이토에서의
감시

● 따사로운 햇살? 그냥 뜨거운 태양열이다. 한증막 같은 공기 탓에 숨 쉬는 것조차 부담스럽다. 이럴 때마다, 아니 거의 매일 이러기 때문에 시원한 무엇인가를 꼭 마셔야한다.

'쉴까? 아니다, 좀 더 가다가 쉬어야지.'

길가에 식당이 나타날 때면 매번 천사와 악마가 튀어나와 좀 더 갈지, 아니면 당장 멈출지를 고민하게 만든다. 하지만 당장의 승자가 누구든 간에 언젠가는 들어갈 식당에서 내가 주문한 것은 배를 채울 음식이 아닌 목을 축이는 맥주였다. 당연히 더워 죽겠는데 뜨거운 음식이 들어갈 리 있나? 따가운 낮 시간을 버티려면 차디찬 맥주는 필수다. 누구는 음료수를 마시면 되지 않느냐 묻기도 하는데 나 또한 여행 초반만 해도 낮에 맥주를 들이키는 건 상상도 못했다. 당연히 음료수를 마셨는데 미얀마에는 리치가 없어서 그런지 전혀 해갈이 되지 않았다. 아니, 그냥 변명이다. 맥주 마시는 게 좋았다. 음료수는 소풍 갈 때 먹으면 된다. 말 나온 김에 좀 더 변명을 하자면 한국에서부터 미얀마에 들어오기 전까지는 텐트를 다 친 뒤, 저녁 먹으며 한 잔 들이키는 게 고작이었다. 하지만 미얀마에서는 희한하게도 아무 때나 맥주를 들이키게 변했다.

여하간 이렇게 맥주를 마신 이유는 첫 번째로 무더운 날씨가 한몫했지만 그보단 놀라울 정도로 맛있는 미얀마 맥주 때문이기도 했다. 네팔과 달리 이곳은 생맥주가 흔하다. 더위를 피해 식당에서 마시는 생맥주는 그 맛이 가히 일품이라, 몇 잔 정도는 연거푸 들이켜 줘야 했다. 훗날 한국에 돌아와 나같이 미얀마를 여행한 사람이 미얀마의 맥주 맛을 잊지 못한다며 농담 반, 진담 반으로 하소연하는 글을 보았다. 나 또한 마찬가지여서 여기저기 수소문한 끝에 어렵게 재회할 정도로 그 맛은 진했다. 물론 다시 만난 그 맥주는 예전 같지 않았지만 당시는 더위를 잊게 해주는 유일한 존재였다. 한 번은 계산을 하려는데 너무 많은 금액이 나와 '도대체 몇 잔을 먹은 거야?' 하고 잔 수를 세다가, 여기에 밝혀도 믿지 않을 숫자에 나 자신이 어이가 없어 '내가 미친 건가?' 하며 스스로를 의심한 적도 있었다. 아무튼 이러한 사실도 놀랍기는 하지만 더 놀라운 건 그렇게 마셔대도 취하지 않는다는 이상한 사실이었다. 마시는 순간에도 줄줄 흐르는 땀에 섞여 배출되는 건지 아니면 맥주에 물을 탄 건지, 낮에는 아무리 마셔도 취기가 전혀 없었다. 이렇듯 미얀마에서 맥주 마시기는 언젠가부터 자연스러운 일이었는데 여행 막판, 내 맥주 사랑에 갑자기 제재가 가해졌다.

태국으로 들어가려고 '미야와디^{Myawaddy} - 매솟^{Maesot}'국경을 향하던 나는 '짜이토^{Kyaikto}'라는 작은 마을에 머물게 되었다.

"오늘은 여기까지!"

한적한 길가에서 만난 가옥이 반가워 야영 좀 부탁하려고 마당에서 쉬고 있는 집주인에게 다가갔다.

"안녕하세요? 야영 좀 해도 될까요?"

"음, 외국인을 묵게 할 수 없는데……. 미안해."

영어도 꽤하고 후덕한 인상의 미우민이라는 아저씨는 야영 대신 근처 절을 소개해주었다. 절에서 묵는 것 또한 여러모로 좋아하던 나는 기쁜 마음에 아저씨를 따라나섰고 정식으로 주지스님의 허락까지 받아 이곳에 짐을 풀었다.

다음날 밝은 햇살에 바라본 절의 규모는 전날 밤에 어렴풋이 본 모습보다 상당히 컸다. 유치원과 초등학교까지 운영하고 있어 여러모로 내 흥미를 당겼다. 게다가 거대한 규모 때문인지 절을 중심으로 마을이 이루어져 있고 절 주위에는 미얀마 전통가옥이 듬성듬성 자리해 있었다. 나는 그것을 둘러보는 재미에, 곧 미얀마를 떠난다는 아쉬움에, 며칠 더 이곳에 머물기로 마음먹었다. 다행히도 이곳 주민은 한국 드라마의 영향으로 나를 엄청 반겨주었고 특히 등하굣길의 아이들은 부끄러움에 나를 안 보는 척하면서도 티 안 나게 '코레아'라고 수군대기도 했다. 물론 나는 짓궂게 교실까지 따라가 참관하며 아

사원의 유치원

사원의 학교

선생님과 한 컷

이들과 즐거운 시간을 보내기도 했는데, 그럴 때면 나를 이곳에 안내해준 후덕한 인상의 미우민 아저씨가 틈틈이 전화를 걸어와 내 안부를 묻곤 했다.

'좀 귀찮긴 하지만 고마운 사람이야.'

너무 내 안부를 챙겨주는 통에 피곤한 마음도 있었지만 나를 걱정해주는 마음이 고마워 감사하기만 했다. 그런데 한 번은 근처의 다른 절을 둘러보며 사진을 찍고 있었다. 자전거도 안 타는 지금, 사진이나 마음껏 찍자는 생각에 휴대폰은 가방 속에 처박아놓고 잠자고 있던 사진기를 간만에 꺼내들었다. 그렇게 20여 분을 찍은 뒤, 가방 속 휴대폰을 확인한 나는 깜짝 놀라고 말았다. 분명 한 시간도 안 돼 통화를 했었는데 미우민 아저씨로부터 부재중 전화가 몇

통이나 와 있던 것이다.

"아저씨 무슨 일이에요?"

"너 왜 전화를 안 받아? 걱정했잖아!"

"네? 전 그냥 사진 찍고 있었는데요."

'뭐지?'

이렇게 쓰니 무슨 브로맨스 같기도 하고 이상한 방향으로 흘러가는듯하지만 실제 분위기는 정반대였다. 사진을 찍다 말고 뿔이 난 채로 돌아가 아저씨를 만났다.

"저 왔어요."

"어때 재밌었어?"

"네? 재밌었죠."

통화할 때와 다른 아저씨의 태도에 찜찜하기도 했지만 얼렁뚱땅 넘어가, 미얀마의 상황이나 한국에 대한 이야기로 우리 분위기는 금세 화기애애해졌다.

"그런데 지켜야 할 것이 있어."

"지켜야 할 것이요?"

그러다 갑자기 이곳에서 지켜야 할 사항이 있다며 이 것저것 설명을 시작했다.

"맥주 마시지 말기, 돌아다닐 때마다 보고하기, 해가 지

화기애애했던 미우민 아저씨와

면 절로 돌아오기, 알았지?"

"근데 맥주는 마시면 왜 안 되죠?"

"외국인이잖아. 그래서 마시면 안 돼. 마을 사람들이 보고 안 좋게 생각할 수 있어. 네가 뭘 하든 난 다 알 수 있으니까, 알았지?"

"음…… 그러면 보고는 왜 해야 되죠?"

"외국인이잖아. 어차피 네가 어딜 가서 사람들한테 물어보면 내가 다 알 테지만 네가 연락하면 편하잖아?"

"해지기 전에 당연히 절로 돌아올 테지만 오늘은 요 앞의 노점에서 주민들하고 놀기로 했는데요?"

"그러면 나도 갈 테니까 같이 봐."

같이 보든 말든 그런 건 뭐 상관없었지만 내 머리로는 도저히 이해가 안 됐다. 이방인인 나만 맥주를 마신다면야 그의 말이 이해될 법도 하지만 여기 사람들도 평소에 다 마시는데 단지 외국인이라는 이유로 안 된다는 것은 선뜻, 아니 아예 이해할 수 없었다. 게다가 보고라니 이게 무슨! 돌이켜보면 계속 전화한 이유도 바로 이것 때문이었다. 걱정과 감시의 공통분모가 존재한다는 걸 이때 처음 깨달았다. 그나마 마지막으로 말한 일찍 들어오라는 말이 앞의 말보단 일리 있어보였지만 꼭 그런 것도 아니었다. 애당초 나 또한 늦게 들어올 생각이 추호도 없었고, 그는 단지 마을의 주민일 뿐이다. 절의 관계자나 마을의 관리자도 아니라서, 그런 아저씨의 요구는 내게 부당한 요구로밖에 들리지 않았다.

이날 저녁, 약속대로 주민들과 만나 맥주 한 잔씩 했는데 나는 아저씨의 말이 떠올라 주문도 않고 가만히 앉아만 있었다. 그러자 싱가 폴에서 일하다 잠깐 휴가차 왔다는 마을 청년이 내게 의아하듯 물어 왔다.

"맥주 못 마셔?"

"아니. 마시면 안 된다는데?"

"어? 왜?"

자초지종을 얘기했더니 '상관없다'면서도 크게 놀라는 눈치는 아 니었다. 거기다 내 얘기를 옆에서 들은 다른 주민의 반응도 대체로 비 슷했다. 미우민 아저씨의 말에 동의하진 않으면서도 그의 말을 이해 한다는 표정으로 말이다. 순간 그들의 반응에 덤덤히 요구 비슷한 강 요를 하던 미우민 아저씨의 말이 떠올랐다.

'네가 뭘 하든, 어디에 있든 난 다 알 수 있어.'

그러자 이젠 이들까지 이상해 보였다. '이게 사회주의의 흔적인 가?' 하는 의문이 들었다. 서로를 감시하는 사회주의의 특징 말이다.

'에라 모르겠다.'

순간 반항심이 일어 맥주를 주문해 단번에 들이켰다. 내 의사를 결 정하는 것은 오로지 나 자신이다. 정당한 돈을 지불한다면 마시든 말 든 그건 다른 사람이 관여할 바가 아니었다. 마침 아저씨도 이 자리에 온다 했으니 그를 만나면 담판을 지으려 했다. 하지만 불행인지 다행 인지 끝내 아저씨는 이곳에 나타나지 않았다.

다음날, 어제 만난 청년과 그의 친구들은 나를 이곳저곳 어딘가로 데려가 주었다. 역시나 미우민 아저씨의 전화가 나를 귀찮게 했지만 아저씨는 나와 함께 있는 일행을 의식해서인지 점점 뜸해지다 마침내는 더 이상 연락을 하지 않았다. 물론 하루이틀 더 머무는 동안 간간히 모습을 드러내 나를 제지하기도 했지만 확실히 줄어든 빈도수 덕분에 홀가분한 마음이 들어 주민들과 더욱 친해질 수 있었다. 그렇게 나흘째 되는 날 저녁, 하루를 더 보낼까 고민하던 차에 한동안 모습을 드러내지 않던 미우민 아저씨가 뾰로통한 얼굴로 내 앞에 나타났다. 그리곤 예전처럼 일장연설을 하며 내게 주의를 주는 듯하더니 갑자기 내일 당장 떠나라고 역정을 내기 시작했다. 당연히 내 머리로는 이해불가였지만 서운했을 아저씨의 마음이 느껴져 다음날 아침, 정든 짜이토를 떠나기로 했다.

떠나기 전, 그래도 아저씨에게 인사하러 그의 집을 찾았는데 여전히 굳어 있던 그의 얼굴은 얼마 동안 대화하자 금세 풀어져 전처럼 밝은 얼굴이 되었다.

"좀 더 있다 가. 여기 좋잖아."

급기야 며칠 더 있으라고 나를 잡기도 했지만 차마 아저씨 때문에 떠난다는 말은 면전에선 못하겠고 그냥 바쁘다는 말로 둘러댄 후 그곳을 그렇게 빠져나왔다. 그리고 예전처럼 하루를 달려 잠자리에 들기 전, 아저씨에게서 전화가 왔다.

"잘 갔어?"

"네 덕분에요."

"다시 짜이토로 와. 맛있는 국수 또 줄게."

"네, 다음에 기회 되면 갈게요."

따뜻하게 안부를 묻는 아저씨의 말에 '내가 괜한 오해를 했나?' 하
는 미안함이 올라왔다.

그렇게 괜스레 무거워진 마음으로 잠이 든 새벽, 갑자기 전화기의
알람이 나를 깨웠다.

'4시에 알람을 맞췄었나?'

뻑뻑한 눈을 뜨지도 못하고 알람을 껐다. 그런데 잠시 후 또 알람
이 울렸다. 워낙 잠귀가 어두워 매분 간격으로 여러 개를 맞춰놓는지
라 으레 알람이겠거니 하고 재차 알람을 껐는데 이상하게도 이놈의
알람은 죽을 기미조차 안 보였다. 그냥 이후에도 계속 울려대는 것이
다.

"뭐지?"

졸린 눈으로 어렵게 확인한 휴대폰 화면에는 알람이 아닌 '미우민'
아저씨의 이름 석 자가 정확히 떠 있었다. 화들짝 놀라 이게 또 무슨
일인가 하며 짜증이 올라왔다.

"아저씨 지금 몇 신데 전화예요? 난 지금 짜이토에 있지도 않잖아
요."

당황한 아저씨는 말을 얼버무리다 결국 전화를 끊었지만 이미 내
잠은 저만치 달아난 뒤였다. 순간이나마 미안함을 느낀 내 자신이 바
보 같았다.

'그는 대체 왜 이렇게 전화를 해대는 걸까?'

다음날, 혹시 몰라 무음으로 설정을 바꾼 뒤 잠자리에 들었고 아침
에 일어나 '설마' 하는 마음으로 휴대폰을 확인한 나는 또 한 번 소스

라 치고 말았다. 왜냐면 내 휴대폰에는 스무 통이나 넘는 아저씨의 부재중 전화가 와 있었기 때문이다. 짧은 탄식과 함께 그의 얼굴이 떠올라 이게 사람 개인의 문제인지, 사회의 문제인지 도통 이해할 수 없었다.

'단지 집착이 강한 순박한 사람인 건가? 아니면 사회 안정이라는 명목 하에 누군가를 감시하려는 관리자인 걸까?'

여러 번 되뇌며 자문했지만 결론을 내리지 못한 채 무거운 마음으로 페달을 밟아 미얀마의 마지막을 향해 달려갔다.

#_44
마지막 이야기

● 지금까지 많은 나라를 가보지는 못했지만 나중이라도 아마 이런 나라를 만나기는 힘들 것 같다. 왜냐 하면 현재 미얀마는 급한 물살을 탄 관계로 내가 본 특징이 곧 사라지리라 예측되기 때문이다. 나도 개방하자마자 들어온 것은 아니라 완전한 상태를 겪지 못했지만 그나마 덜 변화된 미얀마였기에 이러한 특징을 만난 것이다. 이 특징은 유명 지역보다 한 나라의 정취가 강하게 풍기는 시골 지역에서 확연히 드러났는데 혹시 미얀마에 가고 싶다면 한시라도 빨리 가보길 권한다. 물론 자전거를 갖고 말이다. 왜냐 하면 유명 지역이 아닌 그곳에 가려면 자전거만 한 이동수단이 없기 때문이다.

내가 말하는 특징이란, 신기하게도 여행하면 할수록 더 강하게 여

행한다는 느낌이 안 든다는 이상한 점이었다. 이 무슨 역설이냐 하면, 어느 곳이든 이방인을 대할 때 친절을 베푼다든지 아니면 배타적이라든지 뭐든 외부에서 온 여행자를 현지인과 다르게 대하기 마련인데 미얀마는 그런 게 거의 없었다. 때문에 마냥 즐거운 일반적인 여행이 아닌 일상생활에서 고루 느낄 수 있는 희, 노, 애, 락, 애, 오, 욕이 공평하게 들어간 조금은 이상한 여행이었다. 마당에 야영을 해도 되는지 물을 때면 거절을 당하는 통에 그들이 미운 적도 있었고(불법이긴 하지만) 밤늦게까지 헤매다 운 좋게 야영을 하게 되면 허락해 준 것도 모자라 여러모로 챙겨주는 그들의 마음씨에 감탄한 적도, 또한 마을에 하나씩 있을 망나니와의 시비로 얼굴을 붉힌 적도 한두 번이 아니었다.

무엇보다 우연히 안 사실에 고개를 푹 숙일 정도로 슬픈 적이 있었는데 그건 다름 아닌 미얀마 북부에서 만난 세 번째 자전거 여행자, 중국인 린을 통해 알아낸 사실 때문이었다.

"여기도 그러네, 너도 저 아이들에 대해 알고 있지?"

"응? 무슨 말이야? 아이들?"

"응, 여기서 일하는 저 아이들, 자 봐."

인터넷 기사를 보여주며 그가 알려준 사실이란 미얀마 식당에서 일하는 아이들을 두고 한 말이었다. 보통 미얀마의 식당에 가면 일하는 아이들을 쉽게 볼 수 있다. 식당 주위에서 야영을 하는 나로서는 이러한 풍경이 꽤나 자연스러워 그들의 일과 정도는 대충 꿰찰 정도는 됐다. 일 끝나면 식당에 붙어 있는 집에 들어가 잠자고 다시 새벽에 일어나 일하는 그들은 나이 대가 다양한 직원들이었다. 물론 얼핏 봐도 앳된 소년, 소녀들뿐이다. 손님이 있건 없건 장난치고 개구지게 뛰어다니는 그들을 보고 있자면 그저 부모님을 도와주는 효심이 강한 아이들이라고만 여겼다. 그런데 그들은 일을 도와주는 가족이 아닌 자신도 모른 채 착취를 당하고 있는 어린 노동자들이었고 린을 통해 이 사실을 알게 된 후부턴 그들이 음식을 가져다 줄 때마다 죄스러운 마음에 수저를 들기 전 잠깐이나마 손님으로서 또는 어른으로서 지켜주지 못함에 나 자신을 책망해야 했다.

이처럼 다양한 감정과 그에 따른 상념을 만날 수 있는 것이 미얀마만의 특징이다. 이 때문에 하루는 미얀마가 좋기도 하고, 어떤 날은 나쁘기도 해서 어느새 우린 친구 사이처럼 꽤나 가까워져 있었다.

"안녕하세요? 마당에 야영 좀 해도 될까요?"

"마당? 그냥 안에서 자."

나는 지금 미얀마 여행의 마지막 도시이자, 태국의 접경지인 '미야와디'에 와 있다. 국경 문이 닫힌 시각이라 당장은 넘을 수도 없어 마지막 밤을 보내려고 절을 찾았고 언제나 그랬듯 절에서는 마당에서 야영하는 대신 실내에서 자라고 잠자리와 모기장을 마련해주었다. 그리고 그날 밤 단잠에 빠지기 전, 그동안 찍은 사진을 하나하나 넘겨보았다. 그러자 마지막 날임에도 덤덤하기만 하던 내 감정은 돌연 싱숭생숭하게 바뀌어 주마등처럼 그간의 여행이 눈앞에 그려졌다. 처음 전주의 어느 식당 주차장에서 야영했을 때, 처음 튜브의 구멍을 때웠을 때, 처음 네팔에 도착해 자전거를 조립했을 때, 처음 또 뭔가를 했을 때, 처음, 처음, 처음……. 이번 여행은 유독 처음이 많다. 처음 하는 자전거여행이 이 모든 것을 선사해준 것인데 돌이켜보면 인터넷으로 여행 정보를 찾아보던 그 어느 새벽, 정말 말도 안 되는 계기로 오늘에까지 이른 것이다.

여행을 떠나기 전에 이전과 마찬가지로 주변 사람은 왜 여행 가느냐고 여러 형태로 물어왔다. 때로는 꾸짖기도, 때로는 핀잔을 주기도, 때로는 부러워하기도, 때로는 칭찬하기도 하며 물어오는 그들의 질문에 우습게도 나는 딱 부러진 답을 한 적이 없었다. 정확히 말하면 못 했다는 말이 맞다. 으레 그들의 문화를 느끼고 싶어서, 그곳이 궁금해서 등등 이러저러한 말들을 내뱉긴 했지만 그간의 여행을 관통하는 하나의 답은 아니었다. 어찌 보면 하나의 이유만으로 떠나기에는 아까운 것이 여행이지만 운 좋게도 나는 그 하나의 답을 틸리초 호수에서 찾았다.

고산증세로 고개를 떨어뜨린 채 한 발 한 발 호수를 향해 나아가다가 '내가 이 개고생을 왜 하고 있지?'라는 원초적 질문을 던졌었다. 생각보다 쉽지 않은 물음에 답하지 못한 채 호수에 도착했고 그렇게 틸리초 호수를 보다 말고 방금 전에 한 질문의 답을 순간적으로 찾았다.

'알았다. 남들과 비교하면 별 거 아니지만 내게는 여행이 곧 도전인 거야.'

매번 새로움에 도전하고, 어려움에 도전하고, 환경에 도전해 불확실한 상황으로부터 느끼는 긴장을 즐겼다. 물론 따지고 보면 그리 큰 도전은 절대 아니다. 비할 바도 못 된다. 하지만 나 자신에게는 꽤 괜

찮은 도전이었다. 이제야 드디어 내 여행의 목적을 깨달은 것이다.

　그리고 하나 더, 너무나 값진 소중한 것을 이번 여행에서 깨달았다. 이것 때문에 내가 만난 모든 것에 감사한다. 매번 거절 없이 허락해준 네팔을 거쳐 하루에도 십 수 번은 거절당하며 조마조마한 마음으로 야영할 곳은 찾아 미얀마의 밤길을 달렸다. 그러다 결국 야영을 허락받아 첫 잠자리에 들기 전, 그날 느낀 교훈이란, 여태껏 몰랐던 타인에 대한 감사함이었다. 비단 여행뿐 아니라 인생에서도 나 자신을 만든 것은 오로지 나 혼자만의 노력이었다고 착각했다. 지나온 과거도, 현재의 나도, 그리고 앞으로도 항상 그럴 거라 믿어 의심치 않았다. 그런데 아니었다. 주민들의 간단한 도움 없이는 뭘 해도 제대로 되지 않았다. 그들이 도와주지 않는다면 야영도 못하고 초조한 밤길을 달려야 했는데 지금까지 혼자 다 이루었다는 게 말이 되지 않았다. 나는 알게 모르게 모두로부터 도움을 받아 이곳까지 온 것이다.

　'그들이 없었다면 지금의 난 과연 존재했을까? 그들은 지금 무얼 하고 있을까?'

　나 또한 누군가에게 고마운 사람으로 기억되고 싶다.